商业银行国有股权研究

虞群娥 著

商务印书馆
2012年·北京

图书在版编目(CIP)数据

商业银行国有股权研究/虞群娥著.—北京:商务印书馆,2012
ISBN 978-7-100-05355-6

Ⅰ.商… Ⅱ.虞… Ⅲ.商业银行－股份制－研究－中国　Ⅳ.F832.33

中国版本图书馆 CIP 数据核字(2007)第 002915 号

所有权利保留。
未经许可,不得以任何方式使用。

商业银行国有股权研究
虞群娥　著

商　务　印　书　馆　出　版
(北京王府井大街36号　邮政编码 100710)
商　务　印　书　馆　发　行
北京瑞古冠中印刷厂印刷
ISBN 978-7-100-05355-6

2012 年 8 月第 1 版　　　开本 880×1230　1/32
2012 年 8 月北京第 1 次印刷　印张 11½
定价：27.00 元

序　言

　　国外关于政府对银行的所有权,存在着两种不同的看法:一是基本乐观的"发展型"理论,二是"政治型"理论。巴塔查里亚、洛弗尔与萨黑(Bhattacharya,Lovell and Sahay,1997)运用数据包络分析法(DEA),对印度私有化早期的70家国家所有、外资所有和私人所有的商业银行的相对效率进行了调查。拉波塔(La Porta,2002)通过收集世界各地政府对银行的所有权的资料,围绕所有权普遍性、约束条件、经济金融效应等四个问题,澄清了四个论题。梅金森(Megginson)针对过去15年里,59个国家的250余家商业银行或公开发行股票或资产出售全部或部分私有化,解读了商业银行国有股权曾经为何如此盛行。但最终政府为什么还是选择了国有银行私有化? 博宁、哈桑与保罗·瓦赫特尔(Bonin,Hasan and Paul Wachtel,2002)就不同产权结构(国有、私有和外资所有)对银行绩效的影响在捷克、波兰和罗马尼亚等六个转型经济国家作了调查。多尔纳特、郭、哈克萨纳特与特拉尼安(Dornett,Guo,Khaksarit and Tehranian,2003)分析了1989到1998年远东16个国家的国有和私有银行的表现差异。目前,海外的研究大多集中在开放经济条件下商业银行国有股权的绩效上,缺乏对商业银行国有股权理论的系统研究。国内有关银行股份制改造后,对商业银行国有股权的确认计量、功能、行使、边界、绩效、管理等问题进行的研究相对较少。

　　如何设置、行使和管理商业银行国有股权是商业银行特别是国有商业银行股份制改造中的一个关键问题。按照中国长期以来形成的惯例和思维定式,目前的主流观点是:国有商业银行进行股份制改革,其股权设置必须保证国家的绝对控股。从管理层的倾向性意见来看,也认为国家应对四大国有商业银行保持绝对控制权。实际上,国有商业银行股份化后:①国有股权如何界定与计量;②国有股权的功能是什么;③由谁担当国有资本出资人的职责;④国有股权代表如何行使国有股权,包括股权代表的条件与委派、职责权利、绩效考核、对股权代表的监管;⑤海外商业银行国有股权边界变迁有何规律;⑥商业银行国有股权边界大小的宏观、微观绩效如何;⑦法律法规在商业银行股权上的有关规定是否需要修正;⑧战略投资者受让国有股权的价值如何判断,商业银行国有股权减持与转让的方式、价格、受让对象、转让监管怎样趋优等等,是商业银行股份制改革成功与否的关键所在。本书研究的主要贡献在于:

第一,运用理论分析、实证检验、史实考察、中外融合等研究方法,提出、发现或形成了如下主要观点:

(1)股权是私权,以经济利益为核心,具有资本性和流转性。从法学和经济学的角度可以将商业银行国有股权分别界定为:国家通过其授权主体以属于国家所有的国有资产进行投资而在商业银行形成的相应股份(出资比例)所享有的收益和为此而享有的表决、质询、查阅公司账册以及对股份进行处分等权能的总称;商业银行国有股和国有法人股。

(2)商业银行国有股权的确认与计量,应该采用包括国有控股(制)公司、国有控股(制)事业单位等所持相应股份的第三口径计量法。

(3)商业银行国有控股权可能大于或小于控制权,即使是51%的所谓绝对控股权也只是一种相对的控制。

(4)商业银行国有股权具有政治功能、经济功能和社会功能。偏好其政治功能和社会功能的非市场目的或偏好其经济功能的市场目的必然会合乎逻辑地导致两种不同的实践后果。

(5)国有股的合理设置与适度比例、国有股权的有效行使和国有股权的合理转让是商业银行国有股权经济功能的实现机制。

(6)商业银行国有股权委托代理关系是一个三层多环节委托代理链:国家代理制、政府代理制、银行代理制。行政代理和经济代理是政府和国有股权代表之间的重要代理制度安排。在商业银行三层次委托代理关系和两大类内外约束体系中,管理部门和运营机构是连接国有股权初始委托与最终代理的桥梁与纽带,也是国有股权与非国有股权委托代理链节点的根本区别处。

(7)商业银行国有股权行使成本包括制度建立成本、行政代理成本、代理人代理成本和经典代理成本。为了降低商业银行国有股权的委托代理成本,需要对国有股权的行使与管理(持股主体;股权代表的产生程序、条件、委派、代理权限的界定、行权方式、考核及监督等)制定严格的法律规范。

(8)在影响商业银行国有股权绝对边界的诸多因素中,有四种力量应受到特别重视:社会制度、经济金融发展水平、政府的控制权偏好、法律和制度;在影响商业银行国有股权相对边界的因素中,需要关注的是:银行规模、国有股东本身的偏好及行为、银行治理要求等。

(9)在世界范围内,商业银行国有股权边界自20世纪80年代以来发生了重大的变迁,边界缩小,速率加快。商业银行国有股权边界的区间分布集中在30%或20%以下。从海外商业银行国有股权边界及其变迁看,多数国家并没有选择国有绝对或相对控股模式。

(10) 高比例国有股权的存在大多与政府为实现特定的社会经济发展目标相联系。国有股权制度本身没有严格意义上的优劣之分。在战争年代、战后经济恢复期、经济金融危机阶段或银行经营陷入困境时,银行国有股权的边界会随之扩展,也应该扩展。

(11) 综观我国商业银行国有股权制度的发展历程,根据国有股在银行所有股份中所占的比例(边界大小)和国有股东对公司控制的强弱,我们可以将其划分为变迁初始期、变迁加速期和变迁深化期三个不同历史发展阶段。

(12) 实证分析商业银行国有股权微观绩效得出的结论是:国有股权边界缩小对银行金融绩效的提高有促进作用。

(13) 国有股权边界管理可以说是商业银行国有股权管理的核心内容。商业银行国有股权的功能与制度成本、合理边界的决定因素和国有股权的绩效状况是我们设计银行股权结构方案的重要依据,合理的股权结构、良好的公司治理和优良的经营绩效是国有股权设立管理、运作管理和收益管理的最终目标。

(14) 从提高效率、实现相对的权力制衡等方面看,国有相对控股应是我国商业银行国有股权边界安排较为理想的选择。

(15) 厘定相对合理的国有股权边界、确保国有股权有效行使、保障国有股权收效显著是实现中国商业银行国有股权有效管理的手段和目标。

第二,在了解学科前沿、思考海内外研究文献、比较中外商业银行体制基础并结合中国商业银行改革实践的基础上,提出了如下新的认识:

(1) 从法学和经济学的不同角度界定了商业银行国有股权的属性。商业银行国有股权是以银行为中介、以国有股份为对象产生的公司法上的财产权利;是投资回报的载体和控制权的基础。

(2)政治功能、经济功能和社会功能是商业银行国有股权的三大功能。政治功能基于政治家和官员自利"经济人"的政治需求;经济功能基于股权资本增值保值的资本职能;社会功能基于国有股权特有的或一定约束条件下更为重要的历史使命:宏观调控、政策传导、信誉保证等公共职能。

(3)商业银行国有股权是一个三层多环节代理人网络;制度建立成本、行政代理成本、代理人代理成本和经典代理成本是商业银行国有股权的行使成本;一个有效的委托代理人约束包含了内部、外部两大约束体系。

(4)社会经济制度、经济金融发展水平、政府质量和效率、法律和制度、经济中政治和金融危机的稳定性是商业银行国有股权绝对边界的制约因素;而规模、国有股东本身的偏好及行为和银行治理的要求是商业银行国有股权相对边界的制约因素。

(5)商业银行国有股权的绩效有宏观绩效和微观绩效之分。宏观绩效是从商业银行国有股权绝对边界的角度对银行国有股权绩效的宏观评价;微观绩效是从商业银行国有股权相对边界的角度对一家商业银行国有股权绩效的评价。

(6)中国城市商业银行国家股持股因引进外资而稀释或转让,由此产生了外资第一大股东与"一致行动人"第一大股东之间协调与制衡的新问题,城市商业银行需要在形式控股人与实际控股人之间寻求新的相对平衡。

(7)设置管理、运作管理和收益管理是商业银行国有股权管理的基本内容,而边界管理可以说是商业银行国有股权管理的核心问题。在我国商业银行国有股权边界动态优化的整体设计中,国有股权边界的现实选择、国有股权的减持、转让与增购至关重要。

笔者多年来一直从事商业银行国有股权方面的研究,在2001

年至 2005 年西南财经大学师从曾康霖教授攻读博士研究生期间，也以此为博士论文选题，近些年一直密切关注着商业银行特别是四大国有商业银行股份制改造、IPO、增资扩股、海外战略投资者股权转让等一系列重大变革后商业银行股权结构的变化与争议，通过一系列的研究，取得了一定的研究成果。本书正是在多年悉心研究的基础上完成的，尽管由于我国商业银行上市数量较少，上市的时间也不长，使得本书的实证研究在样本方面存在不足，但是，基于我国商业银行国有股权的特质与使命，因此本书的结论可以提供先验证据，为以后更深入的研究和实践铺路。随着我国"金融国资委"谜团的逐步明朗化和样本数据的进一步完善，可以进行后续研究，并与本书的研究结论进行对比，以获得更为丰硕的研究成果，为我国商业银行国有股权的进一步优化作出更大的贡献。

虞 群 娥

2012 年春于杭州

目　　录

第一章　导论 ……………………………………………… 1
　1.1　研究背景及意义 ………………………………… 1
　1.2　文献回顾 ………………………………………… 3
　1.3　研究思路和方法 ………………………………… 10
　1.4　本书的基本结构 ………………………………… 13

第二章　商业银行国有股权的界定 ……………………… 15
　2.1　股权的一般原理 ………………………………… 15
　　2.1.1 股权的法律关系 …………………………… 15
　　2.1.2 股权的本质 ………………………………… 25
　　2.1.3 股权本质理论的经济意义 ………………… 29
　2.2　商业银行国有股权的内涵与属性 ……………… 32
　　2.2.1 商业银行国有股权的内涵 ………………… 32
　　2.2.2 商业银行国有股权的法律属性 …………… 37
　　2.2.3 商业银行国有股权的经济属性 …………… 38
　2.3　商业银行国有股权的计量 ……………………… 40
　2.4　商业银行国有控股权与控制权 ………………… 45

第三章　商业银行国有股权的功能 ……………………… 48
　3.1　国有股权功能的理论基础 ……………………… 48
　　3.1.1 国家干预主义 ……………………………… 48
　　3.1.2 新国家主义经济学 ………………………… 51
　　3.1.3 市场失灵与政府失败 ……………………… 53

3.1.4 国家模型 …………………………………………… 55
　3.2 商业银行国有股权的政治功能 ……………………………… 58
　　　3.2.1 经济人假设与有限理性 …………………………… 58
　　　3.2.2 公共选择理论的经济人假设 ……………………… 61
　　　3.2.3 商业银行国有股权的政治需求 …………………… 65
　3.3 商业银行国有股权的经济功能 ……………………………… 69
　　　3.3.1 商业银行国有股权的资本职能 …………………… 69
　　　3.3.2 经济功能的实现机制 ……………………………… 72
　3.4 商业银行国有股权的社会功能 ……………………………… 80
　　　3.4.1 公司的社会责任 …………………………………… 81
　　　3.4.2 商业银行国有股权的公共职能 …………………… 86
　　　3.4.3 公共职能的取舍 …………………………………… 97
　3.5 商业银行国有股权功能的价值取向 ………………………… 98
　　　3.5.1 二元悖论与解读 …………………………………… 98
　　　3.5.2 功能定位与抉择 …………………………………… 101
　　　3.5.3 价值理念与法则 …………………………………… 103

第四章　商业银行国有股权的行使 ………………………………… 106
　4.1 代理人问题与代理成本 ……………………………………… 106
　4.2 国有股权委托代理链 ………………………………………… 109
　4.3 商业银行国有股权：一个三层代理人网络 ………………… 113
　　　4.3.1 国家代理制 ………………………………………… 113
　　　4.3.2 政府代理制 ………………………………………… 114
　　　4.3.3 银行代理制 ………………………………………… 123
　4.4 商业银行国有股权行使成本 ………………………………… 125
　　　4.4.1 制度建立成本 ……………………………………… 125
　　　4.4.2 行政代理成本 ……………………………………… 127
　　　4.4.3 代表人代理成本 …………………………………… 130

         4.4.4 经典代理成本 …………………………………… 133
  4.5 委托代理人约束体系 ………………………………… 137
         4.5.1 委托人机制 ……………………………………… 137
         4.5.2 政府代理约束 …………………………………… 138
         4.5.3 银行代理约束 …………………………………… 143

第五章　商业银行国有股权的边界 ……………………… 147
  5.1 商业银行国有股权边界的内涵 ……………………… 147
         5.1.1 边界的含义 ……………………………………… 147
         5.1.2 合理边界的效应 ………………………………… 152
  5.2 商业银行国有股权边界的确定 ……………………… 154
         5.2.1 股权结构决定因素理论 ………………………… 154
         5.2.2 商业银行国有股权边界的制约因素 …………… 157
  5.3 商业银行国有股权边界的海外实践 ………………… 162
         5.3.1 经验数据 ………………………………………… 162
         5.3.2 启示与结论 ……………………………………… 173
  5.4 商业银行国有股权边界的历史变迁 ………………… 178
         5.4.1 银行国有化与国有股权边界的扩展 …………… 178
         5.4.2 银行私有化与国有股权边界的缩减 …………… 188
         5.4.3 中国商业银行国有股权边界的演变 …………… 208

第六章　商业银行国有股权的绩效 ……………………… 233
  6.1 商业银行国有股权绩效指标 ………………………… 233
         6.1.1 宏观绩效及评价 ………………………………… 233
         6.1.2 微观绩效及评价 ………………………………… 234
  6.2 商业银行国有股权绩效之争 ………………………… 237
         6.2.1 争论的背景 ……………………………………… 237
         6.2.2 争论的焦点 ……………………………………… 239

6.3 商业银行国有股权价值的海外实证 …………………… 246
  6.3.1 样本选取与变量定义 ……………………………… 246
  6.3.2 数据分析 …………………………………………… 249
  6.3.3 结论和建议 ………………………………………… 257

第七章 商业银行国有股权的管理 …………………………… 259
7.1 商业银行国有股权管理核心 ………………………………… 259
  7.1.1 管理动因 …………………………………………… 259
  7.1.2 管理的核心内容 …………………………………… 261
  7.1.3 管理目的 …………………………………………… 266
  7.1.4 管理原则 …………………………………………… 269
7.2 中国商业银行国有股权管理的实践 ………………………… 271
  7.2.1 国有商业银行的实践 ……………………………… 271
  7.2.2 股份制商业银行的实践 …………………………… 279
  7.2.3 城市商业银行的实践 ……………………………… 289
7.3 中国商业银行国有股权管理的动态优化 …………………… 294
  7.3.1 国有股权边界的动态优化 ………………………… 294
  7.3.2 国有股权监管体系的动态优化 …………………… 320
  7.3.3 国有股权绩效管理的动态优化 …………………… 326
7.4 商业银行国有股权管理障碍及逾越 ………………………… 328
  7.4.1 不良资产及处置 …………………………………… 329
  7.4.2 认识偏差及矫正 …………………………………… 330
  7.4.3 制度缺陷及修正 …………………………………… 334

参考文献 …………………………………………………………… 337

后记 ………………………………………………………………… 352

第一章 导论

1.1 研究背景及意义

国有商业银行股份制改革和股份制商业银行改革深化是我国构建市场经济体制金融基础的一项重要而迫切的任务。

在中国的商业银行体系①中,股份制商业银行已逐步显现出与其他金融机构不同的竞争优势。特别是近十年以来,包括中信银行、招商银行、深圳发展银行、广东发展银行、兴业银行、中国光大银行、华夏银行、上海浦东发展银行、民生银行、恒丰银行、浙商银行、渤海银行在内的12家股份制商业银行已初步建立起了一套与国有商业银行不同的,具有自主经营、自负盈亏、自担风险、自求发展、自我约束、自求平衡的新型经营管理机制,并取得了较为显著的成绩。然而,这些股份制商业银行由于建立时进入条件的限制,在股权结构设置中,它们大都还带有行政上的"超强控制"和国有股权上的"超强超弱控制错配"的"官办"性质和非市场特征,由国有股权设置不合理带来的法人治理结构还存在着深层次的缺陷。

---

① 据中国银行业监督管理委员会2007年年报,截至2007年底,我国共有国有商业银行5家,股份制商业银行12家,城市商业银行124家,农村商业银行17家。

在四大国有商业银行中,中行于2004年8月26日整体改制为中国银行股份有限公司,开启了中国国有独资商业银行转变为股份制商业银行的大门。同年9月21日,由中央汇金投资有限责任公司、长江电力等5家公司发起设立的中国建设银行股份有限公司也正式挂牌成立。2家银行分别于2006年6月1日、2005年10月27日在香港挂牌上市。随后,中国工商银行在2005年完成股份制改造后也于2006年10月27日成功IPO。现在,中行、建行的国家股是汇金公司替代了财政部,而工行是汇金公司与财政部兼而有之。问题是,汇金公司代表国家出资,最终能否解决国有资产代表者虚置与错位,目前国内理论界、实务界莫衷一是。自2008年5月因美国银行以每股约2.42港元的行权价格增持60亿股建设银行H股而掀起的建行"贱卖论",更是引起了全社会的高度关注与争论。

如何设置、行使和管理商业银行国有股权是商业银行特别是国有商业银行股份制改造中的一个关键问题。按照中国长期以来形成的惯例和思维定式,目前对于国有股权设置的主流观点是:国有商业银行进行股份制改革,其股权设置必须保证国家的绝对控股。从管理层的倾向性意见来看,也认为国家应对四大国有商业银行保持绝对控股权,例如可保持75%的国家股权。实际上,国有商业银行股份制改造过程中,以下这10个问题对于改革的成功与否具有重要影响:①国有股权如何界定与计量;②国有股权设置的原理与生存的理由是什么;③由谁担当国有资本出资人的职责;④国有股权代表如何行使国有股权,包括股权代表的条件与委派、职责权利、绩效考核、对股权代表的监管;⑤是否必须保证国家的绝对控股;⑥海外商业银行国有股权边界变迁有何规律;⑦商业银行国有股权边界大小的宏观、微观绩效如何;⑧商业银行国有股权管理的动因与核心内容有哪些;⑨法律法规在商业银行股权上的有关规定是否需要修正;⑩战略投资者受让国有股权的价值如何判断,商业银行国有股权减持与转让的方式、价格、受让对象、转让监管怎样趋优等等。

本书研究基于:①股权结构对商业银行公司治理的基础作用;②国有股权在商业银行股权结构中的特殊意义;③股份制商业银行在国有股权设置、行使、管理中存在的缺陷与问题;④国有商业银行股份制改造在国有股权技术操作上的不可回避与不能回避性;⑤海外商业银行国有股权边界变迁的成功经验和历史教训;⑥商业银行国有股权管理的一般规律;⑦法律法规有关股权设计上的缺失和不完善;⑧国内已有研究成果的空白点。本书力图通过对商业银行国有股权功能的阐述、国有股权行使成本的分析、国有股权边界的探讨、国有股权绩效的实证分析和国有股权管理的研究,探索商业银行国有股权理论与中国商业银行国有股权制度改革的创新实践,填补国内在商业银行国有股权确认、计量、功能、边界、绩效、行使、转让及管理等问题研究上的空白,为国有商业银行股份制改造和股份制商业银行产权深化改革提供决策参考。

1.2 文献回顾

关于政府对银行的所有权,国外对政府参与金融存在两种广泛的看法:一是基本乐观的"发展型"理论,二是"政治型"理论。巴塔凯日亚、洛弗尔和萨黑(Bhattacharya, Lovell and Sahay, 1997)运用数据包络分析法(data envelope analysis),对印度私有化早期的 70 家国家所有、外资所有和私人所有的商业银行相对效率进行了调查,他们发现在为顾客提供金融服务方面,公有银行最具效率。拉·波特(La Porta,2002)等通过收集世界各地政府对银行的所有权的资料,围绕所有权普遍性、约束条件、经济及金融效应这四个问题,澄清了四个论题。他们的研究发现,商业银行中政府参股是一种普遍现象。每个国家前十大银行中平均有42%的股份为政府持有。他还在论文中指出,在一些没有很好的产权保护机制、政府干预性强和有着不发达的金融体系的国家中,银行中的政府持股比例就越高。麦金森(Megginson,2004)针对过去15年里,59个国家的250余家商业银行或公开发行股票或出售资产以实现全部或部分私有化,解读了商业银行国有股权曾经为何如此盛行?但最终政府为什么还是选择了国有银行私有化?博宁、汉森和保罗·瓦赫特尔(Bonin,Hasan and Paul Wachtel,2002)就不同产权结构(国有、私有和外资所有)对银行绩效的影响在捷克、波兰和罗马尼亚等六个转型经济国家作了调查,发现外资银行赢利能力最强。巴思、卡波里奥和莱文(Barth, Caprio and Levine, 2003)采用107个国家银行管制和监管的数据来估测特殊的管制和监管行为与银行的发展、效率以及脆弱性之间的关系,发现银行国有股权与银行绩效负相关。萨皮恩扎(Sapienza,2003)运用1991年到1995年期间意大利银行和客户签订的个人贷款合同价格信息来研究国有股权对银行贷款行为的影响。科尼特、郭、卡萨可萨里特和特拉尼恩(Cornett, Guo, Khaksari and Tehranian, 2003)调查了1989年到1998年远东16个国家的国有和私有银行的表现差异。温物劳布和纳可恩(Weintraub and Nakane,2003)调查了1990年到2001年期间的大约250家巴西银行的私有化情况,发现银行规模和所有权是产出的重要决定因素。

在海外,与银行国有股权相关的重要研究成果中,詹森和梅克林(Jensen and Meckling,1976)指出由于资本市场缺乏规范,政府控股企业就缺乏效率。这是因为市场缺乏监管者，管理者就会牺牲企业的利益去追求个人利益最大化。所以企业的股权结构与经营业绩是有关系的，市场监管可以使私有公司的效率提高。

奥哈拉(O'Hara,1981)和尼古尔思(Nicols,1967)在早期的两篇论文中曾经研究过两类银行的经营业绩，一类是以成员形式形成的组织所有的银行，另一类是公开发行股票的银行。研究显示后者比前者更有效率。所以他们认为，银行和其他企业机构一样，私有化能使其运行得更好。

然而，迈尔斯(Miles,1994)直接对"私有银行的管理可以被更有效地监管"这一暗含的前提假设提出质疑。法马(Fama,1980)指出，首先，对经营管理的有效监管并不局限于某种特定的组织形式；其次，如果缺乏所有权的转换，对经理的有效监管将不必被削弱。因此，从理论上来说，股权结构与银行的经营业绩表现是无关的。

同样地，美斯特(Mester,1989,1993)对奥哈拉(1981)和尼古尔思(1967)提出的论点也提出反驳。他发现以成员形式形成的组织所拥有的银行的经营业绩相对来说更好。而卡本诺恩(Cebenoyan,1993)等则发现，组织所有的银行和私人所有的银行两者的经营业绩并没有差别。

阿尔特巴思、埃文斯和莫利纽克斯(Altunbas, Evans and Molyneux,2001)进一步研究了银行的股权结构和经济表现之间的关系。阿尔特巴思等(2001)研究了德国银行业，认为无法证明私有银行比公有银行更有效率，和美斯特(1989,1993)的观点相同，认为公有银行在成本和效益上更占优势。

除阿尔特巴思等(2001)外，其他的研究如李(Lee,2002)通过风险承受程度和股权结构的测量考察了银行股权结构和经济表现之间的关系。他的结论是股东控股的银行的风险承受能力更强，因为它们通常资产规模更大，每股收益的波动更小。他指出，经理人会将他们的个人利益与外部股东结合起来,他们能够察觉到成本变化,从而减少内部人控制以及代理问题。

格里菲思、福格尔伯格和威克斯(Griffith,Fogelberg and Weeks,2002)用美国的数据对 CEO 股权和银行业绩之间的关系作了研究。他们发现,这两者是非线性关系。管理上的保护壁垒会抵消詹森和梅克林(1976)提出的利益集中假设所带来的影响。

郎咸平和雷蒙德·W.索(Larry H. P. Lang and Raymond W. So,2002)收集了全球 78 个国家和地区 958 家上市银行的股权结构及经营利润数据,他们发现这些银行中国家持股银行的比例(27.8%)大大高于大众持股银行的比例(15%)。他们用"股本回报率"、"资产回报率"、"净边际利润率"和"每单位资产市值"来衡量银行经营绩效,结果得出的结论是:银行的收益与股权结构没有任何显而易见的相关性;不同所有制的银行,其利润在相当长的时间内,都在一个很大的范围内浮动。在国家控股的银行中存在高资金回报率,而在民间控股和国外金融机构控股的银行中同样也有低资金回报率,股本回报率既和国有股股权的大小无关,也和国外或国内金融机构的股权大小无关,任何一家银行资金回报率的高低和这家银行由谁控股毫无关联。这一结论不仅适用于发达国家,也适用于发展中国家。总之,银行的改革与产权无关。

郎咸平等的统计还表明,全世界仅 8 个国家和地区没有国有银行。他还表示,一个银行的坏账率和这个银行的产权并无关系。影响银行坏账率的是一个经济环境下的信托责任。而信托责任一方面需要社会中每个人信用观念的长期积累,另一方面更需要的是有效的监管。银行改革是一个次于经济改革的课题,且和产权结构无关。绝对没有可能在一个素质不良的经济体系下,先行改革银行。引入国外金融机构无法改善发达国家或发展中国家的银行经营绩效,即目前那些希望将国有银行股权转给外商的政策是没有实证资料依据的。因此,引入国外金融机构改革国有银行的思维也无助于解决国有银行的问题。文章还进一步提出,虽然中国国有银行制度带来了经营低效和坏账的问题,但要解决它们,不能靠引入国外金融机构,而需要进行整体经济素质的改进。

目前国内关于商业银行国有股权的研究基本属于空白,对国有商业银行股份制改造中的国有股权边界、国有股权行使与管理、国有股权效率、国有股权管理规范等问题,都没有系统的研究。从现有文献来看,专家、学者们大多只是从商业银行产权和股权结构研究的角度涉及商业银行国有股权问题,而且给出的相关数据也比较零散,并没有进行系统归纳和全面总结。与商业银行国有股权相关的研究文献主要有:

倪遥遥、刘翔(2002)认为,现代商业银行的股权构成是和各个国家所处的经济发展阶段以及政治文化条件及背景相关的,具体可以分为以美国为代表的高度分散型股权结构和以日本、德国为代表的相对集中型股权结构。而与之相对应的现代商业银行公司法人治理结构也有两种主要类型,一是高度分散的并以外部监督为主的治理结构,二是相对集中的以内部监督为主的治理结构。我国商业银行的股权结构应该充分考虑到我国国情,既要保证国有资本处于相对控股地位,又要真正确立股份制企业的有效法人治理结构。因此他们认为,应该在国有资本处于相对控股地位的同时,注重吸收民间资本或国际资本进入国有股份制商业银行。

易宪容(2002)指出,多数中国股份制商业银行的组建都有特殊背景,这使得它们的产权组织形式不规范。尽管从形式上看股份制银行产权清晰,但是国有控股仍然严重,这必然会直接弱化银行治理结构的效率。所以中国股份制银行应该广泛吸收社会公众入股,实现股权多元化,建立起完善的法人治理结构,并通过产权组织形式的变化促使其运作机制和经营方式的转变。

刘荣(2002)通过对股份制商业银行竞争力的实证考察后指出,经过十多年的发展,股份制商业银行并没有发展到对四大国有商业银行造成显著威胁的水平,它的体制优势的边际产出呈递减趋势,并有"体制回归"的迹象。我国股份制商业银行之所以能在市场竞争中得到快速发展,且经营绩效与竞争力显示出比国有商业银行相对较高的水平,主要不是取决于股份制商业银行具有较高的产权激励,而是取决于股份制商业银行具有更为严格的市场竞争约束。也就是说,是竞争激励而不是产权激励决定了股份制商业银行的相对竞争力。

薛俊波、滕园(2002)以四家上市银行的股权结构为例,在文章中详细分析了股份制商业银行"异化"(即股份制银行在运行的过程中逐渐偏离了设立的初衷,有不断向国有银行转变的趋势)的原因。股份制银行的股权集中度较高而且主要掌握在政府和国有企业手中,政府的"主人"意识不断强化膨胀,同时国有产权虚置,内部人控制及地方政府在银行法人治理结构中占据了主导地位,银行内部难以建立有效的治理机制。因此应该引入更多的投资主体使股权得以分散,在一定程度上减少政府部门对股份制银行的不合理干预,借助外部的社会力量推动法人治理结构的完善。文章中还引用了许小年(2001)的观点,即对于股权的分散,上市是一个有效的途径,另外可以考虑积极引进外资,我国商业银行最好引进50%外资股权,但由于短期内无法做到,可以考虑引入10%。

叶立新(2003)总结了我国股份制商业银行在产权制度上的特点,指出国有股所占比重较大,但有下降趋势,股权结构也呈现出多元化趋势。然而,在股权结构方面,国家股仍占相当比例以及法人股和个人股的股权存在着主动或被动的虚置是现存的主要问题。

从以上国内研究文献来看,我国学者对股份制商业银行股权结构的研究也仅仅停留在定性分析和理论分析的程度，还没有系统全面地作过深层次分析。相对而言，国内在商业银行国有股权这个问题上的研究更是少见。

关于郎咸平提出的银行改革产权无关论，我们认为存在着几个理论与实践上的误区：首先，资金回报率高与高效率是两个概念。国有银行可能会因其政府垄断作用具有高的资金回报率，但是这种垄断利润对整个经济而言是没有效率的（帕累托无效）。并且，经济理论表明，在充分竞争的环境下，企业的利润趋近于零，但是对于整个经济来讲却是有效率的。其次，找出一个或者几个国有银行信托良好管理者并没有普遍意义，一个或几个无需激励的管理者可能存在，但是要求所有的管理者都具有该精神显然是不大现实的。

其次，是分析的逻辑起点。郎咸平等是对 78 个国家 958 家上市银行分析后得出的结论，这些银行本身，第一，早已是股份制银行；第二，已经上市。958 家上市银行股权绩效对中国国有商业银行产权改革的借鉴意义，不应局限于股份制上市银行股权绩效之间的比较，更重要的还在于股份制与非股份制国有商业银行经营绩效之间的比较，不能用股权绩效的无差异性来否定国有商业银行的股份制改造。

另外，郎咸平的论据中引用了一个统计数字：全世界仅有 8 个国家和地区没有国有银行。这个数字并不能说明产权与银行改革无关。首先我们要看国有银行在各个国家银行业中所占比重的大小。我们知道，几乎所有国家都有国有经济成分，只是比重的大小不同，比如美国的国有经济占 10% 左右，法国的国有经济比例近 20%，但是大多数经济发达国家中的国有经济成分在整个经济中只是起辅助而非主导作用。要认识到尽管产权明晰不是经济有效的充分条件，它却是一个必要条件。国有经济成分的存在在许多情况下是出于非经济因素的考虑,比如国家安全、社会稳定、政治因素等,所以我们不能因为绝大多数国家都有国有银行就推导出我们无需对中国国有银行业的产权进行改革。对比外资银行、民营银行和国有银行在中国的实际经营业绩,也可看出产权明晰的外资要比产权不明晰的国有银行利润率高25倍之多。其实,郎咸平所引用的统计数字本身就能说明问题,他所讨论的国有银行股权比重只占整体股权的27.8%。

1.3 研究思路和方法

本书研究基于金融学与法学融合、理论与实践相结合的基本理念,以我国商业银行股份制改造后的股权结构变迁为背景,围绕商业银行国有股权这一主线,从商业银行国有股权的确认与计量、国有股权绝对边界和相对边界的界定出发,阐析并论证商业银行国有股权的功能、国有股权的行使及其成本、国有股权边界的多维约束,并运用实证分析法对商业银行国有股权价值进行实证研究,同时借鉴海外商业银行国有股权管理的成功经验和教训,最终提出我国商业银行国有股权边界变迁及商业银行国有股权管理的理论和政策建议(参见图1-1)。商业银行国有股权问题涉及法学、管理学、组织行为学、投资经济学、金融学、产权经济学、信息经济学、制度经济学、股份经济学和公司治理等理论,范围广泛,内容繁杂,而且理论性、政策性、实践性和应用性都很强,加之文献资料相对缺乏,这是本书写作的难点。在研究方法上,本研究主要运用了规范分析、实证分析、历史分析、比较分析以及金融学与法学相结合的分析方法。

(1)理论借鉴与引申相结合。本研究在查阅海内外许多著名学术网站和经济学家关于股权、股权结构、银行国有化和私有化及其绩效的大量研究文献,同时参考相关专著、学术期刊最新理

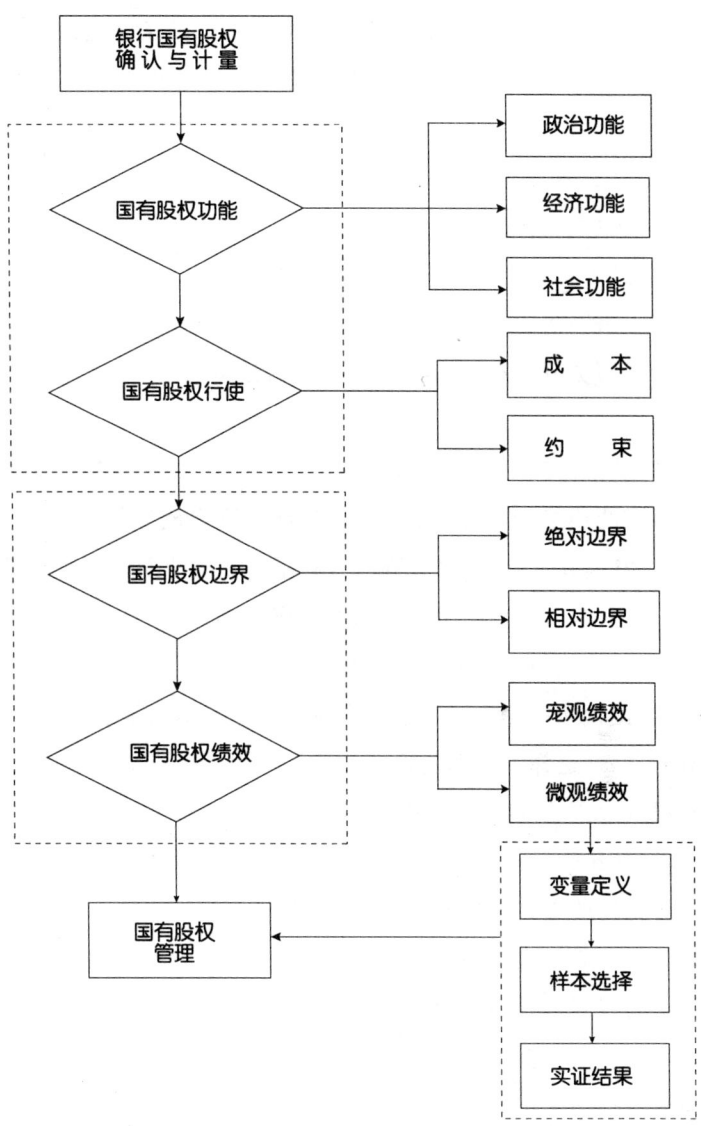

图 1-1 研究路线图

论研究成果的基础上,主要借鉴了其中适合于研究商业银行组织国有股权的学术成果,并作了进一步的探讨和引申,以期阐述自己的理论与观点。

(2)历史分析与逻辑归纳相结合。本书第五章对海内外商业银行国有股权边界历史变迁的分析及不同国家各个演进阶段的总结,本书第七章对中国国有商业银行、股份制上市银行、全国性股份制非上市银行、城市商业银行国有股权管理实践的阐述和评析均运用了历史分析和归纳总结相结合的分析方法,以史为鉴可以知兴衰。

(3)规范研究与实证分析相结合。本书第三、第四章商业银行国有股权的功能和行使,采用的主要是理论规范分析法,本书第五、第六章是在规范分析的基础上,利用计量统计方法对海外商业银行和海外银行业的相应数据进行实证分析,一是印证理论分析的正确性,二是便于为决策提供参考和依据。

(4)比较研究分析法。本研究对商业银行国有股权边界变迁的分析,一是选择了国别差异,即比较研究不同国家之间商业银行国有股权边界变迁的不同渊源和特点;二是选择了不同银行之间的差异,即比较研究同一国家不同银行、不同国家不同银行国有股权边界变迁的方式与特征;三是选择了不同时期有关各国、各家商业银行国有股权边界变迁的动机与进程。对商业银行国有股权减持的不同方式、参股控股模式的不同选择等问题,进行了对比论证。通过比较分析,力求找出带有规律性的经验,力图丰富商业银行国有股权理论与实践。

(5)理论研究与实践应用相结合。本研究既从理论上探索商业银行国有股权设置、行使和管理的客观规律,又结合中国商业银行国有股权制度改革的实践,注重理论分析运用于政策决策和操作实际,并结合中国商业银行的体制基础和基础体制特征,以动态的视角优化我国商业银行国有股权管理的内容选择和路径设计。

1.4 本书的基本结构

本研究紧紧围绕商业银行国有股权界定、功能、行使、边界、绩效、管理六个核心问题,对国有商业银行股份制改造中和商业银行股份制改造后的国有股权计量、行使、边界、管理四大重点、难点问题,进行深入的理论分析、实证验证和对策研究。

一是关于商业银行国有股权的确定与计量。研究内容包括:(1)股权的一般原理,它是商业银行国有股权研究的基础理论;(2)商业银行国有股权的确认与计量,这是研究商业银行国有股权和研究商业银行国有股权边界的基本前提;(3)商业银行国有控股权与控制权。这是商业银行国有股权计量研究的进一步深化与应用。本部分内容构成本书的第二章,此章以规范分析为主。

二是商业银行国有股权的功能与行使。内容包括:(1)商业银行国有股权的功能;(2)商业银行国有股权功能的价值判断与取舍;(3)商业银行国有股权三层次、多环节的委托代理链;(4)商业银行国有股权的行使成本;(5)降低成本的内外约束体系。这部分内容既是商业银行国有股权理论的有机组成部分,也是决定与影响商业银行国有股权边界,制约商业银行国有股权边界变迁的重要元素,同时,国有股权功能的实现与国有股权管理的目的高度相关。本部分内容构成本书的第三、第四章,这两章以理论研究为主。

三是商业银行国有股权的边界与绩效。内容包括:(1)商业银行国有股权边界的确定;(2)商业银行国有股权边界的现状与历史;(3)商业银行国有股权的宏观绩效之争;(4)商业银行国有股权的微观绩效及评价。具体比例或结构事关商业银行股权结构改革的实践与操作,定量指标需要数据、资料作支撑,这是本书研究的一大难点,也是商业银行国有股权研究的一项重点。本部分内容构成本书的第五、第六章,这两章以实证分析为主。

四是商业银行国有股权的管理。研究内容包括:(1)商业银行国有股权管理的动因、内容、目的与管理的基本原则;(2)中国商业银行国有股权管理的实践;(3)中国商业银行国有股权管理政策与操作;(4)管理的制度基础与条件。商业银行国有股权管理是商业银行国有股权研究的指向与归宿,商业银行国有股权管理内容本身包含了商业银行国有股权功能、行使、边界与绩效的相关要素。本部分单独立章,第七章以理论应用分析为主。

本书以商业银行国有股权边界和商业银行国有股权管理作为研究内容的重中之重,目的是想对商业银行国有股权理论作一个相对全面的考察,既从理论分析与实证研究相结合的角度综合剖析商业银行国有股权的理论,又从理论分析与实践应用研究出发为我国正在进行的国有银行股份制改造和上市以及股份制商业银行深化改革提供一些借鉴和启示。

第二章 商业银行国有股权的界定

在法理上,商业银行国有股权首先是一个所有权关系问题。它是国家所有权(state ownership)在商业银行公司制度下的转换形式和新型权利形态。众所周知,国家所有权是全民所有制的法权形式,即国家作为所有权的统一主体,依法对全民所有即国家所有的财产行使占有、使用、收益与处分的权利。全民所有亦即国家所有的财产在我国法学理论和实践中通称国有财产,我国国有银行改革从所有权与经营权分离模式转向公司化经营模式后,经营性国有资产的运营重点也就由对经营权的探析转为对国有股权的规范。

2.1 股权的一般原理

2.1.1 股权的法律关系

同其他法律关系一样,股权法律关系也由主体、客体及内容三个要素构成,其中,股权法律关系主体是股权权利的享有者和义务的承担者,股权法律关系客体是股东权利、义务所作用的对象,股权法律关系内容体现为法律上的经济权利与义务。

(1) 股权的主体

股权的主体是股东,股权的主体也只能是股东。股东享有股权,公司享有法人所有权。顾名思义,股权法律关系的主体自然是股东,股东是股权法律关系中权利的享有者和义务的承担者。有限责任公司的股东是因发起设立公司,在公司章程上签名、盖章,足额缴纳其所认缴的出资额,并被列入公司置备的股东名册的自然人、法人。股份有限公司的股东则是合法持有公司所发行的股份并被列入公司置备的股东名册的自然人、法人。非股东依法不能享有股权。

股东是股权的主体,但有几个特殊问题应予以注意:其一,此处的股东指的是作为个体的股东而非股东的集合体,单个股东所享有的权利和股东大会所拥有的职权是两个性质不同的法律概念。其二,股权可为数人所共有,即由两个或两个以上的股东共同对某一出资享有股权,合伙关系、婚姻关系、继承关系以及共同认购行为均可导致股权共有情形的出现。其三,虽然由于现代公司尤其是股份有限公司更强调资本的联合,股东的个体资质并非公司法规范的重点,但为了保障公司资本的充实,维护交易安全,各国公司法几乎无一例外地严格禁止公司成为自己的股东,即除法律规定的特殊情形外,公司不得回购自己的股份,也不得接受在自己股份上设置的抵押。

(2) **股权的客体**

股权法律关系的客体是股东权利、义务所作用的对象。由于股东拥有的是股份,股东的利益包含于股份之中。没有股份,股东就无利益可言;股权因股份而生,股份贬值,股东的权利也受到减损。在股份制公司,股份往往被界定为股东在公司中以金钱数额来衡量的利益。作为一种利益,股份具有金额性。股份是由公司资本进行划分而形成的均等份额,尽管每一份额有其面值,但准确而言,这个面值只是反映股份开始形成时的价值。在公司经营存续期间,股份的财产价值不是固定不变的,而是要根据公司赢利和负债情况来定,从这个意义上讲,股份是一种风险利益,股权是一种带有风险的资本权利。在英美法系中,公司股份是被作为动产来对待的。但是,这种动产有其特殊性。这种特殊性主要表现在:无论它如何转让,无论股东变成何人,被转让的股份却仍然是原公司资本的构成部分,都不可从公司中抽走,都不可与公司资本相脱离而独立存在。

但是,人们通常所说的股份(share)一般只限于股份有限公司而言,在一些其他类型的公司中资本并不划分为股份。例如有限责任公司,资本在股东之间划分为不等的出资比例。很显然,股份与出资比例是有所区别的。那么,如果说在股份有限公司中,股权的客体是股份,那么在有限责任公司中又是什么呢? 能否说就是出资比例? 答案应当是肯定的。首先,有限责任公司和股份有限公司一样,都是独立的法人,对股东以出资投入公司的财产享有所有权;有限责任公司的股东同样也不再对具体的出资财产拥有所有权,其拥有的利益以其出资比例来标示。其次,出资比例不同于具体的出资财产,也不与公司某一财产相对应;而且,出资比例的实际财产价值同样不是恒定不变的,但在公司消灭之前,它却一直存在。出资比例也具有一定的抽象性。第三,出资比例也包含着利益因素。有限责任公司的股东是按出资比例分取红利的。谁的出资比例大,谁分取的红利就多。在股东会议中,股东按照出资比例行使表决权(《公司法》第 41 条),出资比例的大小决定股东表决权的大小。

股权客体与"公司"。在公司法中有一句名言,"公司拥有财产,股东拥有公司"。人们常说股东是公司的所有者。这样一来,公司就被看做是股东权利的客体。然而,仔细分析起来,这一说法值得商榷。首先,在股权法律关系中,权利主体是股东,义务主体是公司。股东是向公司行使其权利的,主要是请求公司分配红利权等。公司对于股东来说,不但是要负不侵犯、不妨碍股东行使权利的义务,还负有协助股东实现权利的义务,即以自己的行为满足股东的利益要求。义务主体当然不能同时兼作客体。其次,在公司组织法律关系中,股东又是公司的成员,公司是股东组成的,二者是部分与整体的关系。将整体作为部分的权利主体,只能使法律关系变得更加复杂,乃至混乱。第三,公司(股份有限公司与有限责任公司)是独立的民事主体法人。权利主体同时成为其他权利的客体,这在逻辑上是不通的。在古罗马,奴隶可以是权利的客体。但奴隶在自然上是人,在法律上却不被视为人,不具有权利主体资格。

值得注意的是,公司不同于企业。从组织体的角度而言,企业有公司制企业与非公司制企业(合伙企业、个人独资企业)之分,后者一般不具备法人资格,但也由特别法(如《合伙企业法》、《独资企业法》等)对其从民事主体的角度进行了一些规定,被称做除法人和自然人之外的"第三主体"。

但是企业还有其他方面的含义。比如,企业总是要拥有一定的财产,是各类财产和劳动力的综合体。正是从这个意义上,企业特别是非法人企业也被视为权利的客体。例如,当我们说到"国有企业"、"私有企业"等概念时,已经蕴涵着企业作为客体由国家所有或由私人所有这样的意思。在20世纪80年代,我国曾经颁布过国有企业承包经营责任制条例和租赁经营条例,就是把企业作为承包、租赁经营法律关系的客体对待。其理论基础就是认为企业既可以是权利主体,又可以作为权利客体,具有双重性。把公司作为股权的客体,在一定程度上是受到这种企业性质双重性的理论影响的结果。应当说,把这种企业双重性的理论照搬于公司,是错误的。所谓"股东拥有公司",在法律上是指股东拥有公司的股份。换言之,股权的客体不是公司,而是公司中的股份。

(3) 股权的内容

股权的内容即为股东权具体包含哪些权利。各国公司法中对此都有明确的规定。我国《公司法》第32、33、35、38、102、103、110等各条对此也有相应的规定。依各国立法经验,股东权利归纳起来可分为以下几类:a.发给股票或其他股权证明请求权;b.股份转让权;c.股息红利分配请求权;d.股东会临时召集请求权或自行召集权;e.出席股东会并行使表决权;f.对公司财务的监督检查权;g.公司章程和股东大会记录的查阅权;h.优先认购新股权;i.公司剩余财产分配权;j.权利损害救济权;k.公司重整申请权;l.对公司经营的建议与质询权,等等。

股权中的上述各项权利,可依不同的标准进行分类:

①依权利行使之目的,可分为自益权与共益权。自益权是指股东专为自己利益行使的权利,如发给股票或其他股权证明请求权、股份转让权、股息和红利分配请求权、公司剩余财产分配请求权等;共益权是指股东为自己利益同时也为公司利益而行使的权利。如出席股东会并行使表决权、请求法院宣告股东会决议无效权、请求召集股东临时会或自行召集权。

②依权利之主体,可分为普通股股东权和特别股股东权,前者是指一般股东享有的权利,后者则是专属特别股股东所享有的权利,有关特别股股东权利的范围、行使顺序、数额、优惠待遇限制等一般都在公司章程中加以规定。我国公司法对此未作规定。

③依权利之特征,可分为固有权和非固有权,前者指根据公司法规定不得依章程或股东会议予以剥夺的权利,如特别权与共益

权;后者指可依公司章程或股东会议加以剥夺的权利,自益权多属此类权利。

④依权利之行使方式,可分为单独股东权和少数股东权,前者指股东一人可单独行使的权利,如表决权、股息红利分配请求权等;后者指达不到一定股份数额便不能行使的权利,如股东会临时召集请求权、公司重整申请权等。

⑤依权利之性质,可分为财产性权利和非财产性权利。其中财产性权利主要包括股息红利分配权、剩余财产索取权、股份转让、抵押、继承权、新股优先认购权等;非财产性权利主要指公司内部事务的管理权,如股东大会的出席权和表决权、选举权与被选举权、公司账簿的查阅权、对董事等高级职员的监督权等。我国《公司法》中,第 a、b、c、h、i 项为股东权中的财产性权利,第 d、e、f、g、j、k、l 项为股东权中的非财产性权利。

应当注意,上述诸项权利只是股权的具体权能而已,并非独立的权利。正是由于这些所谓的权利的权能性,才使股权成为一种单一的权利而非权利的集合或总和。此其一。

其二,股东权的作用,在一定程度上具有间接性,因此股东大会的职权直接决定着股东权的实现程度和实现质量。股东权的权能与股东大会的职权既相联系又相区别。根据我国公司法的规定,股东出席股东大会并行使表决权的权利内容也即股东大会的职权涉及以下诸项;决定公司的经营方针和投资计划;选举和更换董事,决定有关董事报酬的事项;选举和更换由股东代表出任的监事,决定监事的报酬事项;审议批准董事会的报告;审议批准监事会的报告;审议批准公司的年度预算和决算方案;审议批准公司的利润分配方案和弥补亏损方案;对公司增加或者减少注册资本作出决议;对公司发行债券作出决议;对公司合并、分立、解散和清算等事项作出决议;修改公司章程,等等。

其三,在我国的股份制改造和企业公司化过程中,应特别注意股东权益的保护问题,维护股东作为投资者的合法权益,增强公司的社会责任感和股东权利意识。现在,不少公司徒有公司的外壳,而并未按公司的机制进行运作,特别容易发生侵犯股东利益尤其是中小股东利益的情形,如有的公司不给股东分红派息,有的公司不向股东公开财务账目,有的公司不按公司章程规定召开股东大会,有的甚至编造虚假的账目欺骗股东和公众,等等。如不能有效制止,则势必损害广大股东的合法权益,挫伤投资者的积极性,并对我国企业制度改革的深化带来负面影响。

其四,上述股权的内容主要是从其积极权能角度来说的,股权另外还有其消极权能。股权的消极权能是指股东排除对其股权进行干涉、侵犯的权能。在股权的正常权利状态下,其消极权能并不表现出来,只有在股权受他人不法干涉、妨害等侵害时,才显示出来并发挥作用。股权的消极权能主要有:①当股东大会、董事会的决议违反法律、行政法规,侵犯股东合法权益时,股东享有要求停止违法行为和侵害行为的请求权;②请求对公司董事、监事起诉权;③请求派员查账权;④请求重选公司重要人员权;⑤排除妨害请求权,特别是指妨碍公司股东出席权、表决权、股份转让权行使时,可以请求排除妨害等。这种消极的权能往往与诉讼相联系,需要通过诉讼途径,借助国家强制力方能实现。但是,这些消极权能在本质上不是诉讼权,是由股权派生的,与积极权能共生,是股权的内容。

其五,权利和义务总是相伴而生的,在谈及股东的权利内容时,也不能不涉及股东的义务。通常认为股东的义务就是出资,这种观点是错误的,出资人在出资之前,尚不是股东,出资又如何能称为股东的义务？出资后，出资人才取得股东地位，才产生股权。因此有学者认为股权这种权利"并无对等之义务，与一般所谓有权利即有义务之观念有异"。但这种观点也值得商榷。因为股东也负有相应的义务，如遵守公司章程的义务，不得任意干扰公司业务活动的义务，不得抽回出资的义务等等。

就股权内容的特点来说，主要有以下四方面：

①股权的权能兼有财产性和非财产性。如前所述，股权不仅具有财产权的内容（如股息或红利的请求权等），并且还具有非财产权的内容（如选举权、表决权等），这就决定了股权内容并非是一种单一性质的权能。

②股权的权能兼有支配性和请求性。股权主要由所有权脱胎而来，因此，仍留有所有权的支配性痕迹；同时股权又不同于所有权，还表现出了明显的请求权的特征。这两点具体体现在股权的有关权能之中。

首先，股权具有部分支配权内容。如通过行使表决权支配公司的重大事务。但是，股权的支配性不同于所有权的支配性。因为，在公司中，一是公司人格的存在使股东的支配形式发生了根本变化，股东不得直接支配公司财产。二是支配的作用过程发生了根本变化。如果说股权在形式上还存有原所有权中收益、处分权能痕迹的话，那么在实质上也只保留了原所有权所具有的一些支配权能的特性。因为，其一，股权支配的对象已由原来具体的物变为抽象的物——股份所代表的利益，股份总是与公司联系在一起的，是一种与公司密不可分的利益。在静态上，它表现为股息红利、配发新股以及公司解散后的剩余财产；在动态上，这种利益又往往是与公司的具体经营行为，乃至公司领导人员选任等公司行为密不可分；在客观上，公司领导人员的更换，公司的每一项经营决策，都可能影响股份利益的价值。其二，支配的主体——股东也是同时作为公司的一个成员而存在的。股权的支配性权能必须通过公司才能够发挥作用。

因此，股东欲支配股份，首先须支配公司的行为（内部行为和外部行为），或者说支配公司行为就是支配公司股份，支配股份所包含的利益。基于以上两种因素，股东的支配权能就主要表现为股东在股东（大）会中对公司行为、事务的投票、表决权能。因而股权绝非所有权。

其次，股权的部分内容具有请求权属性，如财产性权利中的分红权、剩余财产分配权等属于财产性的请求权能，公司事务参与权中的临时股东会召集请求权等属于非财产性的请求权能。本来，股东对股息红利的收取是以股东对股份享有支配为基础的收益权能，公司有义务依法将股息、红利分配给股东；股东的收益权能不是合同约定的，而是法律或公司章程规定的。但是这种权能属于一种抽象的期待性权能，不能独立地加以处分，只有经过股东（大）会决议确定分配一定金额的股利后，股东的这种收益权能才能变成具体的权能。这时，为了实现股东权，股东的收益权能就不得不被赋予请求权的一面，即请求公司履行义务，依法按公司决议分配股息、红利。但是，这些请求权不过是股权的部分权能，不同于债权，而且其非请求权内容又非债权所能涵盖，因此，依据股权的请求性内容而认定股权为债权不能成立。

另外，股东有时为行使其支配权能，还必须先行使请求权能，如请求召开临时股东会，以支配公司利益。

由此可见，支配性与请求性是股权发挥作用的两个特性，不能完全割裂，而且缺一不可。这是股权内容与股权作用的一个重要特点。

③股权的权能兼有目的性和手段性。公司利润的分配、公司剩余财产的分配、股份（出资比例）的转让以及新股的优先认购等权能属于目的性权能。因为，不论投资者的直接动机如何，其最后目的都在谋求最大的经济利益，公司只是实现这一目的的人为工具，上述权能直接包含了股东的这一目的。股东的投票表决、查阅公司账簿、请求召开临时股东（大）会等参与公司事务的权能，在本质上是为了保障目的性权能的实现，从而保障股权的实现，是一种手段性权能。这种权能本身不直接具有财产利益，没有独立的目的，但是股东财产利益的满足，需要股东行使这些权能。因为股东和公司是两个具有不同利益、目的的法律主体。公司由股东设立、组成，但公司又独立于股东，异化于股东，当公司被董事、经理实际控制时，与其说公司在实际上代表股东利益，毋宁说代表的是董事、经理的利益。手段性权能就是股东制衡公司、实现股东与公司利益矛盾与统一的平衡关系的手段。若没有目的权利，手段权利就因无所指向而成为毫无意义的单纯手段；没有手段权利，目的权利就成为缺乏有效保障的权利。

④股权的权能兼有团体性和个体性。所谓团体性，是说股权的一些权能只能在团体中才会发生，股权中的公司事务参与权属于这种团体性权能。这些权利必须按照公司法及公司章程规定的团体规则进行行使。如有些权利必须通过股东会之类的公司机关行使（如表决权），有些权利则须通过向其他公司机关提出请求而实现。这些权能离开公司来行使不但没有实效，甚至还会破坏整个公司法律制度。个体性则是指股权始终以股东个人的利益为出发点和归宿，股权中的财产性权利就是这种股权本质的集中表现。这些权利由股东直接行使并直接受益，具有突出的个体化色彩。因此，我们说股权既是团体性权利，又是个体性权利，或者说既包

括团体性权能,又包括个体性权能。

但股权的团体性和个体性不是各自孤立和相互割裂的,而是相辅相成,互为依托。公司本身是个体化和社会化的契合体,公司首先是股东的个体获利最大值的工具,必须以股东的利益为行为准则,而公司一旦成立,又成为社会存在物,不能任由股东的个体随心支配。这种双重性把股权塑造成一种寓个体性权利于其中的团体性权利。

2.1.2 股权的本质

股权的法律属性指的是股权是属于哪一种性质的民事权利。法学界对股权性质的探讨,主要是在大陆法学者中展开的。在大陆法系早期的公司法理论上,本来分歧不大,通说是股权既非物权,亦非债权,更非专用权,而是基于股东地位所获得的多种权利与义务的集合体。只是在近代,才出现了股东地位说和新债权说等种种不同的认识,特别是以抽象研究见长的大陆法系民商法理论对股权的界说更是异彩纷呈,百余年来新论迭出。以德国为代表的大陆法系股权理论大体上可归纳为"社员权说"、"股东地位说"、"债权说"等学说,同一学说中也不乏歧见。不过西方国家在学理上对股权性质的分歧认识,对于各国的公司实践并无大的影响。

但在我国,基于我国法律对股权以及法人财产权的抽象规定,我国大量的学者为了试图用股权性质理论来界定国家与企业的产权关系,并以此设计企业产权的运行模式,从法学的角度提出了"股权所有权说"、"股权债权说"、"股权社员权说"等等不同的观点。

股权究竟是一种什么性质的权利?我们认为,要揭示股权的性质,一是必须明确股权的内容和特征,股权的内容决定了股权的特征并进而影响、决定着股权的性质;二是不应从原有法律所规定的传统权利中去探寻股权的性质,而应以公司这种现代企业制度关于股东财产与公司财产相互分离、股东人格与公司人格彼此独立、股东与公司之间产权分化的实际情况和发展需要为出发点来研究股权的性质,原有法律体系本身已无法合理解释股权的性质;三是必须结合股权的经济学分析。在现实的经济社会生活当中,公司(企业)作为社会经济生活中最重要的单元,在法人公司(企业)与股东之间的关系远非大陆法系和英美法系基于法律体系对权利的界定与法理推理界定的那么抽象。只有这样探讨股权的性质才有现实意义。

(1) 股权是私权

股权在性质上属于私权,它涉及的不是国家[①]政治生活上的利益及关系。股东享有股权,只是为了谋取自身的个体利益,参与公司事务只是为实现这一利益目的的途径。股东的投票表决权能不超出公司事务的范围,与宪政意义上公民投票选举权迥然有异。股权作为私权,还体现在它是以民法、公司法和证券法等私法规范为主要法律依据而产生的权利,要遵循意思自治的基本原则。股权的私权性也体现在它是寓于平等的法律关系之中的,和公司的法律地位是平等的,不是命令与服从的关系;股东对公司的权利要求不是行政命令。明确股权性质为私权,特别在以国有财产投资入股的时候,明确国有股权仍是私权,仍然是一种民事权利,不是行政权或行政权与民事权利的混合物,在现实生活中是非常有意义的。

(2) 股权是单一性权利

股权是综合性权利还是单一性权利?笔者认为股权的表决

[①] 此处的国家是指作为政治上的国家(宪政层面)和管理社会行政事务(行政层面)上的含义而言的。

权、投资受益权、选择管理者的权利等等都是股权的权能,按照权能与权益的相互关系,权能是权利的作用,权能也是实现权益的手段。由于股权最本质的核心在于财产利益,所以其中的表决权、选举权、监督检查权等等都是为了股东的财产利益而设置的,它们本身就没有自己的民事权益,所以它们都是股权的权能。此外,股权的各项权能不可分开转让,股权作为一个整体性权利具有可转让性。因此,股权是单一性的权利。

(3) 股权是财产权

股权是具有经济利益的权利。股权是所有权转化而来的,所有权是财产权,这种转化只是权利形式的变化,而其财产权的性质却并没有发生变化。财产权不会变成非财产权。作为股权主体的股东,也就是出资财产的原所有人,其根本目的是从公司分取红利;他投资、设立公司、参与公司事务等一系列活动都是围绕这一目的来进行的。股权的权能也体现了它所包含的经济利益。股东的股息红利分配权等自益权能直接体现了财产价值;股东的表决权等共益权能也体现了财产价值,只不过其表现没有自益权能那么直接,而是通过对公司经营活动的控制,间接体现出财产价值的。

当一个公司暂时不赢利、无股息红利可分配时,其股东拥有的股权在发生转让时仍然是有价值的,甚至价值还相当高。而此时股权的受让者所获得的股权主要只是表决权等共益权能。这时,如果仅仅把股权等同于自益权能,它可能会分文不值或所值甚低。但是,事实上暂时无股息可分的公司股权仍然有较高转让价值,说明了股权经济价值不仅体现在其自益权(分红权)上,也体现在其参与公司事务、表决权等传统上认为不是财产权的非财产权上。实际上,当你掌握了公司的表决权,也就掌握了公司的利益。暂时的无股息可分并不意味着永远无股息可分。

将股权定性为财产权还具有另一种意义,就是突破大陆法的权利体系模式,不受先验限制地、更好地把握股权。大陆法中财产权的概念只具有分类上的意义,并无多少现实意义;其有价值的概念是财产权中的所有权、他物权、债权等;而在英美法中,却正好相反,所有权的概念是无足轻重的,财产权的概念却是实实在在、具有重大现实意义的。我们也希望在没有物权、债权这样性质归类的情况下,在财产权的框架内,以强调财产权中的各种不同利益单元的普通法财产权观念来认识股权,这或许是更为务实的一种研究思路。

(4) 股权具有资本性

资本性是公司的一大特征。同时,也是股权的一大特点。首先,资本是股东产生、存在的前提和基础。股权是因投资行为而形成的权利,只有把财产变成资本才能产生股权。其次,股东地位的高低也完全取决于股东的股份或出资额。"一股一权,数股数权"是公司在决策时的原则。股东在享受重大决策、选择管理者直至资产受益权利时均与其出资额的多少息息相关。再次,股权有资本的风险特点。因投资而形成的股权,在实现其利益价值的过程中,时刻存在着风险。股东受益多少,要根据公司的经营情况而定,而公司的经营状况又深受整个市场行情等多种因素的制约和影响。当所有人把财产作为投资投入公司之后,失去的是作为常数的所有权,得到的则是作为变数的股权。也许正是因为这一缘故,才激励股东更积极地行使自己的权利,参与公司事务(在有限责任公司中更加明显),努力把公司经营好,最大限度地增加投资的回报率。即使是股份有限公司的小股东,虽然用手投票不灵,却会选择时机用"脚"发言。

(5) 股权具有流转性

股权是股东基于认购股份而享有的权利。股份的表现形式为股票。由于股权的资本性,决定了它的非身份性和可转让性,股票便可以自由转让,股份则随其转移。所有权主体会倾向于死守自己的财产,因此会被冠以"守财奴"的雅号。而股东由于不能抽回和分割自己投入公司的财产,因此就必须享有转让其股份、从公司中抽身而退的权利和自由。如果说以归属为中心的所有权具有固定性,那么股权的生命力、股权价值就在于它的流动性、转让性。不流动的股权是没有活力的,是自陷囹圄。以自然人为股东的股权如此,国有股权更是如此。

股权的特征和经济内容说明,股权是由所有权转化而来的但又不同于所有权的一种财产权利。我们完全有理由可以将股权界定为:股权是基于公司法的规定,股东因出资而取得的参与公司事务并在公司中享有的一种以经济利益为核心的、具有支配性和请求性以及可转让性的财产权利。总之,所有权向股权的转化,迫使人们从一个全新的视觉来重新审视国家与企业的关系,以及国家作为全民财产所有者和投资者的地位、角色的转换,股权观念的确立及国家股权理论的完善,必将开辟出一条全新的公有制实现的途径。

2.1.3 股权本质理论的经济意义

在公司这种现代企业制度中,存在着股东和公司两种既密切联系又相互独立的利益主体。股东是公司的缔造者,没有股东,公司就成了无源之水,无本之木。而公司一旦成立,在股东和公司之间,不仅财产相互分离,而且人格也彼此独立。产权清晰一直是建立现代企业制度的首要要求,我们在此探讨股权本质问题并非纯粹法理上的争论,而是希冀以此明晰国家和企业之间的产权关系,推动国企改革的顺利进行,此即股权本质理论的现实意义。为此,有必要从以下两方面入手，树立正确的权利转换观念：

第一，股东向公司投资后，其对原出资财产的权利转由公司承受，公司作为独立的民事主体，享有民法所规定的一切权利，国有企业改制为公司后，也具有独立的法人资格，自主经营、自负盈亏，国家不得再对企业的生产经营进行直接的干预和控制。

第二，公司成立后，股东对原出资财产的权利转化为股权，股权与所有权、债权、知识产权等一样，也是一种独立的民事权利，股东享有股权，便可参加企业利润分配，获得投资增值，还可通过行使表决权、选举权等权利，合法控制公司的经营管理。国家在向企业投资后，也应同其他股东一样依法行使股权，这不仅不会损害国家利益，反而会为国有资产的价值增值创造更为有利的条件，因而是一种更为有效的权利行使方式。

上述观念上的转变，不仅是对股权本质的复归，而且必将带来一系列经济理论上的突破，使我们摆脱长期以来阻碍改革深入进行的羁绊，树立起全新的产权观念。这些新观念表现在：

第一，股东将财产投入公司后，就不应再固守其所有权，更不能将股权直接等同于所有权，而应树立起股权观念，否则，即抹杀了所有权向股权转化的意义。所有权转化为股权有三个相互关联的重要标志：一是股东丧失了对其投入到公司财产的直接占有、使用、收益和处分的权利，股东只能通过在股东会上行使表决权，将自己的意志间接地作用于公司的财产；二是股东对实物财产的支配变成了对价值财产的支配，即对股票或股单价值的支配；三是所有权的权能转变为股权的内容，即自益权与共益权。这就决定了股权已不是传统的所有权，而是由所有权派生出来的并与所有权并存并立的一种综合性的权利。看不到这种转变，仍固守所有权观念，必将导致股权的所有权化，股东仍以所有权人自居，并对公司财产直接行使占有、使用、收益和处分的权利,这必然使公司时时事事受制于股东,难以成为独立的法人,从而丧失所有权转化为股权的意义。

树立起股权观念,对于国家股东尤其重要,特别是在我国国有企业转制的过程中,其作用尤为突出。甚至可以说,国家如果不在企业的公司改造中,放弃对投入到公司中的实物资产的所有权,现代公司制度即无从建立,政企不分、政资不分的局面就难以摆脱。应当指出的是,主张国家放弃对公司实物财产的所有权,绝不是对国家所有权的否定,只是强调在公司制度下,国家股东也必须实现所有权向股权的转化,用对股票或股单价值的占有来取代对公司实物财产的占有,否则,就无法确立起现代公司制度。

第二,股东将财产投入公司后,就形成了公司法人财产所有权,因而,必须树立起公司法人所有权观念。迄今为止,尽管在学理上不乏法人所有权的主张,但在我国法律上仍未承认法人所有权。几十年来的经济体制改革实践,对于国家与企业的产权关系,我们先是承认国家享有所有权,赋予企业经营权。而后又进一步确认企业中的国有资产所有权属于国家,企业拥有包括国家在内的投资者投资形成的全部法人财产权。然而,经济体制改革的实践也证明,不承认法人所有权,法人制度即始终存在着缺陷,企业或公司就难以成为真正独立的法人。如果说对国家独资企业只赋予经营权或财产权是由于我国特殊国情决定的话,那么,对多元投资主体所设立的公司仍固守国家股东的所有权,则与传统的公司法理论相悖。依股东权利平等原则,其他股东也必然与国家股东一样享有所有权。在这种情况下,不仅法人财产权没有保障,法人所有权则更是无从谈起,法人制度也无法建立。因此,实行现代的企业制度或对国有企业实行公司化改造,股东(包括国家股东)就必须放弃对公司实物财产享有所有权的观念,从而确立起公司法人的财产所有权。

第三,必须树立起权利转换的观念,把传统的所有权行使方式适时地转变为股权的行使方式。否则,势必造成股权的所有权化,或形成国家股权的真空,这是转制之大忌。认识到国家所有权在公司中已转化为股权,股东就必须放弃用传统所有权的占有、使用、收益和处分的权能来支配公司的财产,转而以自益权和共益权的行使来影响公司的决策。这一权利行使方式的转变,对于国家股东而言,具有划时代的历史意义;对于公司而言,则是对政府干预的彻底摆脱,是法人人格的完全实现。

应当指出的是,由于我国长期以来国家习惯于以企业所有人的身份来支配和管理企业,而企业又习惯于对政府的依赖,加之种种外部条件和环境的制约,短时间内实现权利的彻底转换是不现实的,也是不可能的,必须有一个理论和实践过渡的准备阶段,不应操之过急。否则,在理论准备和操作条件尚不具备的情况下,急于换权转制,就可能造成所有权向股权过渡中的不衔接,从而形成国家权利的真空,导致国有资产的流失。因而,肯定法人所有权应是一个渐进的过程,首先应从传统的股份公司做起。

2.2 商业银行国有股权的内涵与属性

2.2.1 商业银行国有股权的内涵

(1) 从法学角度的考察

权利和义务是法学的两个基本范畴。在法的漫长产生过程中,权利和义务的明确划分是法得以产生的一个重要标志。任何法律规范都是通过规定社会关系参加者的权利与义务来确认、保护和发展一定的社会关系,任何法律规范都是直接或间接地关于社会成员权利义务的规范。法是对已有的或可能有的权利义务关系的认可,法能"定分",而"定分"就能够"止争",法与权利、义务的概念密不可分,任何法律都是以规定主体的权利义务作为其主要的内容,经济权利和经济义务共同构成了经济法律关系的内容。

鉴于权利义务范畴在法学范畴中的特殊性,国内不少法学专家从权利义务的角度将国有股权界定为:由国家所有权通过出资行为转化而来的、以公司为中介、以国有股份为对象产生的公司法上的新型财产权利。与此相对应,我们可以将商业银行国有股权界定为:国家通过其授权主体以属于国家所有的国有资产进行投资而在商业银行形成的相应股份(出资比例)所享有的收益和为此而享有的表决、质询、查阅公司账册以及对股份进行处分等权能的总称。

商业银行国有股权是国家所有权在国有资产(主要是经营性国有资产)营运过程中,通过投资行为,借助公司这一现代企业组织形式转换的一种新型权利形态。在国家所有权转化为国有股权过程中,传统国有银行"二层楼"模式的产权结构,即国家所有权与银行经营权结构,转换成公司的"三层楼"模式,即最初的国家所有权、国家所有权以出资行为转换的银行国有股的股权、含有国有股的银行的公司法人财产权。

从法学角度考察股权和国有股权,基本上都是从权利义务的角度(即股权的内容)来谈及的。无论是大陆法系还是英美法系,都是基于法律体系对权利的界定与法理推论,相对来说是比较抽象的。但是,现实的经济社会生活远非法律上界定的那么抽象。

(2) 从经济学角度的考察

在经济学界,国有股权内涵更多的是基于对股权客体的理解。我国《股份有限公司国有股权管理暂行办法》第二条规定,组建股份公司,视投资主体和产权管理主体的不同情况,分别构成"国家股"和"国有法人股"。国家股和国有法人股统称为国有股权。

有人认为,从股权客体理解股权内涵更具有经济学的意义。股东享有股权,必须以拥有公司的股份或出资额为前提,股份是公司股东行使权利和获取经济利益的基础与保证,没有股份,股东就无经济利益可言,股东的利益就在股份之中。经济利益需要用成本收益来衡量,以股权客体为基础的股本收益率便是计量公司给股东回报的极为有效的指标。

商业银行国有股权在西方国家更多地表示为商业银行的国家所有权(state ownership of commercial banks)或商业银行的政府所有权(government ownership of commercial banks)。严格而论,国家和政府是有区别的。政治学理论认为,只有国会(在我国为全国人民代表大会)代表国家的权力,政府只不过是行政管理者而已。但由于国家作为一种虚拟的权力共同体,也与国有资产的真正所有者——全体人民一样,不可能直接行使国有资产所有权,故国家这一名义主体又必须通过法律授权政府或政府部门行使国有资产所有权。我国与大多数西方国家的做法一样,由政府代表国家对商业银行国有资产加以管理与控制,因此,商业银行国有股权通常以政府所有权来体现,二者之间没有过多的区分。

在我国,股份制商业银行在国有资产的基础上分别构成了"国家股"和"国有法人股"。国家股股权由国家拥有和行使,国有法人股股权由国有企业法人拥有和行使。商业银行国有股权的界定,在股份制商业银行设立时,按照国家的有关规定,实际区分改组设立和新建设立两种不同的情况。商业银行国有股权的大小,原则上是由在银行中国有股份(出资比例)的多少决定的。商业银行国有股份是用国家所有的财产投资形成的股份。它的来源有多种渠道:一是由原国有资产或国有财产折股而成;二是通过购买从已设公司的法人或自然人股东处受让而来;三是通过"债转股"而形成;四是在公司新设立时,由国家财政直接拨款投资形成;五是由国家授权的投资主体以国有资本注资而形成的股份;六是因投资回报(派送、转赠等股票红利)而获得;七是因配股等原因追加投资而取得。

由于不同种类的国有股份会形成不同性质的股权结构和不同特点的国有股权形态,因此,在建立和完善国有股权管理机制时,需要针对国有股份的不同实现形态分别作出合理安排。

(1) 国家股

这是以国有资本或国有资产向商业银行投资形成的股份。它是国家直接投资形成或国有资产经过评估并经国有资产管理部门确认的国有资产折成的股份。国家股的股权所有者是国家,由国有资产管理机构或其授权单位、主管部门行使国有资产的所有权职能。国家股的构成,从资金来源看,主要包括三部分:一是财政资金,包括中央财政或地方财政出资、注资、专项拨款、拨入的信贷基金、由国家计划投资所形成的固定资产;二是财政性资金,包括中央或地方经济主管部门出资、投资和其他投入;三是投资收益,商业银行经营利润中归国家受益的部分;等等。具体包括:原国有独资银行整体改组为公司时,其资产折合的股份;有权代表国家投资的政府部门向商业银行投资形成的股份;经授权代表国家投资的投资公司、资产经营公司、纯粹的国有控股公司等机构向商业银行投资形成的股份;其他通过股权受让由国家或国家授权的持股主体持有的股份等。

(2) 国有法人股

这是国有或国有控股企业以其依法可支配的资产向商业银行投资或认购所形成的股份,或是具有法人资格的事业单位或社会团体以国家允许用于经营的国有资产向商业银行投资或认购所形成的股份。它是法人相互持股所形成的一种所有制关系,法人相互持股则是法人经营自身财产的一种投资方式。它包括:具有法人资格的国有企业用国家授予其经营管理的可以自主支配的资产向商业银行投资或认购形成的股份;国有事业单位法人用其占有使用的国有资产向商业银行投资或认购形成的股份;其他具有法人资格的单位以其占有使用的国有资产向商业银行投资或认购形成的股份。

商业银行国家股和国有法人股合称为商业银行国有股。这些股份之所以称为"国有",是从它们所代表资产的最终归属上说的,也就是说从资产所有权的性质看,它们是国有股。

(3) 国有普通股和国有特别股

商业银行国有股份按权利的不同性质,还可以分为国有普通股和国有特别股。国有普通股,这是指对所享有的权利与商业银行中其他股东所享有的权利均属平等、并无差别待遇的股份;国有特别股,这是指其权益不同于其他一般股东的股份。大多数国有股份是普通股,但国家为了实现一定的经济社会目的,也会在特殊情况下设定一定数量的国有特别股,如金边股。它是政府在商业银行中持有的带有特定权利,即否决权的股份。因股份所附权利重大,尽管股少(通常为一股),但意义和价值特殊,因此被称为"金边股"或"金股"。

商业银行国有股份与个人、企业法人所拥有的股份一样,都是抽象物、抽象的财产,都不指代或对应银行中具体的有形财产或无形的知识产权及品牌和商誉,属于动产范畴;同一银行中,同种类型的股份,不论是由国家持有、个人持有、企业法人持有,还是外资持有,都应该是同股同权、同股同利,国有股份不优于个人、企业法人股份,也不劣于个人、企业法人股份。但是,国家基于不同的考虑,在不同的商业银行中会设置相应的不同比例的国有股份,以实现不同的社会经济目的。本研究主要是从经济学的角度理解国有股权。

2.2.2 商业银行国有股权的法律属性

从股权与公司法人财产权或公司法人所有权的一般原理及相互关系出发,商业银行国有股权的法律属性可以从以下两个方面得到说明:

(1) 新型的财产权利

商业银行国有股权是由国家所有权通过出资行为转化而来的新型财产权利。国家以国有资产的所有者身份,通过投资行为这一处分权的行使,以其经营性国有资产(包括货币资产)投入银行,银行依法取得此项国有资产的独立支配权——所有权,国家则在公司这一产权制度下成为商业银行股份拥有者——股东,依法享有由法律与公司章程规定的一系列股权权能:股份收益权、证券化股份的占有与处分权、共益权、公司剩余财产分配请求权等等。对每一个股东而言,股东所有权的核心是收益权、剩余控制权与剩余索取权。这种权利不是股东对法人具体财产的直接占有,概言之,商业银行国有股权体现了国家所有权行使模式的变革,是对国家所有权实现的制度性升华,而非对国家所有权具体内容的否定。

(2) 公司法上的财产权利

商业银行国有股权是以银行为中介、以国有股份为对象产生的公司法上的财产权利。国家所有权转换成国有股权之后,国家作为股东(或出资者)已不再拥有对原属其所有的以生产要素形态表现出来的经营性国有资产的所有权,不能再直接享有其作为出资部分的国有资产的占有、使用、收益和处分权,这些权能由公司法人享有。

与此同时,原属国家所有的国有资产由具体实物形态和货币形态的资产转换为公司法上价值形态的股份,由国有资产转化而来的国有股份既是公司资本的组成部分,又是国家股东权的相应份额,国有股份作为一种无体但有资本价值的财产,成为国有股权的权利对象,国有股份作为利益媒介,使国家与银行发生着一系列新型的公司权利义务关系,在此基础上,出现了国家股东(包括其他股东)和公司法人这样两个相互独立的权利主体。

国家以股份的多少,依法享有公司股东的一系列权利,同时公司也负有对应的义务,享有法人所有权等独立的法人财产权利。对国家而言,国家作为股东不必直接对国有资产进行经营与管理,可以部分地从经济性事务中解脱出来,集中于社会公共管理;对含有国有股份的公司而言,则相对地摆脱了国家作为股东而不是所有者的直接干预,有助于公司依据其章程和内部自治机构进行自律性经营和管理。

2.2.3 商业银行国有股权的经济属性

在股份公司,股权是股东由让渡财产所有权而依契约所获得的剩余索取权以及与之相对应的剩余控制权(王扬,2002)。从国

有股权本质与国有股权的实现机制来看,商业银行国有股权的经济属性可以概括为:

(1) 投资回报的载体

资本的本质是增值,资本增值是股权投资的重要目标之一。国有股权本质上是财产权,它的实现意味着银行国有股东获得一定财产利益目的的实现。国有股东通过行使股权获得股息、红利,使国有金融资产得到投资回报,国有资产通过投资获得增值。在股份制企业,股份是股东获得投资回报的凭证与载体,国有股东也不例外。商业银行国有股权的资本回报在市场经济条件下因"不与民争利"有弱化的倾向。

(2) 控制权的基础

控制权的概念广于控股权。从控制权的形成来划分,有些是基于股权,有些是基于行政权;从股权控制权的实际操纵来分析,控制权的主体也未必是股东或大股东,有些是董事会,有些是经营层,也可能是合同控制或人事连锁方式。但是,控股控制权应是市场经济的一般原则。在法律的意义上,公司控制权方式应该是股份控制方式,控股权的主体也应该是大股东控制。

从国有股权主体、商业银行设立国有股的根本目的以及国有股的实际存在与运行状态来看,国有股基本上是处于控制地位。当然,对于国有股的一般性参股,国有股与非控股权相比,并无差异。不过,严格来说,一般性的参股并不符合国家设置商业银行国有股的目的,非控股性的少量的国有资产在实际经济生活中显示不出特别的意义,完全可以让位于私人股份,除非是为了经济收益的目的。在股份经济日趋规范的市场条件下,国有银行改组为公司法人以后,国有股权的地位及其伴生的界定和计量问题也因之凸现出来。

2.3 商业银行国有股权的计量

商业银行国有股权的计量可以分为一国商业银行国有股权的计量和一家商业银行国有股权的计量两种情况。前者适用于国别差异的分析,而后者则适用于银行间的比较。

确定一家商业银行国有股权与非国有股权、国家所有与私人所有的结构比例,可以采用不同的计量口径和方法。最简单明了的是按照国家股或出资的口径直接计算,以国家股股东所持股份数(多少股)或比例,出资额(发行认购价、市场价)或比例,资产额或比例等方法来衡量国家(政府)对商业银行的所有权。这是商业银行国有股权的第一计算口径。这种计算口径将商业银行国有股权等同于政府部门或机构直接所持有的股份,但由于没有考虑国有或国有控股企业以其依法可支配的资产向商业银行投资或认购所形成的股份以及具有法人资格的事业单位或社会团体以国家允许用于经营的国有资产向商业银行投资或认购所形成的股份,而受到了广泛的批评。[①] 事实上,全资国有企业、国有独资公司或全资国有事业单位(全资)股东所持商业银行的股份,从资产所有权的性质和比例看,与国家股股东所持股份没有任何差异,完全应该将这一部分股份全数计入国有股权。这是商业银行国有股权的第二计算口径。商业银行国有股权的第三计算口径还包括了国有控股(制)公司、国有控股(制)事业单位等所持有的商业银行国有股份。

[①] 我国股份制商业银行 2007 年年报披露中,对国家股持有股份基本都作了披露,但对国有法人股有的披露有的没有披露。

我们认为,商业银行国有股权的确认与计量口径应以此为最优选择。根据企业所有权结构及其相应控制机制理论的最新发展,拉·波特、罗皮兹·德·西拉内斯(Lopez-de Silanes)与施莱弗(Shleifer,1999)对控股股东用来维持与扩大他们对企业实际控制权的各种方式作了详细描述,其中包括交叉持股(cross-shareholdings)、金字塔型持股结构(pyramid shareholding schemes)和优先投票权(superior voting rights)等。同样,在商业银行金字塔型持股结构中,银行的实际控股股东(如政府)也会利用金字塔型结构来建立对商业银行的所谓控股链。如其中一家商业银行可能被一家公司所控股,而该公司的控股份额反过来又可能直接或间接地通过这样类似的链条而落在该控股股东(政府)手中。从原则上讲,仅拥有商业银行表层面所有者的资料并不足以了解这些银行真正实际的所有权与控制权,这就要求追溯银行的终极股份所有者,这种对终极的追溯和计量可以帮助我们较好地理解现代商业银行中所有权、控制权与控股结构之间的关系。

首先,我们需要确定一家商业银行每个股东的种类与性质,关键是国家股股东、国有法人股股东、非国有法人股股东之间的甄别。按我国现行分类法,国家股股东、全资国有企业股东、国有独资公司股东、全资国有事业单位股东一般比较简单明了,主要是对国有控股法人股股东与非国有法人股股东,这里存在一些判断要求。一是国有控股公司控股比例的认定。是以51%绝对控股作为控股标准,还是以30%、20%相对控股作为控股标准? 也就是说,多少比例以上该公司算国有控股公司? 多少比例以下算非国有控股公司? 二是股份的计量。是以其所持股份为计量单位,还是以其所控股份为计量单位?

其次,需要确认各个国有股东对该商业银行所持有的股份数,并考虑到国家(政府)拥有对国有股东的股权比例,用每个国有股东相应的股份数乘以政府对该股东的股权比例,将得出的股份份额相加,除以该银行发行的股份数,就可以计算出商业银行国有股权的比例。

$$GOB_{ig} = \frac{\sum_{k=1}^{K} S_{ik} S_{kg}}{S_i} \qquad (1)$$

这里,i 代表一个国家的某 i 家银行,S_{ik} 代表该 i 家银行的第 k 个股东持有的银行股份数,S_{kg} 代表政府对 k 股东的股份比例($k=1,\cdots,K$,是该银行的国有股东数或国有股东索引号),S_i 代表 i 银行发行的股份数,GOB_{ig} 则是该国政府对该商业银行的国有股权比例。

当然,如前所述,我们也可以用其他方法来计量商业银行的国有股权,如股权相对指标,用每个国有股东相应的股份比例乘以政府对该股东的股权比例,并将得出的股份比例直接相加,计算得出的就是政府对商业银行的国有股权比例(见下式)。

$$GOB_{ig} = \sum_{k=1}^{K} C_{ik} C_{kg} \qquad (2)$$

只是在这里,C_{ik} 代表 k 股东对该 i 家银行的股权比例,C_{kg} 代表政府对 k 股东的股权比例,GOB_{ig} 代表该国该 i 家商业银行的国有股权比例。比如,新加坡政府拥有新加坡投资公司50%的股权,而新加坡投资公司又拥有新加坡商业银行100%的股权,对于该商业银行,$k=1$,只有一个股东,且 $C_{ik}=1.00$,$C_{kg}=0.50$,则:

$GOB_{ig}=0.50$

同理,我们可以计算出一国政府对本国商业银行的所有权。一国商业银行国有股权是每个商业银行国有股权 GOB_{ig} 乘以它的总资产 A_i,将计算结果加总并除以各家银行的资产总额:

$$GOB = \frac{\sum_{i=1}^{I} GOB_{ig} A_i}{\sum_{i=1}^{I} A_i} \tag{3}$$

$i=1,\cdots,I$,是该国商业银行数或该国商业银行索引号,A_i代表第 i 家商业银行总资产,$\sum A_i$ 代表共 I 家银行资产总和,GOB 代表该国商业银行的国有股权比例。该股权份额为政府"所有"而不是"所控制"。

我国于 1994 年 11 月发布的《股份有限公司国有股权管理暂行办法》第十一条规定,"计算持股比例一般应以同一持股单位的股份为准,不得将两个或两个以上国有股权持股单位的股份加和计总。"显然,这一规定有待进一步完善与修正。

变量 GOB,就其权重,一般有控股与参股之分。控股又有绝对控股与相对控股之别。从理论上说,绝对控股是国有股权在全部商业银行股本中的比重超过 50%(不含 50%),即掌握了过半数以上的股份;相对控股是国有股权在全部商业银行股本中的比重低于 50%,但由于股权的分散和股本规模的庞大,持股比例虽低于 51%,如 20%—30%,甚至更少一些,国有股权在实际上也保持控股的地位。拉·波特、罗皮兹·德·西拉内斯和施莱弗 1999 年在《世界各国公司股权》(*Corporate Ownership around the World*)中认为,20% 的所有权一般足以控股。他们将国有股权大于 20%,并且政府是所知的最大股东,或者国有股权大于 50%(哪怕不知道其他股东的所有权百分比)的银行归类为政府(国家)所有。

我国国有资产管理部门 1997 年 3 月制定的《股份有限公司国有股股东行使股权行为规范意见》第五条规定,公司的国有股比例分为绝对控股、相对控股和不控股。国家绝对控股的公司,国有股比例下限定为 50%(不含 50%);国家相对控股的公司,国有股比例下限定为 30%(不含 30%),国有股股东须是第一大股东。国有股股东对公司是否需要控股和控股程度,按国家有关规定执行。

实际上,控股比例应以多大为宜并无固定标准,主要是看股权的分散程度和商业银行的重要程度。一般而言,股权越分散,股东人数越多,控股所需的持股比例越低,反之则应高些。通常,有限责任公司应为绝对控股,股份有限公司应为相对控股。

在这里,我们还需要说明的一点是,商业银行国有股权与公有制、私有制的关系。一般认为,国家所有权和全民所有制紧密相连,是体现公有制的典型方式,国家所有权的得失直接关系到全民所有制的问题。但事实并非如此简单。

首先,从理论角度看,按照马克思主义理论,所有权是一种法权关系,属上层建筑的范畴。所有制是生产关系的核心,属经济基础。所有权建立在所有制的基础之上,是所有制在法律上的体现。所有制对所有权本质的决定,不是简单机械的决定,而是辩证的决定,是包含着相对独立性和巨大能动性的决定。所有制是对生产关系本质的抽象概括,而所有权是对现实财产关系的归纳。在公有制的经济基础之上,所有权关系可以是具体灵活、多种多样的。

其次,从现实角度看,商业银行国有股权不仅仅是社会主义公有制国家才有,当今资本主义各国,国有股权在股份制商业银行也存在。封建的国家土地所有权的背后是私有制,一些由西方国家投资的大型项目,其国有股权的背后仍然是私有制。由此可见,同为国家所有权的法权关系,却有着不同的经济基础。谈到法律层面的商业银行国有股权,并不必然反映深层的所有制。在法言法,法律所言之"所有",应为所有权,而非所有制。

将商业银行国有股权与公有制等同,既有政治、意识形态等方面的深层次原因,也有概念的混淆。"国家所有"的"国有",体现法律层面的所有权关系,"全民所有制"的"国有",体现经济基础层面的所有制关系。理论研究应对此作必要的区分,不能将"国家所有"等同于"国有",也不能将"国有"等同于"全民所有制",要注意"国有制"和"国有权"的区分。

2.4 商业银行国有控股权与控制权

在商业银行国有股权计量中,变量 GOB 不考虑政府控制一家银行的可能性与程度。但实际上,最终大股东可通过多层金字塔持股、公司发行优先股、交叉持股等方式在商业银行获得足够的控制权,事实上完全控制银行的决策,但是其实际拥有的现金流权(cash-flow rights)[①]却小于投票权,也就是说存在如格罗斯曼和哈特(Grossman and Hart,1988)以及哈里斯和雷依乌(Harris and Rayiv,1988)所研究的偏离"一股一票"的问题。我们将这种股权结构定义为控制权和现金流权分离下的控股权结构。特别是当政府是一个大股东,政府控制力往往会超过它的所有权权重,但有时,政府控制力却会小于它的所有权权重。商业银行国有控股权是与控制权、索取权既相联系又相区别的所有权范畴。

第一,商业银行国有控股权并不等于公司控制权。在传统新古典经济学框架中,公司控制权(control rights)是指对一个公司的经营管理或方针政策具有决定性效用的影响力,进而认为控制权主要就是投票权(vote rights)。拥有投票权也就拥有了契约中没有说明的事情的决策权,由此得到的结论是,只要掌握了董事会

---

① 也即所有权(ownership)。

投票权也就掌握了企业控制权。我们关于所有权、控制权和索取权之间的逻辑是,因为所有者拥有所有权,所以才有控制权和索取权,而不是相反。因为有控制权和索取权,所以就成为所有者,但控股权这一所有权与控制权也并非一一相对应。

第二,商业银行国有控股权是实现银行控制权的有力保证。控制权的实现途径是多种的,其中获得控股权是最典型的控制形式。这种以所有权为基础的控制,包括直接控股、间接控股、转投资和相互持股、国有资产授权经营、国有资产划拨等。在银行国有控制权归属与股权结构的关系上,政府持有商业银行股权达到优势比例是股东实现控制权的一种重要方式和保证,因此,公司控制权的归属与国有股权比例具有密切的关系。特别是在股权高度集中的约束条件下,由于国有大股东掌握较多的投票权,在诸如选举董事、决定合并等重大决策方面自然具有决定作用,甚至可以选举"自己人"直接进入董事会,从而拥有比现金流权利更大的控制权。因此,在股权集中度较高的情况下,公司的控制权实际上掌握在国有大股东手中。

第三,商业银行国有控股权可能大于或小于控制权。一是不完全以所有权为基础的经济控制,如法律授权的控制、合同安排的控制、委托投票等,会导致国有控股权大于或小于控制权;二是在股权高度分散的情况下,尤其是缺乏大股东时,股东各自所持有的股份较少,由于"搭便车"、"集体决策成本"等问题,也会产生国有控股权与控制权相分离,实际上是管理层而不是控股股东拥有公司的控制权,即所谓的"内部人"控制;三是与经济范畴无关的行政权为基础的控制,如干部任命、官本位等等。

第四,即使是51%的所谓绝对控股权也只是一种相对的控制。我国2006年最新《公司法》第四十四条规定:"股东会会议作出修改公司章程、增加或减少注册资本的决议,以及公司分立、合并、解散或者变更公司形式的决议,必须经代表三分之二以上表决权的股东通过。"比照公司法以上规定不难理解,只有达到或超过股本总额比例66.7%才可以视为绝对控制。

总之,股权结构是公司治理的重要因素,它决定了公司的控制权掌握在谁手中。不同的主体根据自身的效用所采取的不同行为,将对公司治理产生根本的影响,从而引致公司不同的绩效水平。因此,需要从理论与实践两方面进一步分析控股权与控制权的分离、融合及程度。

第三章 商业银行国有股权的功能

3.1 国有股权功能的理论基础

国有股权功能是国有资产以股权形式表现的在国家生活中承担的具体职责和应发挥的作用。国有股权功能产生于国有股的本质属性。国家设立国有股可以说是为了获取更多的利润,增加国家财富,但是,国家设立国有股绝不仅仅是为了获取利润,这一点,无论是社会主义国家还是资本主义国家,概莫能外。国家理论、市场失灵、国家干预主义以及有效政府职能理论等等,为现代经济对国有股权功能的设想提供了逻辑前提。

3.1.1 国家干预主义

近现代以来,国家干预主义与经济自由主义成为西方资本主义国家对待市场与国家两者关系的"两极"。国家干预主义主要强调市场机制的缺陷必须通过国家干预来弥补。经济自由主义则主张最大限度利用商品市场机制和竞争的力量,由私人来协调一切社会经济活动,只赋予国家极少量的经济活动。国家干预主义和经济自由主义是贯穿资本主义生产方式产生、发展和演变全过程,互相对峙更替、渗透与融合的两大经济思想和经济政策。

(1) 原始国家干预主义

在资本主义生产方式的早期阶段,原始资本积累的各种手段都是广泛地利用了国家干预经济生活的方法。15—18 世纪是原始国家干预主义占上风的时期,它以英国重商主义为代表。在重商主义看来,处于幼年时期的新的生产方式还难以独立行走,它在学步期还必须依靠国家之手的搀扶。重商主义者特别强调国家的作用,他们把中央集权国家干预经济看做是国家致富的主要保证。但由于重商主义者的注意力仅局限在商业资本,该学说和政策随后成了资本主义进一步发展的障碍。

17 世纪—20 世纪 20 年代,是以亚当·斯密、马歇尔为代表的古典和新古典经济自由主义学说占有主导地位的时期,被认为是经济自由主义和自由竞争资本主义的"黄金时代",在经济运行中国家权力退却。但由于它制造市场万能的神话,忽视市场失效,轻视国家干预,最终酿成 20 世纪 20—30 年代深刻的政治、经济大危机。以凯恩斯萧条经济学为代表的需求管理与国家干预经济理论,完成了经济学说史上的"革命",催生了第二轮国家干预主义。

(2) 凯恩斯国家干预主义

20 世纪 30—70 年代是凯恩斯国家干预主义占上风的时期。1929—1933 年大危机促成了一系列国家干预主义理论和政策的产生,如英、美的凯恩斯主义,美国的制度学派,瑞典的斯德哥尔摩学派,德国的鲁亭巴赫国家干预思想,法国的调节主义,等等,其中以凯恩斯的国家干预理论最为完备,影响最大。凯恩斯国家干预理论推翻了否认生产过剩危机的传统理论,摒弃通过市场自动调节可实现充分就业的传统教义,否定传统的健全财政原则和追求物价稳定的政策目标,并用宏观分析代替和区别微观分析。凯恩斯国家干预主义使西方发达国家在二次大战后到60年代期间的经济发展取得了很大成就。

但是,西方资本主义国家在推行凯恩斯主义理论刺激经济发展的同时,也埋下了滞胀的种子,导致西方国家长期持续的通货膨胀和国际收支恶化。到20世纪70年代,滞胀已成为西方资本主义世界普遍存在的经济现象,使得产生于20世纪30年代的新自由主义经济学得到较大发展。这一时期国家干预经济减少。新自由主义成为70年代末80年代初西方主要国家制定经济政策的依据,并取得了一定的成效,但同时也导致高财政赤字、高债务、高失业,致使90年代初西方国家经济再次严重衰退。

(3) 新国家干预主义

20世纪80年代末90年代初西方国家经济衰退与新自由主义的失误,为凯恩斯国家干预理论走出危机并东山再起提供了有利条件。新一轮国家干预主义的重要标志是新凯恩斯主义及其国家干预政策再度成为美国克林顿政府经济学的基础,从而导致里根-布什的新自由主义经济学作为美国官方经济学的终结。克林顿政府认为,美国经济面临的"三高"问题(即高财政赤字、高债务、高利率)以及经济衰退,症结在于投资赤字(储蓄不足)和预算赤字长期被忽视,因此要振兴经济必须把政策重点从长期以来强调消费转向强调投资。新国家干预主义在美国实施的结果是:20世纪90年代的美国经济以年均2.7%的速度稳步增长,强劲的经济增长一直持续到进入21世纪,并在增长的同时实现了低通货膨胀率、低失业率和低财政赤字。

纵观现代西方经济学的发展及各国的现行政策,国家干预主义和经济自由主义的发展日益呈现融合的趋势。一方面,国家干预主义逐渐承认市场经济的效率,注意将宏观经济政策同发挥市场机制作用相结合;另一方面,大多数经济自由主义的倡导者,逐步由彻底的自由放任向承认国家适当干预的合理性转变。两种思潮的混合不仅表现在新古典综合派和德国新自由主义的理论中,还表现在各个国家的现行政策中。

3.1.2 新国家主义经济学

以萨缪尔森为代表的新古典综合派把以经济自由主义理论为基础的新古典经济学与以国家干预为主旨的凯恩斯经济学综合在一起,提出了一种"私人组织和政府机构都实施经济控制"的经济形式——混合经济(新国家主义)。汉森在1941年发表的《财政政策与经济周期》一书中较为系统地解释了"混合经济"的含义。他指出,从19世纪末期以后,世界上大多数国家的经济,已经不再是单一的纯粹的私人资本主义经济,而是同时存在着"社会化"的公共经济,因而成了"公私混合经济",或称"二元经济"。汉森认为,必须从双重意义上来理解这种混合经济,即生产领域的公私混合经济和收入与消费方面的公私混合经济。萨缪尔森在《经济学》中也认为,"我们的经济不是纯粹的价格经济,而是混合经济;在其中,政府控制的成分和市场控制的成分交织在一起来组织生产和消费"[①]。政府在经济中的作用日益重要,这就表现在:政府的开支不断增加,政府对收入进行再分配,以及政府通过强制的法令对经济活动进行干预和控制。由此可以看出,混合经济不是纯粹的私人经济,也不是完全的公有经济,是指既有市场机制发挥基础作用,又有政府对经济生活进行干预的经济。

---

① 萨缪尔森著,高鸿业译:《经济学》(上册),北京:商务印书馆1979年版,第70页。

德国新自由主义的"社会市场经济",不否认国家干预经济的作用,它主张的市场经济是有意识地加以社会指导的市场经济。可以说,德国社会市场经济模式是把自由市场力量和国家干预结合起来去实现社会目标的典型。在日本及韩国实行的政府主导的市场经济中,在法国及印度等国家对于计划与市场的取舍选择中,也都有突出的反映。即使在今天最为推崇市场自由调节的美国,面对欧、日的经济挑战,也把政府干预作为发展经济的法宝。

新国家主义同时强调,现代发达国家资本主义存在的两大类型:莱茵模式(西欧、北欧发达资本主义)和盎格鲁-撒克逊模式(英美模式),都已与19世纪建立在小私有制基础上的中小企业自由竞争的亚当·斯密模式具有根本的不同,两者都属于混合经济类型的现代资本主义。在投资形式上,莱茵模式的市场经济主要依赖银行而非直接资本市场。国家通过宏观财政及货币政策对产业给予扶植和强有力的经济及政治支持,在莱茵模式的经济中存在着强大的国有企业和公有经济,国有股权发挥着经济、社会、政治等多重功能。英美模式则主要依赖资本市场而非银行,英美经济的支柱产业也并非依托于私有化的中小型企业,而是依托于具有国家订货和金融支持背景的大型垄断企业。

新国家主义还认为,20世纪的现代资本主义与19世纪前的古典资本主义还具有一个极其重大的不同之点,这就是,现代发达国家(如德国、法国、英国、美国、日本等)的社会制度中都具有一个成熟而高度完善的社会保障体系。这一体系为社会中的正式公民提供了生老病死以及失业的最低生活保障。正是这一社会福利制度导致了对国有经济社会、政治功能的替代。这一社会保障体系是维持西方社会总体稳定的根本性安全阀。国有股权制度与社会保障体系相关联。

3.1.3 市场失灵与政府失败

政府职能是政府在整个社会中的作用及其限度。古典经济学家对政府职能最为精辟的阐述出自亚当·斯密的《国民财富的性质和原因的研究》。斯密认为市场机制这只"看不见的手"完全可以实现资源的最优配置和经济发展,因此,政府只需充当"守夜人"的角色,即政府只需尽到三个义务:国防、法制与提供公共物品。在斯密之后,萨伊和穆勒也对政府直接管制经济的做法提出了强烈的批评。在理论界,亚当·斯密的"最小政府"思想赢得了广泛的赞誉。但在大萧条以后,政府职能日益强化。

以庇古为代表的福利经济学家提出了市场失灵(market failure)的概念,认为政府能在一定程度上校正市场失灵(表3-1),从而促进经济的平稳增长,提升社会的福利水平。凯恩斯主义者则认为:"三大心理规律"的存在会导致有效需求不足,政府的职责就是进行需求管理,以实现宏观经济的均衡。而发展经济学家们更是大力倡导发展中国家政府推行全面的经济规划和广泛的干预。他们的理由是:发展中国家的市场机制是不完善的,因而更有可能失灵;在发展之初的经济和政治改革都需要政府的积极参与;发展中国家缺乏理性的市场主体和具有创新精神的企业家,需要政府代为行使市场主体的职能。在这一时期,政府被赋予了更多新的职能,如反垄断,实现社会公平,维持经济稳定,实现充分就业,积累资本,改造经济结构,开办、经营国有企业等。政府职能的加强使资本主义国家走出了危机的阴影,在战后的相当一段时间内出现了新的繁荣与进步。但是,这种繁荣并未持续太久。

表 3-1　市场失灵与政府的校正作用

市场失灵的表现	政府的校正作用
不能有效提供公共物品(public goods)	政府通过征税获得收入以用于公共物品的生产
不能完全解决外部性(externalities)问题	制定法规抑制具负外部性的经济活动,并规定公民权利而使外部效应内在化
信息的不完全与不对称导致决策错误或道德风险	进行信息服务或管制,如对金融和保险领域进行监管
无法防止自然垄断和市场垄断	采取价格管制或替代市场纠正自然垄断;制定反托拉斯法限制市场垄断
收入分配不公	采用税收政策和社会保障制度调节收入分配
市场机制本身易受破坏	通过经济立法保证市场机制正常运行
经济失衡	采取相机抉择政策熨平经济周期

资料来源:根据西方经济学有关理论整理。

持自由主义观点的学者们认为,政府干预经济的结果之所以不尽人意,关键在于政府本身也会失灵(表3-2),而且政府失灵往往比市场失灵更为普遍,危害也更大。因此,他们主张削减政府的职能,放松对私营经济的管制,最大限度地让市场机制发挥作用。

表 3-2　不同经济学派对政府失灵的原因及表现的阐释

经济学派别	政府失灵的原因	政府失灵的表现
公共选择学派	政府官员也是"经济人";政府机构和政府职能有自我膨胀的内在动力	公共决策失误及低效率;官僚主义导致政府扩张;寻租
理性预期学派	企业和居民的理性预期会抵消政府的政策	政府政策长期无效
信息经济学派	信息不完全;信息不对称	政策效果出现偏离
产权学派	外部性问题只有通过明晰产权和市场交易才能解决	如果市场不能解决外部性,政府也不能解决

资料来源:根据西方经济学有关理论整理所得。

由于市场失灵和政府失灵同时存在,很多经济学家认为极端的干预主义和自由主义都是不可取的。萨缪尔森就曾指出:"对于一个健康运行的经济来说,市场和政府这两个部分都是必不可少的。现代经济的作用如果没有市场或政府就像一个孤掌难鸣的经济。"①这部分经济学家认为正确的政府与市场的关系不是互相替代而是互相补充,因此问题的核心不在于要不要政府干预,而是如何增强政府职能的有效性。

国有股权是政府干预经济的手段,国有股权的运行应体现政府的意志。由于市场机制的缺陷,使政府干预经济成为必要。政府干预经济的手段是多种多样的,可以运用财政货币政策,也可以对所有权直接进行干预,即政府为了实现特定的经济目标,通过对企业参股控股来干预经济活动。政府持股后,就身兼财产主体与公共权力机构双重身份,政府在行使股东权利时不可避免地要体现其作为公共权力机构的意志,其行为不可能像私人股东那样完全受制于公司章程或公司法。因为,国家职能要受到社会经济制度的制约。政府在行使国有股东权力时,既要考虑企业发展的需要,更要考虑整个宏观经济政策的现状和发展趋势。股权作为一种股东权力,股东在法律范围内有完全的选择权。

3.1.4 国家模型

政治学和社会学等学科从不同的角度分析了国家的起源,但最有影响的主要有两种:一种是契约理论;另一种是掠夺或剥削理论。契约论或剥削论所说的国家都能在历史和现实中找到佐证,但它们均不具有一般性。从理论推演的角度看,国家带有"契约"

---

① 萨缪尔森:《经济学》上册,商务印书馆1981年版,第80页。

和"掠夺"的双重属性。由此,诺思提出了有关国家的暴力潜能(violence potential)分配论。若暴力潜能在公民之间进行平等分配,便产生契约性的国家;反之,便产生了掠夺性(或剥削性)的国家,由此出现统治者和被统治者,即掠夺者(或剥削者)和被掠夺者(或被剥削者)。

把经济学理论引入国家问题分析是诺思关于国家理论的一个特色。统治者(国家)也是一个具有福利或效用最大化行为的经济人,他们也面临着生存和发展的问题,面临着潜在的竞争对手,他们与选民是一种"交换关系"。

诺思把国家视为在暴力方面具有比较优势的组织。他认为具有一个福利或效用最大化的统治者的国家模型具有三个基本特征:一是国家为取得收入而以一组被称之为"保护"与"公正"的服务作为交换;二是国家为使收入最大化而为每一个不同的集团设定不同的产权;三是面临其他国家或潜在统治者的竞争。

国家提供的基本服务是博弈的基本规则。国家有两个方面的基本目标:一是界定形成产权结构的竞争与合作的基本规则(即在要素和产品市场上界定所有权结构),这能使统治者的租金最大化。二是在第一个目标框架中降低交易费用以使社会总产出最大化,从而增加国家税收。然而,有效率的产权制度的确立可能并不有利于统治者利益(租金)的最大化。也正是因为存在着这样的冲突并导致相互矛盾乃至对抗行为的出现,国家由此兴,由此衰。

诺思的新古典国家理论处处透露着经济人的气息。一方面,国家权力是保护个人权利的最有效的工具。国家的出现及其存在的合理性,也正是为了保护个人权利和节省交易费用之需要。没有国家权力及其代理人的介入,财产权利就无法得到有效的界定、保护和实施,因此,国家权力就构成有效产权安排和经济发展的一个必要条件,没有国家就没有产权;另一方面,国家权力又是个人权利最大和最危险的侵害者,因为,国家权力不仅具有扩张的性质,而且其扩张总是依靠侵蚀个人权利实现的,在国家侵权面前,个人是无能为力的。这会造成所有权的残缺,导致无效的产权安排和经济的衰落。这就是有名的"诺思悖论"。

诺思悖论实质上揭示了这样一个道理:"国家的存在是经济增长的关键,然而国家又是人为经济衰退的根源。"[①]什么是国家?国家是一种"制度"结构。人们把权利的垄断权,也就是确定和保护所有权的垄断权交给国家,以便它能够完成人们要求它完成的任务。但是,国家要有钱才能运转,国家的活动不是免费进行的。在诺思看来,因为是国家界定产权结构,因而国家是根本性的。最终是国家要对造成经济增长、停滞和衰退的产权结构的效率负责。

在人类社会产权制度的变迁过程中,国家的作用还取决于国家权力介入产权安排的方式和程度的差异。在历史与现实中,有的国家只为产权安排和产权变革提供"游戏规则";有的国家不仅提供"游戏规则",而且还直接参与甚至干预产权的安排与产权变迁。产权的变革,取决于统治集团对改变现有的产权安排所带来的收益的事前估计,与监察和执行权利结构的改变所带来的成本的事前甚或事后估计之间的相互关系。总的来说,取缔和禁止产权交易,国家权力强制作出的产权安排是低效率和无效率的。

国有股权的终极所有者是全民,国有股权运行的首要目标应该是全民公共福利的最大化。由于国家作为国有股东的身份是全

---

① 道格拉斯·C. 诺思著,陈郁、罗华平等译:《经济史中的结构与变迁》,上海:上海三联书店、上海人民出版社1994年版,第20页。

民赋予的,它在行使国有股东权力时,应该把全民的公共利益目标置于首位,而不能像私人股东一样单纯追求资本增值。社会公共利益是多方面的,如实现国家安全、社会公平、充分就业、政治稳定、经济发展等,并不是单纯体现在国有资产增值上。社会公共利益的多样化决定了国有股权运行目标的多元化。

3.2 商业银行国有股权的政治功能

商业银行国有股权的政治功能是指从政府自身的利益出发,政府私利赋予国有股权在商业银行的生存要求。原理上,政府代表人民,人民的利益就是政府的利益,政府自身没有也不该有独立的对人民并不完全有利的私利,但实际上,政府私利的存在是不争的事实。"经济人"假设和公共选择理论可以说明这一点。

3.2.1 经济人假设与有限理性

经济人(economic man)也许是经济学说史上历史最悠久、最基本的人性假设。在经济学说史上,经济人观点可以追溯到西方古代经济学鼻祖威廉·配第的学说中。他认为,每个人与生俱来就自私自利,个人的经济行为和国家的经济政策都置于个人自私这一价值判断之上。经济学之父亚当·斯密更进一步认为,人的本质是经济人,人的一切活动都是为了追求最大的经济利益,但经济人对利益的追求并不意味着损人利己,而是通过利他达到利己。亚当·斯密首先把经济人假设作为其不朽名著《国民财富的性质和原因的研究》中最主要的理论前提。随后,李嘉图、西尼尔等古典经济学家和新古典经济学家都广泛地借用了这一假设。特别是约翰·斯图亚特·穆勒(1848)最先明确定义了"经济人",认为"经济人就是会计算,有创造性,能寻求自身利益最大化的人;不仅如此,所有的人均在此列,没有例外"①。经济人假设为斯密创建"分工和自由竞争的市场自由主义社会形式"奠定了理论基石;经济人拥有完全信息的假设使新古典经济学的"约束条件下的偏好理论"得以建立,还巧妙地实现了瓦尔拉斯均衡和帕累托最优。

在古典和新古典的经济人假设中,我们大致可以归纳出以下三项基本内容:(1)个人完全理性。完全理性的人能够列出全部备选方案,确定其中每一方案的后果,对这些后果进行评价,选出最优方案。② (2)完全信息。对于经济人来说,首先他完全了解并掌握外部的经济环境与未来;其次他具有完全的认识能力,可以不需付出任何代价获取全部信息来保证行为的确定性和行为结果的可知性。因此,经济人所面对的世界是没有不确定性和风险的。(3)效用最大化。经济人是自利的,即追求自身利益是驱动人的经济行为的根本动机。作为经济人,总是根据主观上的价值判断,追求行为或物品的效用最大化。对于经济人来讲,总是预先存在一个完全的、充分有序的效用函数。

经济人假设认为人是完全理性的。所谓"理性"则是指"一种行为方式,它(1)适合实现指定的目标;(2)而且在给定条件和约束的限度内"③。另一个类似的被广为接受的理性定义是:当一个人被看成是理性的时候,(1)他追求的目标是相互一致的;(2)他使用

---

① 转引自张宇燕:《经济发展与制度选择——对制度的经济分析》,北京:中国人民大学出版社1993年版,第65—66页。
② 参见赫伯特·西蒙:《管理行为——管理组织决策过程的研究》,北京:北京经济学院出版社1988年版,第78—79页。
③ 赫伯特·西蒙:《现代决策理论的基础》(论文选集),北京:北京经济学院出版社1989年版,第3—4页。

的手段与他所追求的目标相适应。① 这里的理性用经济学术语来解释则是:经济人能够通过成本收益或趋利避害原则来对其所面临的一切机会、目标及实现目标的手段进行优化选择。如赫伯特·西蒙(1955)所说,理性指的是经济人有关于他所处环境的完备知识,有稳定的条理清楚的偏好,有很强的计算能力,从而使其选中的方案自然达到其偏好尺度的最高点。成本收益原则是经济人进行理性选择的核心工具。在现代经济学中,经济人假定往往被理解为消费者均衡与生产者均衡,即消费者追求效用最大化和厂商追求利润最大化。

但由于人类自身神经、生理、语言等方面的限制,人的计算效率和计算能力有限;信息不对称;人类所处环境的复杂性和不确定性;不完全竞争等,寓于古典和新古典经济理论之中的经济人人性假设首当其冲受到了批评和修正。针对理性经济人假设与现实存在的较大差距,西蒙首先提出了"有限理性"学说。认为在有限理性条件下的人类行为特征是:(1)经常调整行为目标。由于行为环境不确定、人们知识和理性能力的增进或价值观念的变化,人们行为的目标会随之改变。(2)经常性调整实现目标的行为。随着客观环境的变化与人们认知能力的提高,人们会加深对周围环境的认识,在此基础上,人们会调整实现目标的行为,以便更好地实现目标。(3)在决策中采用"满意原则"或"次优原则"。人们无法选择到独一无二的或者在任何意义上是最优的方案,而只能寻找到一个达到一定标准或次优的替代方案,这就是所谓的"满意"。这其实也是一种人们对成本效益比较的最大化的现实选择。由于有

---

① 参见陶永谊:《旷日持久的论战——经济学的方法论之争》,西安:陕西人民出版社1992年版,第189页。

限理性的经济人(economic man with bounded rationality)假设更具实证意义,有限理性理论现已被经济学界所广泛认同。

3.2.2 公共选择理论的经济人假设

公共选择理论是美国经济学家、诺贝尔经济学奖获得者詹姆斯·M.布坎南等人创立的一种不同于凯恩斯主义的新公共经济理论,其突出的特点是把政治决策的分析和经济理论结合起来,运用新古典经济学的基本假设和分析工具来研究政治制度结构与运行效率。正如布坎南所说,公共选择理论"是经济学在政治学中的应用,公共选择的主题就是政治科学的主题:国家理论,选举规则,选民行为,党派政治,官僚体制等等"[①]。公共选择理论分析的主要结论是"政府失灵论"或"(西方民主)失败论"。在布坎南等人的分析中,包含了公共选择理论的一个基本假定——经济人假定。

公共选择理论认为,政治市场与经济市场相似,也是由供求双方组成的。需求者是选民和纳税人,供给者是政治家和政府官员。由于利益制约是对人类行为的最终制约形式,因而政治市场的参与者必然会仿效经济市场中的经济人的行为方式,在作出选择时都会对个人支付的成本和可能得到的收益作比较,只有当收益大于成本时才会选择赞成,否则就会不支持甚至反对。当然政治市场与经济市场的运行特点和供给物品的特性不同,由此导致两个市场中的个人选择存在一些差异,如选择行为对选择结果的确定性程度、选择者的职责关联程度、选择结果对全体选择者的强制性程度均有所不同,但这不会从根本上改变政治市场参与者的经济

[①] James Buchanan. 1972. *The Theory of Public Choice*, Ann Arbor, The University of Michigan Press, 19.

人性质。在政治市场中的个人,所处的地位可能不同,参与政治市场的方式可能不同,但在理性追求自身效用和利益最大化这一点上,是完全一样的。

在公共选择理论家们看来,政府不过是一个无意识、无偏好的"稻草人"。因为政府是由政治家和政府官员组成的,政府行为和政策目标在很大程度上受政治家和官员的动机支配。(1)政府官员的目标是什么?对于政府官员是否存在追求自身利益的问题,公共选择理论进行了深入、系统的分析。它认为在经济市场和政治市场上活动的都是同一个人,没有理由认为同一个人会根据两种完全不同的动机进行活动;一个人无论是当总经理还是当部长或当清洁工,他的目标都是追求自身利益最大化或效用最大化:获得的薪金、所在机构或职员的规模、社会名望、额外所得、权力和地位。而且,政府官员甚至比一个经理更有条件谋求自身利益。(2)政治家追求什么?公共选择理论家们的回答是:政治家也是理性人,他从事政治活动的目的是追求自身利益的最大化:政治支持最大化或选票最大化,民主政治中的政治家与经济中追求利润的企业家是类似的。(3)政府是什么?公共选择理论认为,政府不只是一个抽象的概念。虽然政府本身不应有自己的私利,但政府行为最终是由组成政府的个人(官僚和政治家)的动机确定的,而且他们会借助政府的强制力来实现自己的利益,这时政府的行为也是经济人范式,政府也会在政治市场上追求着自己的最大效用,而把公共利益放在次要地位。

公共选择理论对于政府行为和官僚个人行为的动机和逻辑分析,破除了以往流行的关于政治、政府和政治家的乐观观点。政治家、政府及其工作人员"一心为公"、"追求公共利益"的诱人面纱被揭开,而被当做在经济市场上追逐自我利益的普通人,他们和任何其他人一样,不是受公共利益的激励,而是受利己利益的激励。正是政治家和官僚之理性——自利的经济人动机和行为逻辑,造成政府规模的不断膨胀和效率的低下,酝酿了政府失败的结局。

政府失败理论以理性经济人的假设为基础,这是其理论特色,也是反对者据以批评公共选择理论的焦点。批评者认为,公共选择理论家无限放大了理性经济人假设的适用范围和条件,将个人理性以纯粹的经济人加以界定,忽略了个人对自我利益的决定权,因而也难以解释社会中普遍存在的非利己行为的合理性。这些批评基本上针对着公共选择理论的方法论基础,要求廓清公共选择经济学理论的适用界限,然而,在利己这一普遍性行为动机和官僚行为的自利逻辑这一层面上,是有其合理性的。

社会主义国家的政府也同样存在经济人现象。恩格斯在《家庭、私有制和国家的起源》中指出:"这种从社会中产生但又自居于社会之上并且日益同社会脱离的力量,就是国家。"[①]这里所说的同社会脱离,就是国家产生特殊利益的根源。然而恩格斯所讲的国家,指的是历史上的剥削阶级国家。因为在马克思主义所设想的社会主义社会,国家将逐渐消亡。但是,事实上,由于社会生产力水平有限,国家的存在还是不可避免。在实践中,社会主义国家的政府也始终不能摆脱在所有国家都存在的自身的特殊利益,也存在各种各样经济人现象,只不过由于所处的历史条件和制度环境的不同,经济人现象有各种不同的具体表现罢了。对于政府公职人员对自身利益的追求,马克思也予以间接的承认,比如,他在

---

① 卡尔·马克思、恩格斯:《马克思恩格斯全集》(中译本)第 4 卷,北京:人民出版社 1995 年版,第 170 页。

倡导"公仆假设"的同时,也始终强调要采取用普选方式罢免公职人员等措施来防止他们由"公仆"转变为"主人"。

目前,我国很多学者也承认政府利益的存在。有学者认为,政府是市场经济中的利益主体之一,"承认政府合法权益比追求法外权益更符合实际"①。特别在经济转轨期,政府的经济人现象尤为突出:(1)政府官员的自利性。如官员将其所拥有的权力变成谋利的条件与资本现象;实权部门的具体管理人员"官不大权不小"的现象。政府官员的腐败就是自利性恶性膨胀的表现。(2)地方政府和政府各级部门的自利行为。如地方保护主义政策、政府职能部门的"执法产业化"倾向等。(3)政府组织的自利动机。一是在行政预算软约束下,政府官员总是千方百计地扩大所在的政府机构,争取更多的职能和预算;二是政府组织以国家权力的强制力为后盾具有的用权上的方便性和既得的特殊待遇,如特殊的政治地位和经济待遇,社会产品的垄断经营和精神文化特权等。

当然,本研究在探讨现代经济学理性经济人假设的同时,并没有否定政府的为公共利益谋利的公利性特征。因为,政府经济职能的有效发挥是建立在"政府作为社会公共利益的代表,其行为目标具有为社会谋利的公共性"这一基本假设基础上的,失去了这种公利性,政府就从根本上失去了存在的必要性和合法性。只是公利性并非政府的唯一属性。既然任何一个政府都有理性经济人的人性特征,他们都有自身的利益追求,所以,我们要正视政府的自利性,分清合理自利与不合理自利的范围,对合理的自利应该尽量创造条件使其得到满足,对不合理的自利要采取措施予以抵制,以缩小经济人现象发生的可能性空间及影响。

---

① 臧乃康:"政府利益论",《理论探讨》1999年第1期,第18—21页。

3.2.3 商业银行国有股权的政治需求

大量国有企业，尤其是大型国有企业，包括国有商业银行在内，历史还往往赋予它们另外一种制度功能，这就是：通过企业具体组织形式来充分保证执政党执政地位稳定、社会制度稳定、政权建设及相关意识形态催生与保有的功能。这种制度功能显然也需要占有企业一定量的经济资源，而且不会全部直接地服务于企业的经营目标，这是特殊层面上的国有企业的政治功能。

国有商业银行由于其特殊的经济地位，自然摆脱不了政治家和官员这些自利经济人的关注与重视。在很大程度上，政治与法律因素极大地影响着商业银行国有股权制度的变迁与进程。艾克哈特·博美、罗伯特·C.纳什、杰费里·M.内特（Ekkehart Boehmer, Robert C. Nash and Jeffry M. Netter, 2003）认为，国有银行私有化，政治因素特别重要，因为国有银行提供了一个重要的政治租金源。维伯如格等（Verbrugge et al., 1999）、施莱弗和威西尼（Vishny, 1994）把国有银行描述为一个强有力的政治工具：它经常被用来用高工资的工作或者优惠贷款回报支持者。克拉森斯和德加科夫（Claessens and Djankov, 1998）、波特罗提等（Bortolotti et al., 2004）指出，政府利用国有银行输送资金来弥补国有企业的亏损。在这里，我们大致可以归纳出影响一国商业银行国有股权功能的若干政治要素：

（1）执政党的执政地位

作为一国的执政党，特别是在社会主义国家，其执政地位的稳定，是需要通过一定的组织体系建设、政权建设和相应意识形态催生与保有才能完全实现的。[1] 所谓组织体系建设，即是指党自身

---

[1] 参见陈彩虹："中国国有商业银行治理结构变革论"，《战略与管理》2003年第1期，第21—38页。

的组织机构建设、干部队伍建设、党员队伍建设,以及相应的规章制度、操作程序等方面的建设;所谓政权建设,即是指执政党对政府及相关组织机构制度功能的建设,它通过党对政府机构及相关组织机构的领导、管理,实现执政党的执政意图;所谓相应意识形态催生与保有,即是指执政党具有的执政基础、执政思想、执政原则、执政程序、执政目标等等方面的意识形态化,培育社会各方面对于执政党执政的基本认同理念,辅助执政党执政地位的稳定。从某种意义上讲,作为执政党,只有在这三个方面有完善的建设,并将三者有机地结合起来,执政地位才可能是稳定的。

目前,国有商业银行实行总、分、支行的"科层式"体制,党组织的建制相应为总行党委、分行党委和支行支部及党小组构架,通常是有一个经营管理机构设置,就有相应的党组织存在。它们按照层级管理的原则,一方面领导、管理、落实并完成商业银行的经营任务,同时还要承担着执政党执政地位稳定不可或缺的功能。具体表现为:一是银行内部具有成熟、稳定和独立的党的组织机构,以及这种组织机构经常性的党的自身建设活动;二是在"党管干部原则"下,大量的党员干部直接进入到银行的管理层,特别是高级管理层,领导和管理银行的各种事务,既管理经营企业,又充分体现执政党执政的意图。

经济体制改革以来,在政企分开等原则下确立的企业效率性改革中,伴随着执政党执政原则的调整,国有商业银行的改革在效率方面的进步是明显的。一方面,将执政党执政地位的稳定功能与商业银行的生存和发展的效率目标联系了起来;另一方面,国有商业银行内部在党的组织机构及自身建设、意识形态催生等方面,更加注重实效,精简机构,也注重经济资源耗费的节约与有效运用。

但尽管如此,在其他组织不能足够力度地承接国有企业,特别是国有大中型企业执政党执政地位稳定功能的格局下,社会主义国家执政党执政地位稳定要求的组织体系和政权建设、意识形态催生与保有的运作,在短期内难以全面地离开国有企业组织形式来完成,国有商业银行股权结构变革,尚不能够将如此的制度功能短期内全部转移到外部的社区、民间机构、社会组织等组织形式来承担,在较长时期内,国有商业银行还必须承担执政党执政地位稳定、政权建设的部分制度成本。

(2) 社会制度的性质

所有制是由生产资料归属所决定的对他人劳动成果占有的经济关系。马克思说:"所有制是对他人劳动力的支配"[①]。即所有制决定着人们在社会中的经济地位,占有生产资料的不同就决定了他在社会劳动组织中所起的作用不同,因而领得自己所支配的那份社会财富的方式和多寡也就不同,这些不同经济地位的集团就形成一定社会的阶级。因此,所有制是形成一定社会阶级关系的基础。

所有制的性质在劳动力与生产资料结合的方式中得以体现。在一定社会中常常有多种结合方式,因而也就有多种不同性质的所有制。它们相互联系、相互制约就构成该社会的所有制结构。但是,在一定社会中必有一种生产资料所有制居于统治地位,并由它决定着该社会经济制度和上层建筑的性质,制约着整个社会的经济生活和政治生活。人类社会迄今存在过的五种社会形态,就是由居于统治地位的五种所有制决定的。

---

① 卡尔·马克思、恩格斯:《马克思恩格斯全集》(中译本)第 1 卷,北京:人民出版社 1995 年版,第 37 页。

正因为生产资料所有制决定人们在社会中的阶级地位和政治地位,所以,任何一个阶级特别是居于统治地位的经济人,总是把壮大他们在社会中所占生产资料的数量作为目的。剩余价值的生产之所以成为资本家阶级生产的直接目的和决定性的动机,就在于资本只有执行致富的职能才能使资本家阶级在社会中的统治地位得以巩固。无产阶级要想成为统治阶级或巩固自己的统治地位,也必须首先拥有生产资料。

正是从这点出发,我国在提出坚持社会主义道路的同时,提出了必须坚持建立以国有制为主导、公有制为主体、非公有制为补充的所有制结构;如果不把所有制看做具有决定社会制度的功能并作为目的来坚持,而只把它当做一种手段,那就意味着在我国将会失去公有制的主体地位。

金融是现代经济的核心。掌握着国民经济命脉的现代银行业的性质,归根到底是由一国政治制度和社会经济基础决定的。社会主义国家在国有商业银行向股份制商业银行转变过程中,其国有股权的设置不可能不考虑公有制的主体地位问题。

(3) 政府政治利益的最大化

政府的行为最终是由组成政府的个人(政治家和政府官员)的动机确定的。由于政治家和行政官僚也是经济人,因而也要追求自身政治利益的最大化。国有银行理论上是全民的,但实际上是由政府代表全民行使所有权。政府中不同的政治集团(如地方政府)所代表的利益不同,而产权改革本质上体现了社会成员利益关系的调整,因而不可能不受到既得利益者的抵触和反抗。虽然国有银行的产权改革不是重新回到私有产权制度上去,但降低国有产权的比重、创造多元化产权主体这种局部的调整也会侵害到一部分人的利益,利益上的重新分配或者丧失会引来一部分人强有力的反对。

在西方民主政治社会,理性的政治家,一般受3个方面的激励:权力、收入和社会尊重。他们的目标是使这些收益最大化。他们承担社会功能旨在实现个人目标。为了这一目标,他们会尽可能提出能得到最多人支持的改革方案和政策。在一个腐败的政府里,他们通过直接受利益集团的贿赂而制定有利于他们的政策;而在一个透明的政府里,他们在各种利益集团的赞助下当选,为了报答赞助人,他们会制定有利于这些利益集团的政策。

也许,政府失去对国有银行的部分控制权可以提高国有银行的经济效率,但却会遭到来自政治集团与社会利益相关者的阻力而丧失相关的政治利益,这时候保持政治稳定、减少政治风险,是政治家们考虑得更多的问题,这也是为什么世界各国商业银行国有股权制度变迁较为缓慢的另一原因。

3.3 商业银行国有股权的经济功能

股权本质上是财产权,股权功能的实现最根本的就意味着股东获得一定财产利益的经济目的得以实现;国有股权作为股权的一种,国有股东入股投资的经济目的理应是为了赚取股利,实现国有资产增值,促进社会财富的增长;对商业银行国有股权而言,通常是指通过行使股权获得相应财产收益,使国有财产投资得到回报,国有资产通过投资获得增值。

3.3.1 商业银行国有股权的资本职能

从本质上讲,国有资本首先是一种资本,具有一般意义上的资本所共有的一般属性,即追求资本自身的价值增值,因此,国有资本首先表现为在一般竞争性领域追求自身价值增值的营利性经营，具有获得价值增值的功能。

营利性经营是一切营利事业的共同特征，也是商业银行经营的核心目标。在市场经济条件下，银行一旦成立，就会面临竞争，并开始处于生存与倒闭、发展与萎缩的境地中。对商业银行来讲，首先要解决的问题是生存。银行必须生存下去，才可能获利，只有不断获利才能求得更好的生存与发展。银行赢利水平提高，既可以提升银行信誉，增强银行实力，保证银行对客户的吸引力；又可以增强银行承担经营风险的能力，避免因资本大量损失而带来银行破产倒闭的危险；还可以使银行股东（包括国有股东）获得较高收益，提升股票价格，增加银行资本。因此，银行赢利多少，不仅关系到股东收益，而且关系到银行的生存和发展。它既是银行自身的内在要求，也是银行所有者追求资本价值增值的客观结果。在同股同权、同股同利的股权资本原则下，商业银行国有股权对资本自身价值增值的追求，与非国有股权有相似的功效。

当前，商业银行国有股权资本职能的本质特征可以分为两个层次：其一，在宏观层面上，商业银行国有资本具有财政性目标导向。尽管国家财源的扩大主要建立在经济发展、税基扩大、税率适当的基础上，因而非国有资本可以成为国家财源的依托。但是，商业银行国有资本营利性经营的合理介入并保持适当的赢利，无疑可以：(1)扩大国家税收的基础，并将因税源的扩张而增强国家财政的宏观调控能力；(2)减少国家财政的支出，并将因核销不良资产而导致的财政支出转移至其他公共投资。其二，在微观层面上，商业银行国有资本具有政策性目标导向。既然国有资本首先具有资本的一般属性，则国有微观经济单位的营利性，就要求在法律规定和政策限制范围内追求"利润最大化"，一切经营管理行为均以是否有利于企业赢利为准则,而且必须承认由这种利益的独立性所可能产生的与国家宏观经济利益的差异的合理性。

在理论上,从静态角度看,所有制是决定人们经济地位的物质基础。从动态角度看,任何一种所有制都必须与一定的经济形式结合起来,参与经济运行,价值增值,才能求得自身的生存与发展。陈琺(1997)认为,所有制与市场经济相结合要求其客体必须以资本的形式参与社会再生产,将其变为吸纳劳动力、创造商品的手段,并不停地运动才能使资产得到保值增值。当前要将我国商业银行的国有资产作为资本并以股权的形式来使用,不仅意味着要由高度集中决策的计划经济体制转向相对分散决策的市场经济体制,而且必然会引起对我国商业银行国有股权的认识和管理方式上的重大变化。

第一,在观念上要树立起资本增值意识。资本是带来剩余价值的价值,而剩余价值"作为超过一定的需要量的劳动,必须始终存在"[①],即剩余价值是人类社会进步和发展的永恒条件,只是在不同的社会其实现形式和归属有所不同。在资本主义社会,剩余价值为资本家所占有决定了资本是剥削手段;而社会主义社会的国有资本无非是劳动者劳动力的延伸,让其在生产中产生剩余价值,便成了为劳动者提供长远利益的手段。因此,我们不能把资本视为资本主义所特有的经济范畴。

第二,在资本维护上,不能只从所有制形态上去保护资产的完整性,而是要从价值形态上去把握资产。看待一种社会经济资源的配置是好还是坏,要视其在使用中带来的经济效益是高还是低作为

---

① 卡尔·马克思、恩格斯:《马克思恩格斯全集》(中译本)第 25 卷,北京:人民出版社 1995 年版,第 925 页。

主要的评价标准。有人认为,如果不把所有制看做具有决定社会制度的功能并作为目的来坚持,而只把它当做一种手段,那就意味着在我国将会失去公有制的主体地位。但事实上,所有制的社会制度功能在市场经济条件下还有赖于所有制的价值增值功能的实现。

第三,在资本经营上要树立起经济价值理念。资本的生命在于增值,获利越多其生命力越强。资本所有者在从事经营活动中,是自己直接经营还是采取多种方式进行产权改革,诸如国有独资、国有控股、国有参股等,其选择目标应看哪种经营方式对资本所有者更为有利。

第四,在资本效率考核上应努力体现利润指标。利润最大化论认为,当每个企业都已最大限度地获得利润,必将会极大地增加社会财富,从而促进整个社会的进步和发展。在市场经济条件下,利润是商业银行满足社会金融消费需求的客观结果,利润最大化是国际商业银行共同追求的目标。只有使经营利润最大化才能把我国银行办成真正的银行;只有追求经济利润最大化,我国商业银行才能与世界接轨,参与国际金融竞争。

3.3.2 经济功能的实现机制

商业银行的国有资本以股权的形式参与经济运行并获得价值增值的过程就是商业银行国有股权经济功能实现的过程。国有股权本质上是财产权,它的实现意味着股东获得一定财产利益的目的得以实现。国有股权经济功能的实现通常是指通过行使国有股权获得相应财产收益,使国有资本投资得到回报,国有财产通过投资获得增值。其实现的法律途径一般有三个:一是股息、红利的分配;二是转让股份获得价金;三是公司终止时剩余财产的分配。在实践中,有同时选择两条途径的,也有侧重其中之一的,至于第三条途径则选择较少。可以说,商业银行国有股权经济功能的实现程度依赖于股权经济功能的实现机制及运行。

(1) 国有股的合理设置与适度比例

商业银行国有股设置与否及其状况,直接决定着国有股权经济功能的实现及程度。根据国有股在公司所有股份中所占的比例和国有股东对公司控制的强弱,股权经营在股权结构和持股方式上有完全接受、控股、参股、相互持股等方式。狭义的控股权即为绝对控股权,也即持股在50%以上、100%以下的情况;广义控股权还包括相对控股权,指持股在50%以下、30%(或20%)[①]以上的情况;持股在20%(或30%)以下的为参股[②]的情况;100%持股的为完全接受或独占股权的情况,具体为国有独资公司形态;而互相持股则是参股的特殊表现形式,一般不存在互相持有50%以上股份的情况(各国对此多加以禁止)。

完全接受股权运营机制形成了单一股东的控制。完全接受股权运营法律机制特点之一为:公司的全部股权集中在一个或一组关联人士的手中,之所以能控制,不仅因为他们有全部股权,而且因为他们实际行使公司财产的所有权并且享有收益权,这是所有与控制合一的形态。但在股权完全由一人接受的情况下,公司的独立性、团体性与民主监督机制均难以发挥,股东一元化使股东会的召集及议事规则形同虚设,公司的意志转化为单一股东的意志,股东可以直接控制公司,国家对国有独资公司股份的处分权不可能成为国家控制独资公司的途径。国有独资公司股权运营法律机制主要依靠股东的表决权,而不是股权转让或公司收购。在有些

---

① 持股20%或30%为相对控股的约束条件在第二章已有详细说明。
② 也包括没有控制权,但持股在50%以下、20%(或30%)以上的情形。

国家,国有独资公司虽然只有一名股东,也得设立股东会,日本就是如此规定的。而中国《公司法》第66条明确规定:国有独资公司不设股东会,由国家授权投资的机构或者国家授权的部门,授权公司董事会的部分职权,决定公司的重大事项,但公司的合并、分立、解散、增减资本和发行公司债券,必须由国家授权投资的机构或者国家授权的部门决定。这样的运行机制就使得股权的扩大性比较明显,与所有权的界限比较模糊,不能最大限度地避免国家对国有独资公司的直接干预与行政干预,在很大程度上影响着商业银行国有股权经济功能的实现。

在严格的法律意义上,持有一公司股份在50%以下的情况为参股,参股的股东一般为少数股东,即持有少数股份的股东。尤其在上市的股份银行中,持有几百股、几千股的股东大量存在。较复杂的参股形式为互相参股,或称交叉参股。国有股虽然较多表现为独占股和控股,但也有参股的形式。但一般来讲,参股股东缺乏最终决定权或控制权。从最终意义来讲,小股东剩下的唯一权利就是"用脚投票"。

控股权以一股一表决权为基础,通过股东资本多数决机制,直接作用于公司的运转。控股方式是典型的运用股权结构和持股方式,以最少量的资金控制公司运营的一种方式,不仅灵活,而且有效率。对于商业银行国有股的运作,首要的便是国家股适度比例的研究。在这里,需要特别强调两点:一是国家控股权的保护。国有股东权的规范在目前最突出的便是国家控股权的保护。国有银行公司制改革的成功与否,国家作为银行投资者的利益能否得到实现,完全取决于国家股东权的保护程度。所有权转交公司,不仅需要以定期向投资者支付收益的大部分为代价,同时还必须以保持投资者对公司活动的有效制约为条件。二是控股权与控制权的分离与差异。如前所述,控制权的概念广于控股权,控股权是控制权的一种。控制权的主体未必是股东或大股东。在股权分散的股份有限公司中,有时公司的控制权由董事会甚至经理阶层掌握,而法律意义上的控股权的主体一般都是大股东。控制权的方式未必是股份控制方式,也可能是合同控制或人事连锁方式。内部人控制和国有控股权决策机制失控问题,会严重影响商业银行国有股权经济功能的实现。因此,国有银行改建为公司后,在国有股运营的问题上不宜过多强调控制权,而应强调控股权,并约束控制权,建立经理市场与公司控制市场,运用内外竞争机制以及监督机制解决内部人控制问题。

(2) 国有股权的有效行使

良好的公司治理机制和有效的国有股权行使是一个问题的不同方面。根据经济合作与发展组织(OECD)的《公司治理原则》,良好的公司治理应当具备的基本要素是:保护股东权利;保证所有股东(包括小股东和外国股东)都受到平等待遇;确认利益相关者的合法权利;保证及时准确地披露与公司有关的所有重大事项;确保董事会对公司的战略性指导和对管理层的有效监督,并确保董事会对公司和股东负责。

巴塞尔银行委员会(BCBS)则将银行价值取向、战略目标、责权划分、管理者相互关系、内控系统、特别风险监控、激励机制和信息透明度等八个方面作为良好的银行治理机制所必备的基本要素,在1999年9月发布了《加强银行组织的公司治理》报告,就健全银行公司治理的基本做法作了进一步的阐述,并于2006年2月发布了修订后的稳健公司治理8项原则。

我国人民银行于2002年1月7日发布了《股份制商业银行公司治理指引》和《股份制商业银行独立董事、外部监事制度指引》,

并于同年 5 月 1 日起正式实施,认为商业银行公司治理是指建立以股东大会、董事会、监事会、高级管理层等机构为主体的组织架构和保证各机构运作、有效制衡的制度安排,以及建立科学、高效的决策、激励和约束机制。

世界银行行长詹姆斯·D.沃尔芬森(James D. Wolfenson, 1999)曾说:对世界经济而言,完善的公司治理和健全的国家治理一样重要。一般地,商业银行经营状况的好坏直接影响着银行国有股权经济功能的实现及程度,但商业银行的经营状况除了受外部因素,如市场、政策等因素影响外,主要取决于公司内部各机构的行为,尤其是董事会和经理的行为。从商业银行设立国有股的目的和国有股的实际存在状况来看,国有股基本上是处于控股地位或者包含有对公司的特别控制权。在特定情况下,国有股甚至还处于独资地位,以"一人公司"、"国有独资有限公司"的组织形式出现。在这种特定情况下,国有股股东对公司经营活动的影响更为显著,并对董事会在公司经营中的传统地位构成极大威胁。这种状况虽然有加强国有股股东的地位、强化股东权的一面,但是,并不见得就有利于公司经营和国有股权经济功能的实现。相反,倒是有必要加强董事会的地位,形成在没有股东(大)会情况下的公司经营活动中新的权利平衡,以防止股东对董事会及公司的过度操纵,损害公司正常的独立经营活动,最终影响国有股权的实现。当然,对于国有股的一般参股,国有股权的实现与非国有股权相比,并无差异,也没有必要在公司经营体制方面作特别调整。不过,严格来说,一般性的参股并不符合国有股的设置目的,非控股性的少量的国有资本投资在实际经济生活中显示不出特别的意义,完全可以让位于私人股份。

为了适应国有股处于控股、独资条件下国有股权的实现,有必要对以董事会为中心的公司经营管理体制作进一步的调整,特别是要进一步巩固董事会的经营主导地位,提高董事会的经营管理能力。董事会传统的法定职权主要包括两个方面:一是执行权,即执行股东会决议;二是决定权,即决定公司经营计划和投资方案和制定预算与决算方案、利润分配方案、增资或减资方案以及拟定公司合并、分立、解散的方案等。这些事项一旦由董事会作出决定,就是公司本身的行为。在决定权中,有一部分如制定预算与决算方案,拟定公司合并、分立、解散方案等,还需股东会审议批准或作出决议方能生效。在国有股占控股地位或国有股是独资时,股东(大)会或者形同虚设,或者根本不存在,实际行使上述审议、批准或决议职权的是国有股股东;董事会对股东会议决议的执行权已经变成对股东指令的执行权。董事会所享有的这部分决定权不再受股东(大)会制约,而是受股东制约。当一个国有股东行使股东会职权,而董事会的地位不变,仍一如既往地如对股东会负责那样对一个股东负责,董事会就极易成为该股东的执行机构,不再是公司的执行机构;公司的科学治理结构将会受到极大的损害;国有股权失去组织制度的支持和约束,很有可能蜕变为国家所有权,国有股权实现途径也将从依靠分权制度基础上的公司经营活动转为国有股权一权专治基础上的股东集权式经营。这会导致两个不利后果:一是公司这种组织形式不再具有实际意义,而成为了被股东所利用的一个空壳和面纱;同时,这层面纱在一定情况下会被依法刺破,股东将不再承担有限责任,而是对公司债务承担无限责任,增加国有股负担。对于国有股权的实现来说,这完全是不利的,只能有损于国有股利益。二是公司经营活动中的权利平衡被打破的同时,公司的民主机制也遭破坏。对于公司的经营管理而言,决策的民主是决策科学的保障,失去这一保障,也就意味着失去了公司经营决策的正确性、可靠性。这对提高公司经营效益是极其不利的,将从根本上动摇国有股权实现的基础。总之,国有股权在公司中垄断的结果往往就是损及国有股权自身。

为了弥补这一缺陷,就必须增强董事会的作用,真正成为一个有权、有能、有力的公司管理机构,以抗衡国有股东权的专断。根据我们对上述银行公司治理内涵的理解与判断,我们认为,商业银行公司治理的好坏直接影响着商业银行国有股权效率、国有股权经济功能的实现及程度,公司治理有效机制与股权有效行使相辅相成。

(3) 国有股权的合理转让

产权转让是个古老的经济和社会行为。依照不同的产权表现形式可将产权转让从理论上划分为股权形式的产权转让和非股权形式的产权转让。股权形式的产权转让是以股份有限公司和有限责任公司的股权为转让对象的产权转让。① 非股权形式的产权转让主要指以非公司化企业的全部资产为对象的产权转让。这两种产权转让行为有相类似的地方,也有许多重大区别。股权作为一种新型的财产权利,自其产生以来,转让就是其实现的途径之一。股权转让的特点表现为:

其一,股权转让具有分割性与广泛性。这一特征在股份有限公司的股权转让中尤为明显。股份制的一个重要特点就是所有权主体(指股东)的多元化和分散化。在这种财产组织形式下,由于公司资本被分为若干等份,所以,股东转让其股权也是分别进行的,具有分割性。一般来说,股东不会或者不必要拥有一个企业的全部股权,企业的股权一般也不必整体出售。股权转让的分割性

---

① 股权转让不等同于股票的转让,因为股权的转让有相当一部分不是通过股票市场进行的。

使得资金数量不受限制,从而为广泛的转让活动创造了条件,使交易又呈现出广泛性特点,主要表现在两个方面:一是参与股权转让的当事人具有广泛性,即股权越是分散地为大众所拥有,股权转让就越具有广泛性。二是股权转让通常无时不在进行,即使企业没有发生所有权控股性的转移和资产的合并性使用,没有狭义的买卖行为发生,也发生着股权转让。上述分割性与广泛性有着密切联系,二者互相推动和发展,在现代股份制度下得到了最充分的表现。

其二,股权转让具有虚拟性。股票或股权证书是其持有者取得收益及享有其他权利的凭证,是"资本的纸制复本"①。也就是说,它不是真正的资本,而是独立于实际资本之外的一种资本存在形式,所有者不能抽回、转让货币资本和实物资产,企业的实际资产仍归企业集中占有,并由经营者使用。所以,大多的股权转让往往表现出转让的虚拟性,实质上转让的只是所有权的收益和风险。这一点在"用手投票"让位于"用脚投票"后更为突出。股票作为虚拟资本虽然不是现实的财富,不是实际存在的资本,但它的交易促进和加速了实际资本的运动。

其三,股权转让日益票据化。在公司制企业中,股票或股权证书是入股投资的凭证,是股权及其收益转移的工具。股票及股权证书工具的介入,使得股权转让出现票据化。股权转让票据化的结果,一是大大简化了股权转让过程,降低了交易费用;二是由于股权转让票据化一般具有无记名和保密性的特点,这样,使得交易更为便捷,投资者的利益更有保障;三是为要素存量的价值运动流动性与银行资本运动稳定性相统一创造了条件;四是强化了公司

---

① 卡尔·马克思、恩格斯:《马克思恩格斯全集》(中译本)第 25 卷,北京:人民出版社 1995 年版,第 540 页。

价值的标价作用,银行股权转让的价格水平可以时时处处反映出银行的价值水平。

股权的资本性和流转性要求改变国有股权在企业个体中的静止状态,使其在遵守法律、法规和国家产业政策的前提下,按照市场规律自主、合理地流动。国有股权转让是优化资源配置、调整企业组织结构和产业结构,最终实现国有股权经济功能的必然要求。国有股权转让的本质是国有股权与所有权、债权、股权的置换。①

限制国有股权转让实际上是使银行国有资本沦为"死资产",成为国有资产流失的主要渠道之一。这一方面是因为,作为所有者的国家不但不能充分享受股东权益,却要承担比其他股东更大的风险,这一做法打破了股东平等原则。当公司经营状况不好或受其他因素影响使股票价格下跌时,其他股东可通过抛售自己的股票减少损失,而不可转让的国家股则要承担比其他股东更大的风险;当公司股票价格上涨时,其他股东可通过出让股票获得溢价收益,而国有股由于不能转让,国有资产的增值机制就显得很不完善。另一方面,由于国有股权的限制转让而使其无法通过控制权转移机制对经理人员实施监督,造成国有银行资产运营效率低下,其实就是银行国有资产的潜在流失。

3.4 商业银行国有股权的社会功能

商业银行国有股权的政治功能出于政府的私利,而商业银行国有股权的社会功能纯粹出于社会需要和责任,商业银行国有股

---

① 参见萧延高、唐小我:"国有股权转让的制度障碍与对策",《四川师范大学学报》(社会科学版)2000年第3期,第42—46页。

权的社会功能是国有股权在商业银行为社会公共利益承担的责任和职能。

3.4.1 公司的社会责任

公司的社会责任是目前学界探讨的新话题,其关键就在于公司社会责任理论修正了传统公司法奉行的股东中心论。公司的社会责任从广义角度讲,是指公司应对股东这一利益群体以外的与公司发生各种联系的其他利益相关群体的利益和政府代表的公共利益负有一定的责任,即维护公司债权人、雇员、供应商、用户、消费者、当地住民的利益以及政府代表的税收利益、环保利益等。①而传统公司法奉行的是股东利益至上的观点,决定了人们仅仅把股东视为公司的"所有人"或"内部人",决定了人们只能把实现公司利润最大化作为公司经营目标,决定了公司机关在进行决策从而形成公司的法人意志时,法院在衡量董事和经营者是否违反了其对公司所负的义务时,都以公司利益和股东利益是否得到最大限度的促进和保护为前提。

(1) 公司社会责任的理论基础

公司之所以要承担社会责任的重要前提就是公司的经济力量。公司经济力量的日益壮大,导致公司势力逐渐渗透到了政治、科技、文化等领域,成为确立生活方式准则和公民生活模式的组织,它引导、形成、指挥、决定了社会发展的前景。但与此同时,与公司同时存在的其他相关群体,如职工、消费者、债权人、中小竞争者以及当地社区、当地环境等,却由于信息不对称、经济力量与公

---

① 参见朱慈蕴:"公司法人格否认法理与公司的社会责任",《法学研究》1998年第5期,第83—100页。

司差距悬殊等原因,在与公司的各项法律关系中处于劣势地位,时时刻刻受到公司力量的牵制。一个公司的设立、经营活动和解散不仅涉及少数人和公司的利益,而且涉及广大的公司、债权人、公司雇员及社会公众的利益。

由于公司力量的壮大及其不受节制,一系列的社会问题也随之产生。例如,浪费资源、污染破坏环境、制造假冒伪劣产品、对职工利益的漠视态度、进行不正当竞争破坏社会秩序等。而此时建构在人人平等、自由,富有理性,通过平等竞争实现最优资源配置等假定前提下的民商法理论根本无法解决这些问题。具体到公司法而言,传统的公司理论假定市场是没有缺陷的,具有竞争性:公司的自由设立原则可以鼓励人们成立无数单个的、彼此实力相当的且相互竞争的公司,既然大家都可以自由办公司,都可以从中赚钱,那么鼓励投资者办公司,确认赢利为公司唯一存在目的,就会最终推动整个社会财富增长。

这样,传统的民商法对公司经济力量的制约只是在基础的层面上,其所创造的意思自治、平等自愿、等价有偿等原则只是最终进一步强化了公司的经济力量,而不是用来限制公司滥用其经济权利。这样的假设理论符合传统的正义理论,可是到了现今却显得不合时宜。现今由于公司力量的崛起,社会上的力量被划分为两类:强势群体和弱势群体。

日本学者星野英一在对劳动关系、格式合同关系和消费关系方面的立法变化进行研究后认为,法律开始承认社会上、经济上的强者和弱者的存在,并且以抑制强者、保护弱者为特征。[①] 由于社

---

① 参见星野英一著,王闯译:"私法中的人——以民法财产法为中心",载梁慧星主编:《民商法论丛》第 8 卷,北京:法律出版社 1997 年版,第 156—184 页。

会形态的多样性,允许人们在经济、社会上的差别。但这种差别要符合社会境况最差者的利益。如果忽视了这种利益,一味地迷信形式上的机会平等,将在实质上造成真正的不平等。为了平等地对待所有人,为了提供真正的机会平等,社会必须对极少数先天禀赋差的、任何生来社会地位就不大有利的人给予更多的关心。所以,承认公司的社会责任实际上就是实现了差别原则。公司与其他相关利益群体力量对比悬殊,公司处于强势地位,要求公司考虑社会上其他群体的利益,立足于社会境遇最差者,这样才能最终实现正义的要求。

但这里需要说明的是,公司的社会责任理论来源于公司强大的经济力量以及由此产生的巨大的社会影响力。所以,通常论及公司的社会责任时,意指已积蓄相当多财富的、具有广泛影响力的营利性团体。即公司社会责任问题中的公司应该指的是大型的股份公司。对于那些规模较小的公司,由于其社会影响力不是很大,不太可能对社会上其他群体的利益造成较大影响,所以笔者认为宜采用诚信原则来调整小公司与其他群体之间的关系。

(2) 海外强化公司社会责任的制度

实践中,各国强化公司社会责任的制度也是各有千秋,但大致有以下两种:美国式和欧洲式。英美法中信托观念深入人心,所以美国致力于通过改革董事的义务责任体系以强化公司的社会责任。美国修正了董事的义务就是为股东谋取利益的传统公司理论,重新确立了经营判断原则,要求公司经营者对利益相关人负责,从而强化了公司的社会责任。虽然美国是公司社会责任理论的发源地,但承认这一理论也走过曲折的道路。早期的法律制度也以维护股东利益作为主要目标,这在早期的道奇诉福特公司一案中得到了很好体现。福特公司的董事们为了降低汽车成本、提高汽车质量和增加就业机会,打算缩减对股东的红利和股息的派发,引起公司小股东的诉讼。受理法院最后认为,如果公司董事要追求社会目标,就只能用自己的钱,而不能用别人的钱,所以判决原告胜诉。后来,公司社会责任理论渐渐得到广泛认同,这时美国法院从实用角度出发,要求公司作出的有关社会责任的决策不得与公司的长远利益相左。在弗吉尔诉弗吉尔公司一案中,法院就认为,公司在作出对非股东有利的决定时,只要该决定能给公司及股东带来利润,这样的决定就是适当的。这一判断原则后来成为法院处理类似问题的准绳。

而欧洲国家的立法侧重于从公司的经营管理结构入手,主要有职工参与制,吸收职工参与公司的管理,这在德国和日本的《公司法》里甚为显著。如德国法中,监事会拥有很大的权力,负责董事会成员的任命、董事连任或延长任期并负责挑选董事长。根据1976年的《共同决定法》,德国劳方和资方参加监事会的比例为 $1:1$,特定情况下是 $\frac{1}{3}:\frac{2}{3}$。其法律还规定,凡是职工数超过2万名以上的股份有限公司,监事会的人数为20人,其中股东和职工各占10名。另外值得一提的是德、日法中的银行主导性,体现了债权人的参与。可是除了银行制度外,欧洲公司法却对除公司职工外的非股东群体的保护规定甚少。

(3) 公司社会责任理论的争论

对于公司社会责任理论,反对者甚多。争论主要集中在以下几个方面:

其一,很多学者担心强化公司的社会责任理论的立法会动摇自由市场经济的根据。自由经济学派的弗里德曼就曾指出,没有什么趋势能像公司的经营者接受社会责任,而非尽最大可能为股东赚钱那样,能够从根本上破坏我们自由社会所赖以存在的基础。

确实,公司社会责任理论的确立妨碍了公司的营利性目标,但这涉及公司治理结构设计中公平与效益的权衡。公平与效益都是法律追求的目标,没有孰轻孰重,只是在某一层面上,这两者会有所侧重。没有公平的效率会导致发展的紊乱,最终扰乱整个社会秩序,社会的发展脚步将停滞不前;不讲效率的公平,大家吃大锅饭,这是虚假的公平,也是阻碍社会发展的。我们承认公司具有社会责任,是将公司的社会责任目标放在一个恰当的位置,恰当地平衡公平与效益。

其二,有学者认为,环保法、消费者权益保护法、劳动法、合同法等基本法已经为社会上的弱势群体提供了多重保护,所以公司社会责任理论是没有必要确立的。我们认为,政治国家的力量固然强大,但毕竟能力有限,这一点可以从一些西方国家在福利国家危机面前纷纷削减社会福利开支的现象中得到印证。福利国家所能保障的社会权是极为有限的,一般仅局限为失业金、救济金取得权。同时,我们通过观察环保法、消费者权益保护法、劳动法等法律也可以发现,这些法律是从外部强制性角度入手,是规定公司"应该做"和"不应该做",而公司的社会责任是从内部入手,通过内在机制自动地约束公司的行为。只有这两者结合起来才能最大限度地保护社会弱势群体的利益,所以这两者都是不可偏废的。

其三,反对公司社会责任的另外一个理由就是公司社会责任实际上侵犯了股东的财产权。近代法学认为财产是一个人自由意志的外化,所以神圣不可侵犯。但这样的财产权发展到最后就成为超越所有其他权利之上的无上权威的绝对权利,最后演变成绝对自私的、损人利己的、不道德的权利。这样的财产权实际上就是放任处于优势地位的人肆意剥夺劣势者的权利。我们认为,这样的财产权在目前这个资源紧缺的社会应该受到某些限制,法律应该从强调财产权逐渐转变为强调人权。公司社会责任理论就是纠正了这样一种观念。

公司社会责任在理念上强调公司对一般社会主体的应有关注,在我国社会主义市场经济体制建立过程中,这个近似于后工业社会的问题对我们来说应当是未雨绸缪,要求"最大限度地增进股东利益之外的其他所有社会利益"也必不可少地存在着理论的合理性和现实状态间的脱节。有学者依表现形式,将公司社会责任分为"程序意义上的公司社会责任和实际意义上的公司社会责任"。前者是就学习决策的程序和过程而言,要求公司决策程序考虑和反映社会利益与社会权。后者指决策结果对社会利益与社会权利过程负责。可以说,当前的经济运行状态决定了前者更具现实意义。国有股权的行使应遵循这一观念,表决权的代理行使规则亦应以公司的社会责任为边际。

3.4.2 商业银行国有股权的公共职能

国家设置商业银行国有股权,一方面是为了获取更多的利润,增加国家财富,但是,国家设置国有股权绝不仅仅是为了获取利润。在利润因素外,商业银行国有股权还有其特有的或一定约束条件下更为重要的历史使命。

(1) 宏观调控功能

市场经济需要国家调控,因为以市场机制作为主要调节手段的经济体制,也同样存在市场缺陷,也同样会出现市场失灵,而国有银行与国家经济职能之间的天然依附关系,决定了国家必然将国有银行作为调整手段,国有银行也无可推卸地担当着这一重任。"在通缩时增发贷款,在通胀时适当收缩的反周期操作是国有银行不同于其他商业银行的本质特征。从此角度看,国有银行在客观上承担着稳定货币金融的基本职责。"①

第一,国有商业银行在国家宏观经济调控中的地位和作用是由国家的本质特征所决定的。也就是说,国有商业银行不可能游离于国家的经济政策和发展目标之外去设定孤立的政策和目标。国有商业银行的政策和目标应该成为国家政策和目标的落实和体现。二者在方向和利益上是一致的而不是相悖的。这是因为:①国有商业银行业务的开展,必然受到国家政策的规范、引导和约束,它必须在"国有"和"商业"中找到支点。国有商业银行的改革与国家的经济体制、金融体制改革是同步的,也是相互促进的。国有商业银行不可能一味强调商业化和市场化,置国家宏观经济政策和发展目标于不顾,片面追求急功近利。②国有商业银行在参与宏观经济调控中,必然要关注经济发展的阶段性,在紧密结合政府提出的不同时期的战略目标、战略重点的同时,有针对性地提出自己的发展目标和工作任务。事实上,国有商业银行在国家提出的诸如扩大投资、刺激消费抑或紧缩银根、控制经济过热等宏观调控中,都发挥了巨大的作用。③在历史和现实中,国有商业银行的主要客户群体必然具有共同的企业特征。即在符合国家经济政策和产业政策的基础上,同时符合商业银行的客户评价标准。国有商业银行在国家宏观经济调控中,就是要通过市场来利用和配置各类资源,而国有企业大规模实行改革、改组、改制,国有经济实行战略性调整,对于国有商业银行来说,是一个资源重新优化配置的过程。从这个意义上讲,国有商业银行对国有企业和国有经济成分的支持和服务,也是国有商业银行在国家宏观经济调

---

① 陆磊、李世宏:"中央—地方—国有银行—公众博弈:国有独资商业银行改革的基本逻辑",《经济研究》2004年第10期,第45—55页。

控中地位和作用的具体体现。

第二,国有商业银行的定位和作用与国家宏观经济调控的要求是基本一致的。①国有商业银行由国家注资,在法人治理结构上完全体现国有独资,因此,在其经营运作上必然要体现所有者的意志和利益,在国家强化和突出宏观调控作用的时期,国有商业银行的行为取向是非常明确也是十分必然的。②国有商业银行与其他银行不同,享受着国家巨大的信誉支撑。由于国有商业银行冠以"国有"的名分,因此,一方面它既是国家经济政策、产业政策和金融政策的参与者和传导者,同时它也充分享受着国家的信誉支撑。国家可以在必要的时期采取必要的方式在注资、发债、融资、减利、核销、担保等方面对国有商业银行实行政策倾斜。从这一点看,国有商业银行在得到政策优惠的同时,也加大了自身参与国家宏观经济调控的关联责任。③国有商业银行的业务发展离不开国家宏观经济环境。尽管国有商业银行作为企业法人,强调市场经济条件下的"四自"方针,但是它的业务能否得到健康、持续、稳定的发展,客观上与国家宏观经济环境密切相关。国有商业银行的资产质量、发展速度和综合竞争能力势必以国家宏观经济环境的优劣作为前提。

第三,国有商业银行在国家宏观经济调控中的作用难以替代。在当前市场经济不断成熟、金融业务蓬勃发展的形势下,不同所有制的银行和非银行金融机构发展迅猛,外资银行也凭借 WTO 规则加大对一国市场的渗透和瓜分。但由于国有商业银行的体制特征和历史逻辑,国有商业银行在国民经济中的地位和作用在相当时间内也是难以改变的。国家运用金融手段和货币杠杆实施宏观经济调控必然以国有商业银行作为主渠道。① 就国有银行来讲,

---

① 在国有商业银行进行股份制改造后,具体体现在商业银行的国有股权上。

国家通过国有银行可以实现以下目的:①贯彻产业政策,优化产业结构;②增加就业机会,维护社会稳定;③稳定物价,维系经济增长信心;④维护国家的经济金融安全,等等。20 世纪 30 年代,意大利政府把濒临破产的银行收归国有,目的是为了防止失业;泰国政府在东南亚金融危机后大量收购银行股权,目的是为了维护国家的经济金融安全。从国内外经济发展的历史来看,国有银行在实现国家宏观调控、促进经济增长等方面确实发挥了重要的作用。

(2) 政策传导功能

国有银行与社会经济各个方面都有着非常密切的联系,这种联系不仅是因为商业银行在一般等价物——货币——的创造与流通方面有着不可替代的作用,而且还因为商业银行与社会经济中的几乎每一个方面都存在着广泛的债权债务关系,成为整个经济网络的核心。正是这种特殊原因,使国有银行成了政府行使经济功能时的重要政策传导者,从而具有了政策传导功能。商业银行国有股权的政策传导功能,主要表现在两个方面:货币政策的传导功能以及在经济中承担的准财政功能。前者是政府作为社会经济管理者调节经济时,商业银行所行使的功能,后者是政府作为市场主体直接参与经济活动时,商业银行所行使的功能。

第一,货币政策的传导功能。在凯恩斯以前的古典学派的理论体系中,货币只影响物价水平,而对产出、就业等实际经济变量并没有影响。从凯恩斯建立起宏观经济分析框架开始,货币对实际经济变量的作用及在实际经济中的传导才逐步被经济学家们所重视。对于货币政策影响实际经济的传导机制,现代经济理论认为大致有四条:利率途径、资产(证券市场)途径、信贷途径和汇率途径。

利率途径。货币政策通过影响利率而实现其政策目标的渠道称为利率途径。利率途径是由凯恩斯学派提出和倡导的,是经典 IS-LM 模型的基础,其传导途径可以概括为:$Ms \to r \to I \to y$。这种观点假设经济中只存在两种金融资产,即货币和有价证券(贷款也被视为有价证券)。中央银行调整货币供应量会改变有价证券的实际收益率,影响企业的融资成本,进而影响投资。在这种观点中,商业银行实际上不起任何特殊作用,因为这种观点假设商业银行所发放的贷款与企业在金融市场上直接发行的证券或票据完全一样,货币政策变化影响的只是企业的融资成本。

资产(证券市场)途径。以米尔顿·弗里德曼为代表的现代货币主义学派,在对早期的货币数量说作出修正的基础上,提出了不同于凯恩斯学派的货币政策传导途径。这种传导途径可以简述为:$Ms \to A \to C(I) \to P \to Y$。其中,$Ms$ 为货币供应量,A 为金融资产,C 和 I 分别为消费与投资支出,P 为价格,Y 为国民收入或总产出。货币学派认为,社会公众持有的货币量的增加,会使原有的资产组合均衡被打破,资产组合将重新调整,而且这一调整首先发生在金融资产上,继而扩展到所有资产(包括金融资产和实物资产),进而影响物价和总产出。托宾 Q 理论、财富效应[①]和 20 世纪 90 年代以来全球性股票市场的繁荣,尤其是美国股市的空前繁荣

---

① 财富效应是货币传导的又一重要途径。一种是庇古"实质现金余额效应"。凯恩斯的《就业、利息和货币通论》出版后,为了应答凯恩斯的挑战,新古典经济学家庇古提出了"实质现金余额效应"即财富效应(又称庇古效应)。按照此一理论,资产组合调整引起的替代效应只限于消费而不是消费和投资。庇古效应实际上是对凯恩斯理论的一种否定。另一种是莫迪戈里安尼 MPS 模型。后凯恩斯主义经济学家莫迪戈里安尼的生命周期假说认为,消费取决于一生的包括金融资产在内的财产来源,其中股票是金融资产的重要组成部分,股票价格上升必然导致消费增加。由此,货币政策可以通过股票市场的价格变化来使消费者财富增值从而扩大消费来影响实体经济(莫迪戈里安尼,1971)。生命周期假说不仅支持了凯恩斯的理论,还进一步深化了凯恩斯的理论。

所引发的消费增长,为股票市场的财富效应提供了理论依据和直接的实证支持。

信贷途径。信贷观点是在认识到货币观点与资产价格观点缺陷的基础上产生的。这种观点认为,利率途径关于经济中只有两种资产的假设是不成立的,因为银行贷款与有价证券是不同的,二者之间有着质的差别;利率途径和资产价格途径以市场机制健全、信息对称为前提,但事实上,市场是存在缺陷的,信息是不对称的。信贷传导机制理论的代表是伯南克和布林德(Blinder),其传导途径可以概括为:$R \to M \to$ 银行信贷 $\to I \to Y$。[①] 信贷传导机制理论隐含的重要含义是:货币政策对中小企业的影响要大于大企业,因为信息不对称的存在,中小企业在金融市场上通过发行有价证券直接获得融资要比大企业更加困难,中小企业更依赖银行贷款。这样,中央银行调整货币政策、改变商业银行超额准备金的操作,对大企业和中小企业的影响是不一致的。

国际贸易传导途径。在开放经济条件下,汇率对净出口的影响已经成为货币政策传导机制的一个重要途径。20世纪80年代以来,麦金农(1985)、奥伯斯费尔德和罗格夫(Obstfeld and Rogoff,1996)逐渐将汇率因素纳入了货币传导研究中。其传导途径可以描述为:$M \to r \to e \to NX \to Y$。即货币供给增加,使得本国货币借贷利率下降,结果引起资本流动,导致本币贬值,致使出口增多,进口减少,使总产出和国民收入增加。但国际贸易传导机制作用程度的发挥与本国经济的开放程度密切相关,资本自由流动程度越大,外贸依存度愈高,该传导机制的作用就越大。

---

① 中央银行通过公开市场等工具影响货币供给,进而影响银行的信贷资金,从而影响企业的投资,进而对总产出造成影响。

以上四条途径中,虽然很难实际分清利率途径和信贷途径,但理论与经验证据表明货币政策传导的信贷途径不仅是确实存在的,而且还具有非常重大的影响。

①银行借贷途径(bank lending channel)。伯南克与布林德(1988)认为,在信息不对称环境下,银行贷款与其他金融资产不完全可替代,特定借款人的融资需求只能通过银行贷款满足。伯南克与布林德将贷款函数引入 IS-LM 模型,建立了含有利率和货币两个途径的 CC-LM 模型。此模型表明,即使有所谓"流动性陷阱"的存在,致使传统的利率传导途径失效,信贷传导途径的存在,使得货币政策可以通过信贷供给的变化推动商品——信贷曲线(CC)变化,从而对实体经济发挥作用。

②资产负债表途径(balance-sheet channel)。伯南克与格特乐(1995)在分析了美国 20 世纪 30 年代大萧条之后认为,利率途径的传导作用很难从实证研究得到支持,从而提出了资产负债表途径又称净财富额途径(netwealth channel):货币政策对经济运行的影响可以因为特定借款人受信能力的制约而得以强化。即货币政策的紧缩造成特定借款人资产负债状况恶化,担保品贬值,信贷活动中的逆向选择和道德风险更加严重,导致部分借款人既无法从金融市场直接融资,也无法取得银行信贷,导致投资和产出的额外下降。伯南克与格特乐认为,只有银行信贷和公司资产负债表两个途径结合起来,才能真正发挥信贷途径在货币政策传导过程中的作用。

③实证检验。哈恩·E.金(Hyun E. Kim, 1999)运用 1997 年亚洲金融危机以后韩国的数据,分析了货币政策传导的信贷途径,得出结论认为,金融危机以后,韩国中央银行实施的紧缩性货币政策,通过商业银行进行传导的信贷途径,使其实际效果要远远大于

仅仅通过利率途径传导所产生的效果。斯蒂芬·G.切凯蒂(Stephen G. Cecchetti,1999)运用欧盟14国和日本、美国的数据,对商业银行的货币政策传导功能进行了量化的研究,表明信贷途径不仅非常明显,而且其效果还与企业对银行贷款的依赖程度、银行体系的稳健程度和银行体系的集中程度密切相关。企业对银行贷款的依赖程度越高,货币政策越有效;银行体系越稳健,集中程度越高,则货币政策的效果越差。

④**东亚经验**。虽然信贷途径理论受到了不少质疑,且被限定在紧缩时期。但对于后起的工业化和经济转轨国家而言并非如此。根据金融深化理论的分析,在发展中国家存在严重的金融抑制:利率受到管制,市场化程度不高;金融业寡头垄断,资本市场不发达;信贷政策受行政干预。在此背景下,利率途径和资产价格途径的传导无从谈起。在日本、韩国以及东亚新兴工业化国家和新兴市场国家基本上属于这种情形,利率是长期受到管制的,资本市场发育不健全。银行信贷是主要的融资途径。信贷途径显然不仅是存在的,而且可能是主要的传导途径。在某种意义上,也正是日本、韩国等东亚实践的存在,使信贷途径理论得到了有力的支持。

⑤**最新进展**。虽然目前仍然有著名学者如瓦莱丽·A.雷米(Valerie A. Ramey,1993)、查尔斯·S.莫里斯和戈登·H.塞伦(Charles S. Morris and Gordon H. Sellon,1995)认为信贷途径理论有待检验,但他们并未否定信贷途径本身的存在,只是认为信贷途径的作用比较有限。因此,关于信贷途径的最新讨论主要集中在数量效应和适用环境两个方面。从数量效应看,信贷途径的有效性取决于借款人对银行信贷的依赖程度和货币政策当局对商业银行信贷行为的影响大小。从信贷途径的作用环境看,绝大多数研究表明信贷途径在紧缩政策环境下存在,而在扩张政策环境

下作用比较小。

我国在经济金融体制改革进程中,摒弃了计划经济体制下僵化的计划手段和直接行政调控方式,逐步建立起一套日趋市场化的货币政策体系及其传导机制。目前,我国货币政策传导的具体过程是:中央银行—商业银行等金融机构,金融市场—微观经济主体的投资、消费行为—国民收入。在此传导机制中,中央银行增加或减少货币供给的意图,主要是通过影响中央银行对商业银行的再贷款和再贴现成本得以贯彻的。央行所能利用的货币政策工具主要有法定存款准备金率、再贴现率、再贷款利率、商业银行存贷款利率等,这些工具大都需要通过调整商业银行的准备金来实现。因此,在我国以间接金融为主的金融结构下,商业银行在货币政策传导过程中发挥着重要作用。而在我国商业银行体系中,国有商业银行,特别是工、农、中、建四大国有商业银行占据着主导地位。中央银行货币政策能否实现预期目标,在很大程度上取决于国有商业银行对央行货币政策信号的反映是否主动、灵敏和及时。可以说,国有商业银行在货币政策的实施过程中扮演着承上启下的角色,是我国货币政策传导机制中的主要传导枢纽。在国有商业银行股份制改造后,国有股权必然承担起这一重任。

第二,准财政功能。财政活动与银行所从事的金融活动有着本质的区别,这主要表现在财政活动具有无偿性和强制性的特点,而金融活动则具有有偿性和自愿性的特点。商业银行的特殊性使得商业银行在许多国家的经济发展中承担了重要的准财政功能。银行的准财政功能是指银行所行使的那些本来应该由财政来行使的功能。商业银行行使准财政功能,主要是通过政府直接拥有商业银行的全部或部分股权(即建立国有银行)来实现的。国有银行是由政府投资所建立的,政府的投资又来自财政收入,因此,代表政府管理其收支活动的财政部门自然就拥有着对银行的直接干预权力,这样,本应由财政承担的很多职能就转移到了银行身上。

国有银行所从事的准财政活动,主要包括以下这些内容:第一,以政府规定的低利率(甚至是负利率)吸收储蓄存款。在整个金融市场受到严重抑制、存款人没有其他投资渠道的情况下,存款人不得不接受政府规定的低利率,这相当于政府通过银行对存款人强制征收的一种税收。第二,以政府规定的低利率(甚至负利率)向企业发放贷款,这相当于政府对借款企业的一种补贴。第三,政府对存款人提供明确的或隐含的担保,这相当于对存款人和银行的一种补贴。第四,政府以行政干预的形式,迫使银行将资金投向特定行业和企业,这是政府强制配置资源的一种形式。第五,政府以行政干预的形式,迫使银行向自有资本比率很低的国有企业发放贷款,这相当于政府对国有企业的投资。第六,政府通过中央银行制定很高的存款准备金率,要求商业银行的资产中必须包括相当比例的高流动性资产(如国库券),这对商业银行来说,相当于一项特别税收,因为商业银行所必须持有的高额准备金或高流动性资产,其收益率要比银行其他资产低。

在高度集中的计划经济体制下,几乎所有银行都是国有银行,而且银行处于完全从属的地位,成了财政行使其职能的一个工具。但是,国有银行绝不只是在计划经济体制或转轨经济中存在。拉·波特、罗皮兹·德·西拉内斯和施莱弗(2002)对全世界92个国家的银行所有权结构及其影响进行了系统研究。结果表明,在私有化浪潮结束以后的1995年,从世界平均来看,政府仍然拥有着一个国家中10家最大银行41.7%的股权,如果不包括社会主义国家,这一比例是38.7%。在私有化之前,这两个比例分别是55%和48.3%,因此,大规模的私有化,虽然降低了这两个比例,但并没有将其降低到可以忽略不计的水平。政府所控制银行的资产所占比例,能进一步表明政府在银行业中的影响。从全世界平均(含社会主义国家)来看,政府控制20%及以上的银行占48.0%,政府控制50%及以上的银行占42.6%,政府控制90%及以上的银行占到了32.9%。[1]

拉·波特、罗皮兹·德·西拉内斯和施莱弗的这项研究表明,1995年,在所有这92个国家和地区中只有加拿大、塞浦路斯、中国香港地区、日本、新西兰、南非、英国、美国等八个国家和地区,政府不拥有商业银行的任何股份。因此,政府直接拥有商业银行的所有权,使商业银行国有股权承担准财政的功能,在世界各国是非常普遍的。

(3) 信誉保证功能

信任,严格来讲,可以按信任的对象分为对个体的信任和制度性的信任。制度性的信任产生于个体从小生活在这一制度之中因而对之有相当的了解,以往政府的行为、美誉度和长期习惯性的制度安排,使大家理所当然地认为,既然政府是银行的股东,政府绝不会让银行倒闭,如果银行无法支付,政府一定会出面支持。政府出资占股"起码在老百姓心里会认为稳当一点吧"[2]。很显然,商业银行的国有股权有利于提升公众对银行的信任度。特别在我国,不仅公众信任政府,甚至于银行的经营者也同样信任政府,信任国有股权。

---

[1] 上述数据中所指银行,除了商业银行以外,还包括以从事具有战略意义的中长期项目贷款的发展银行,但是,发展银行所占比例很小,1995年政府拥有的发展银行占10家最大银行总资产的比例,从全世界平均来看是5.33%,如果不包括社会主义国家,这一比例是5.70%。因此,单从商业银行来看,政府控制着一个国家中10家最大商业银行38.44%的股权,如果不包括社会主义国家,这一比例是35.06%。

[2] 王铮、张朋:"民营银行的忐忑时刻",《经济》2003年第1期,第24—25页。

3.4.3 公共职能的取舍

商业银行国有股权的社会功能,对商业银行的国有股权制度有着重大的影响。宏观调控功能和政策传导功能对政府行使其经济职能越重要,政府对商业银行国有股权就越关注;国有商业银行在整个金融体系中的地位就越高,商业银行国有股权的制度就越重要。

商业银行的货币政策传导功能对政府行使其经济职能的重要性主要取决于两个方面,一是货币政策本身的重要性,二是信贷途径相对于利率途径的重要性。随着市场经济体制的不断完善和发展,政府对经济的调控逐渐从直接调控转向间接调控,因此,货币政策作为政府间接调控工具之一,其重要性将会不断上升。从这个角度来看,商业银行货币政策传导功能的重要性会不断上升。但是,由于金融市场的发展,企业对银行的依赖性存在着不断下降的趋势,最近十多年中银行业的并购浪潮也使商业银行的集中程度不断上升。同时,随着监管的不断强化,银行业的稳健程度也在不断改善,从这个角度来看,商业银行货币政策传导功能的重要性又在不断下降。这两种力量的大小将决定商业银行货币政策传导功能重要性的最终变化方向。虽然尚不可能对这两种力量的变化进行量化的分析,但定性分析可以表明,商业银行这一功能的重要性从总体上来说是下降的,只不过其下降速度会很缓慢,而且由于一部分企业(如中小企业)始终要比另一部分企业(如大企业)更依赖于银行融资这一事实是永远存在的,因此,商业银行货币政策传导功能是不可能消失的。

商业银行准财政功能的未来走向主要取决于政府直接参与经济活动程度的变化。世界各国市场化改革的趋势表明,政府作为市场主体直接从事的生产活动,应该是私营部门不能有效从事的活动。随着市场经济的不断成熟、法律体系的不断完善,私营部门能够有效从事的业务范围不断扩大,政府作为市场主体直接参与生产、服务活动的范围会不断缩小,政府直接拥有和控制商业银行的必要性会不断下降,商业银行的准财政功能也会越来越小。

从总体上来看,国有商业银行的调控和政策传导功能目前仍然占据着很重要的地位,尤其是对那些经济发展水平较低、法制不太健全、金融体系尚不发达的国家来说,甚至还是政策传导的主体,虽然随着市场经济的进一步发展,国有商业银行的政策传导功能会不断缩小,但在可以预见的将来,这一功能不可能完全消失,这也是商业银行国有股权本身并不可能消失的又一原因。

3.5 商业银行国有股权功能的价值取向

3.5.1 二元悖论与解读

商业银行国有股权属于历史范畴。中外历史证明,国有银行不过是国家经济强制机关维系国家经济职能或实现其宏观经济意志的物质基础。商业银行国有股权的三重功能从根本上说是统一的,它统一于一国的市场经济体制之中。在市场经济体制下,商业银行国有股权的政治功能是经济功能和社会功能实现的前提与条件;经济功能是政治功能和社会功能的保障和物质基础;社会功能是经济功能和政治功能的最终归宿和根本。

一国的社会制度规定了一国经济体制的社会性质和银行国有股权的发展方向,国有股权政治功能的实现程度反映了一国社会制度的状况；银行国有资产以国有股权形式参与市场经济运行的过程就是国有股权增值功能和宏观调控等社会功能实现的过程：一方面，国有股权作为企业产权必须独立自主经营、自负盈亏，在市场竞争中不断增值价值以求得生存与发展；另一方面，国有股权作为社会产权必须适应社会整体利益要求，执行宏观调控功能，以弥补和纠正市场机制的缺陷或失灵，保证社会经济稳定地运行。从这个角度看，商业银行国有股权的政治功能、经济功能和社会功能在市场经济体制中是可以统一的。

但是，具体到国有股权的运行载体即企业却是很难做到的。商业银行毕竟是经济基础而非上层建筑，其特殊的目的性虽然首先制约于其固有的社会性质——直接供给性或非商品经济属性，可是微观经济层面经济组织的多样性和复杂性，又决定着商业银行国有股权的目的性不可能如其本质属性那样单一，还必然具有同一般微观经济组织类似的目的性。由于商业银行国有股权经济目的性的市场化，从而又为银行国有股权增加了一重原本没有的市场属性或商品经济属性。

长期以来，人们对商业银行国有股权的上述二元性质并不真正了解，以致在国有银行性质的把握上总是陷入两种误区。经济历史发展表明，在自然经济或计划经济条件下，出于政治的需要，国家当局总是偏好其政治功能和社会功能的非市场目的，而极力淡化其经济功能的市场目的；而在市场经济条件下，政府为扩充财政，容易偏好其经济功能的市场目的而忽视其政治功能和社会功能的非市场目的。两种不同的认识误区必然会合乎逻辑地导致两种不同的实践后果。为此，经济学家们总是在苦苦探寻国有股权二元目的性的"兼容"问题。我们认为，国有股权二元目的性或三大功能的实现问题，其症结不在于三大功能是否能够实现"兼容"，而是在于对三大功能或二元目的性的取舍与抉择。市场经济发展的实践证明,国有股权的二元目的性在常态下其实是一种二律背反。

(1) 经济功能与社会功能

国有银行作为国有经济的基本单元同一般性企业共同构成市场经济的微观基础。什么是企业?企业的功能是创造社会剩余(对具体的企业而言就是创造利润),而社会剩余正是人类社会得以进步的源泉。可见,利润不但是企业目的的集中表现,而且是企业目的和社会目的的统一。有人认为,企业以法律为限可以唯利是图;但国有企业,则断然不可以,这是由于:国有企业作为国有经济的基本经济单位,为其本质属性所规定,即作为国家的政策工具,首先必须按照国家职能的需要,以传递并实现国家宏观经济意志为己任,应坚持把社会效益置于首位。实际上,国有经济上述二重功能的实现是一种局限条件下的二难选择。

(2) 政治功能与社会、经济功能

政府作为全民的代表,它的目标是多元的。政府作为一个理性经济人,又有自己的偏好。但这种偏好会因时而异,当政府把控制国有银行的政治利益放在首位,它可能会去阻止放弃产权的行为。当政府偏好于培育高效率的市场主体去参与竞争,它就会采取转让部分银行产权的方式。政府一方面会采取各种措施推动国有银行成为拥有自主权的市场主体,并最终用产权约束实现国有银行的商业化运作;另一方面又会有意无意地利用行政权力去维护现有的国有产权管理制度。政府放弃部分国有产权时可能会把经济效率最大化、政府收入最大化或政治利益最大化当做自己的目标选择;但作为国有银行所有者的代表,只控制收益权并不能概括政府这个多目标主体的行为,更何况政府的公共性需要它的行为服从于社会整体利益。国有银行历史上肩负着众多社会目标，如增加就业机会，稳定金融市场，提供金融支持，调整产业结构等。政府失去对国有银行的部分控制权可以提高国有银行的经济效率但却会丧失相关的政治利益，但不进行产权改革，国有商业银行的生存与发展又是一个问题。政府抉择正是面临着这样的两难困境。

3.5.2 功能定位与抉择

从历史上看，各国设立商业银行国有股权的原因和理由各不相同，或出于政治的原因，或为一国致力于经济快速增长的策略选择，或因突发事变引起的非常时期等。同时，由于社会制度、经济体制、环境条件等制约因素的不同，商业银行股权三项功能的地位和作用亦各有侧重。一般而言，在计划经济条件下，国有银行的经济功能和社会功能往往居于同等重要的地位，两者都是国有银行的主要功能，而在市场经济条件下，国有银行的经济功能则退居次要地位，发挥社会功能作用、实现一定的社会目标往往成为设立国有银行的主要目的，如满足部分社会公共需要，弥补市场的缺陷与不足等。也即是说，若从国有银行的内在属性和社会的客观需要看，其功能往往与一定的经济体制相匹配：计划经济体制下，国有银行作为整个经济的绝对主体，应同时具备完整的经济功能和社会功能，唯此才能实现计划经济的特定目标——资源优化配置和社会公平分配；市场经济体制下，国有银行一统天下的地位发生了根本性的改变，作为整个经济的组成之一，应主要通过发挥其社会功能来实现市场经济的特定目标。鉴于此，我们认为：

第一，商业银行国有股权也应有缩有扩，有进有退，有所为有所不为。既不能盲目地扩张，也不能盲目地收缩，或简单地停滞；

既不能简单地寄希望于国有股权退出、外资或民间资本进入给银行带来生机,也不能面对重重困难而束手无策。有效的办法还是有进有退,有所为有所不为。在因突发事变引起的金融危机时期、战争年代、计划经济年代等,适当扩大商业银行国有股权制度;在没有突发事件的市场经济年代,适当收缩商业银行国有股权的制度。

第二,商业银行国有股权制度的改革目标应置于一国宏观经济环境下。银行国有股权的功能、任务和目标都是一国宏观经济战略、任务和目标在商业银行的具体体现,脱离了宏观经济环境,银行国有股权制度的改革就成了无水之舟。这里包括对宏观经济形势的分析和把握,包括对国家经济政策的理解和运用,也包括商业银行国有股权作用在国家宏观经济调控中的准确定位。商业银行国有股权制度的改革和发展时刻不能脱离一国的国情,时刻不能忘记银行的属性,不能在公平和效率的排序上纠缠不休。

第三,对商业银行国有股权的价值应作出全面评价。既然商业银行国有股权三大功能的发挥一般与其特定的经济体制或社会经济条件相匹配,银行国有股权的存在价值和效率的判断就不能笼统地依经济效率而定,而应视银行的具体功能(是发挥其经济功能还是发挥其社会功能)和银行所服务的具体经济体制而定。具体地讲,在以国有银行为绝对主体的计划经济体制下,应对经济效率和社会效率即经济功能和社会功能的发挥作出全面评价,而在国有银行与非国有银行并存的市场经济体制下,应主要对国有股权的社会效率或社会功能的发挥作出评价。不以既定的经济体制为前提,不以特定的企业功能为内容,将无法合理说明和判断国有银行存在的必要性及其经营业绩与效率。

第四,商业银行国有股权在国家宏观经济调控作用中要做到高起点、高标准、高效能。所谓高起点,就是本着在资金和政策方面普遍优势于一般银行的原则,使其真正成为国家宏观经济调控的重要杠杆;高标准就是指,强调国有股权的社会功能不以经济效率作为判断经营效率的重要指标,但并不意味着可以忽视经营效率,应建立用以衡量社会功能发挥效率的指标考核体系等;高效能是指,为提高银行国有股权在履行社会功能方面的效率,应适当引入社会监督机制,加强对国有股权的社会监督管理。

3.5.3 价值理念与法则

商业银行国有股权三大功能的价值理念是指银行国有股权政治功能、经济功能与社会功能的价值判断法则与取舍。为保证商业银行国有股权三大功能的实现程度,我们必须坚持:

(1) 经济效率原则

从法律的角度讲,商业银行国有股权兼具两种特性:一是其所含利益的国有性(公有性);二是作为利益载体的股权的私权性。国有股权制度设立的初衷就是要以股权的私权性之长来补国有经济中公有性在市场经济中难以适应之短。然而,实践证明,二者融合异常困难,许多情形下不能兼顾。如果说国有性(公有性)是意味着较多的公平因素的话,股权的私权性则意味着更多的效率因素。二者的平衡往往是暂时的,而作出主次、轻重和先后之别则是很少能够避免的。但从国有银行股份制改革的总体目标来看,应注重经济效率原则,兼顾国有股权的私权性。国有股权制度应注意在这方面发挥作用。

(2) 责任优先原则

按照传统的国有经济及其法律实现形式之一——国有股权的存在原则,应是私人资本无力介入,或因利润低不愿介入,或因牵涉国家安全等重要国家利益而不许介入的领域，国有资本才介入；凡是私人资本客观上有能力、主观上愿意且法律又不禁止介入的领域，都可由私人资本经营，国有资本不必介入，自然也就不必再在这些领域设置国有股份。这些领域大多是竞争性经济领域。当然，银行不同于一般的竞争性领域，事关国家金融安全，但国家在市场经济条件下设立商业银行国有股权的最终目的，不应是极力突出私人股权本已具有的那种国有股权中的股权私有性。

(3) 尊重股权自由原则

为维护国有股的生命力，维护国家利益，必须在实践中承认国有股与个人股相同的权利，特别是转让自由，允许国有股上市流通。股权的经济功能往往是在不断流通中实现的；不能转让的股份不但会失去增值的机会，相反还会增加其贬值的风险。那种同一家上市银行，其个人股挂牌上市，自由转让，而国有股却不能上市，不允许转让，尤其是严禁向私人转让的做法，是明显违背同股同权、同权同利、同样股份有同样转让自由的法律原则的，会极大地损害国家财产的利益。即便允许数额庞大的国有股上市、自由流通会冲击、扰乱现有的股市秩序，造成大量国有股份流入私人手中，导致私有化，并会引起国有股份私有化过程中的分配不公，但国有股的上市和流通也是在所难免，剩下的问题将是如何尽量缩小其负面影响，减少不良后果。这在已经允许国有股入市的情形下尤其值得考虑。

(4) 适用范围有限性原则

根据国有股在公司资本中所占比例，通常把国有股的存在形态分为三种：国有股独股、国有股控股和一般参股。控股可以因持有多数普通股而控股，也可以因持有"金边股"等数量虽少但有特殊性的股份控股。在市场经济条件下，为实现银行国有股权的三大功能,应努力缩小国有股独资的适用范围,在组织形式上就是严格控制并减少国有独资银行的设立和存在;对于国有股的一般参股,可以少设或不设;至于国有股是绝对控股还是相对控股,也不一定都要绝对控股。也就是说,国有股在经济领域的适用范围要逐步缩小,逐步集中,从一些不必要的领域退出来,即有所为,有所不为。对于国有股权的作用,既不可低估,也不要无限夸大,必须承认其适用范围的有限性。

第四章 商业银行国有股权的行使

4.1 代理人问题与代理成本

经典委托代理理论认为,委托代理关系是指"一个人或多个人(委托人)委托其他人(代理人)根据委托人利益从事某些活动,并相应地授予代理人某些决策权的一种契约关系。"[①]在这一委托代理关系中,能够主动设计契约形式的当事人称为委托人,而被动地在接受或拒绝契约形式之间进行选择的人称为代理人。从现代经济学的角度说,在合约(如公司章程)中明确规定的权利(控制权)由作为委托人的出资人授权代理人(经理人员),在合约中未经指定的权利(剩余索取权)归属委托人。现代公司经典委托代理关系主要涉及两种人,即委托人和代理人。股东是委托人,而董事会和总经理是代理人。

在经济运行过程中,剩余索取权与控制权分离可产生代理收益,如分工效果和规模效果。但是,代理人的行为有可能偏离委托人的目标函数,而委托人又难以观察到这种偏离,无法进行有效监督和约束,从而出现代理人损害委托人利益的现象,产生逆向选择

---

　① 迈克尔·詹森、威廉·梅克林:"企业理论:管理行为、代理成本与所有权结构",原载〔美〕《金融经济学杂志》1976年10月号,中译本载《所有权、控制权与激励——代理经济学文选》,上海:上海三联书店、上海人民出版社1998年版,第5页。

(adverse selection)和道德风险(moral hazard),即代理人利用自己的信息优势,采取旨在谋求自身效用最大化却可能损害委托人利益的机会主义行为。因此,委托代理关系中可能产生的最大问题就是代理人问题(agent problem)。实际上,经典委托代理理论通常将委托代理关系中的问题直接等同于代理人问题。

代理人问题产生的原因,著名学者如哈特、阿罗等从多种角度进行了精辟的论述。归纳起来,主要有:(1)目标函数的差异性。委托代理关系是一种经济利益关系,委托人和代理人都是具有独立利益和行为目标的经济人,都追求自身利益的最大化。委托人通过支付报酬,激励代理人为实现委托人的利益最大化目标而工作,而代理人付出劳动、接受报酬,二者的目标函数往往不一致。另一方面,代理人作为经济人,同样存在所谓的机会主义倾向,在代理过程中会产生职务怠慢、损害或侵蚀委托人利益的逆向选择与道德风险问题。(2)信息的不对称性(information asymmetric)。信息不对称问题,是委托代理关系的核心。实际上,张维迎将委托代理关系定义为"任何一种涉及非对称信息的交易,交易中有信息优势的一方称为代理人,另一方称为委托人。或者说,知情者(informed player)是代理人,不知情者(uninformed player)是委托人"[①]。委托人与代理人之间存在的严重的信息不对称,使委托人难以准确判断代理人努力程度的大小,有无机会主义行为等。(3)契约的不完备性。经典委托代理理论把委托人和代理人的代理关系定义为一种契约,即通过显性或隐性的契约规定双方的权利与义务。一个完备的契约指的是这样一种契约,这种契约准确

[①] 张维迎:《博弈论与信息经济学》,上海:上海三联书店、上海人民出版社1996年版,第403页。

地描述了与交易有关的所有未来可能出现的状态,以及每种状况下契约各方的权利与义务。① 但是,由于以下3种原因,使得本来显得完备的契约变得不完备:①现实经济生活是复杂的和不可预测的,合同不可能穷尽一切可能发生的事件;②订立完备契约的成本有可能太高,甚至可能高于契约带来的利益,这使人们并不愿意花太高的成本去订立这样一份完备契约;③在履约过程中,由于当事人双方信息的不对称,其中一方可能欺骗另一方。(4)市场的不确定性。代理人从事某种行动的最终结果不仅取决于他自己的行动,还取决于外界不完全由他所控制的、不确定的其他变量。受自然状况、政策环境、经济周期变化的影响,在市场需求高涨的情况下,代理人往往可以"旱涝保收"、"坐享其成";反之,在市场需求持续萎缩的情况下,代理人无论怎么努力,也"回天无力"。由于市场环境存在不确定性,使委托人难以准确判断代理人行为的努力与否及程度。

因为存在上述问题,代理人因人的自利性、有限理性和风险回避性以及委托双方的条件各异、需求有别、利益目标不尽相同等,既有动机又有条件对委托人的利益造成损害。

代理问题的存在,产生了代理成本。这是因为,委托人为了解决代理人问题,必须对代理人进行密切监督,以促使其采取能够实现委托人利益最大化目标的行动;同时,代理人也要采取相应措施,以最大化自己的效用。双方为实现这一目的而产生了代理成本。

詹森和梅克林(1976)认为,代理成本是企业所有权结构的决

---

① 参见张维迎:《企业理论与中国企业改革》,北京:北京大学出版社1999年版,第73页。

定因素,代理成本来源于管理人员不是企业的完全所有者这样一个事实。在部分所有的情况下,一方面,当管理者对工作尽了努力时,他可能承担全部成本而仅获取一小部分利润;另一方面,当他消费额外收益时,他得到全部好处但只承担一小部分成本。结果,他的工作积极性不高,却热衷于追求额外消费。于是,企业的价值也就小于他是企业完全所有者时的价值。这两者之间的差异即被称做代理成本。他们认为,让管理者成为完全的剩余权益拥有者,可消除或起码减少代理成本。他们将代理成本概括为三类:(1)委托人的监督成本,即委托人用于激励和约束代理人的行动而付出的各种货币费用和非货币费用;(2)代理人的担保成本(或称为自我约束成本),即代理人用以保证自己不采取某种损害委托人的利益的活动,因而约束自己的行为而支付的货币和非货币费用,或者如果采取该种活动,对委托人给予补偿的货币费用;(3)剩余损失(residual loss),即代理人的实际行动与使委托人利益最大化的行动之间所存在的偏差,使委托人利益遭受的一种货币损失,或是代理方按照自己对信息的理解采取行动,而实际上委托方自己面对这些信息不会采取该种行动的误差成本。

4.2 国有股权委托代理链

经典委托代理理论建立在以下基本假设和隐含假设上:(1)代理合约建立在自由选择和产权明晰化基础之上,维持合约的条件是代理成本小于代理收益;(2)委托人对随机的产出没有(直接的)贡献(即在一个参数化模型中,对产出的分布函数不起作用);(3)拥有剩余索取权的委托人是风险中性者,从而不存在偷懒动机,即具有监督代理人行为的积极性;(4)代理人的行为不易直接地被委托人观察到(虽然有些间接的信号可以利用);(5)由于剩余索取权具有可转让性,委托人通过行使退出权惩罚代理人违约行为的威胁是可信的。在此条件下,西方代理理论重点研究如何设置一种能给代理人足够刺激和动力的机制或合约,使代理人在追求个人效用的同时实现委托人预期效用最大化。

然而,国有经济中的委托代理关系具有一定的特殊性。在私有股权运行中,其代理形式是私人股东—董事会—公司经理,这种委托代理形式是通过市场合约形成的,股东可以通过"用手投票"或"用脚投票"的方式从内部和外部对受托人——董事会或公司经理形成严密的激励—约束机制。而国有股权的委托代理形式,从国有企业属于全民所有的意义上讲,完整的委托代理链可表示为:

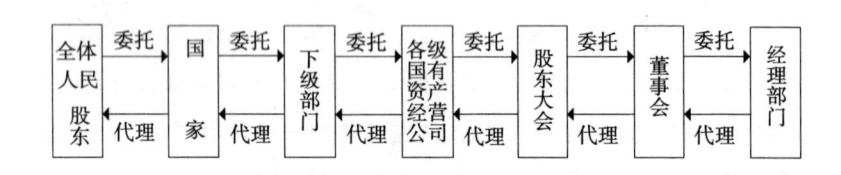

| 全体人民股东 | 委托→
←代理 | 国家 | 委托→
←代理 | 下级部门 | 委托→
←代理 | 各级国有资产经营公司 | 委托→
←代理 | 股东大会 | 委托→
←代理 | 董事会 | 委托→
←代理 | 经理部门 |

图 4-1 国有股权委托代理链

它表现为三大主体、两大等级体系,即终极所有者、政府、国有企业;从初始委托人(全民)到国家权力中心的自下而上的委托代理链,以及从权力中心到最终代理人(企业内部成员)的自上而下的授权链。政府作为联系双重体系的"关键人",它既是初始委托人的代理人,又是最终代理人的委托人。国有股权委托代理关系与非国有股委托代理关系相比较,有很大的差别:

(1)产生的原因不同。非国有股的委托代理关系,是通过私人个体财产所有者的自利行为自发演变形成的,或者是由于社会分工的细化和财产所有权与经营权分离的结果。这是因为随着市场经济的发展,公司的经营管理活动越来越专业化、技术化,使得拥有资本但缺乏经营管理能力的人不得不委托拥有经营管理能力但资产有限的管理专家替其从事经营管理活动。而国有股的委托代理关系则是国家有关部门和人员理性设计的产物。由于知识与人类理性的有限性,使这种主观设计的安排不可能达到在个体自利行为激励下自发创新或演变形成时所具有的效率。

(2)产生的目的不同。我们已经知道,非国有股的委托代理关系是自发演变形成的,毫无疑问这是股东追求其财富最大化,进而追求公司利润最大化的结果。国有股的委托代理关系,在进行主观设计时,虽然也以公司利润最大化为最终目的,但往往从社会效益出发,当设计出现偏差或代理人理解歧义时,就会使原有的目的发生扭曲。

(3)产生的基础不同。非国有股的委托代理关系是建立在私人所有制基础之上的,委托人通常是明确、具体的,代理人行为的结果直接关系到委托人获利的多少。这种利益直接驱动委托人密切关注代理人的行为,并对其进行监督和控制,使委托代理成本和经营风险降至最低。国有股的委托代理关系是建立在全民所有制基础之上的,它的直接委托人是以国有股东身份出现的国家授权投资机构或国家授权的部门,它的间接委托人则是全国人民代表大会、国务院以及国家有关行政主管部门。但是,不论直接还是间接委托人,它们都是需要通过自然人来实现其行为能力的法人,这种相对于自然人来说的抽象主体,不可能直接监督和控制代理人的行为。这样一来,造成委托人与代理人之间的权利义务不对等,极易导致国有股权的私人化和财产责任的社会化,即国有股权由国有股东代表享有,国有资产的经营风险由国家承担,从而增加了委托代理成本以及相应的代理风险。

(4)委托代理关系的复杂程度不同。非国有股形成的委托代理关系比国有股简单得多,主要表现为自然人股东与公司之间和作为机构投资者的法人股东与公司之间的委托代理关系。虽然作为机构投资者的法人股东与公司之间的委托代理关系,也需要通过自然人的行为去实现,然而由于激烈的市场竞争有效地约束了代理人在经营过程中的机会主义行为,客观上起到了监督、控制以及减少委托代理成本和风险的作用,从而使这种关系相对简单,依然成为现代企业中的主流。如前所说,国有股的委托代理关系是在多级委托代理关系基础上形成的,自然每一层次的委托代理关系的具体要求、目的各不相同,不仅如此,还常伴有非市场因素的存在,因而不同层次间的委托代理关系也就极为复杂。所以,委托代理关系链越长,初始委托人的监督积极性和最终代理人的工作努力水平就越低,代理成本和经营风险就越高。

(5)委托代理关系解除的难易程度不同。在非国有股的委托代理关系中,委托人不论是自然人股东还是机构投资者股东,都很少采取主动的方式去监督制约代理人的行为,而是依靠退出市场、解除委托代理关系的手段来对代理人的经营行为施加影响,特别是在证券市场高度发达的条件下,这种关系的解除,则显得更为容易、简单。也就是说,代理人经营成果的好坏,可以通过委托人的进入和退出加以判断。但在国有股的委托代理关系中,委托人和代理人的确定,往往带有行政任命的色彩,加之有些委托代理关系的产生本身就是以在某些行业取得控股地位为目的,所以,不论是作为委托人的国有股东还是其代理人,都难以退出市场、解除委托代理关系,这样也增加了委托人对代理人代理行为、代理效率、代理成本的监督制约难度。

可见,国有股的委托代理关系从产生那天起,就意味着比非国有股的委托代理关系支付更高的代理成本和承担更大的代理风险。但长期以来,由于在理论上对国有股的委托代理关系的特殊性认识不清,因而也给现实中确立国有股的委托代理关系带来了更大的困难。

今天,当我们借鉴经典委托代理理论来剖析商业银行国有股权委托代理关系时,就必须拓展代理理论的分析框架,依据商业银行国有股权委托代理链,加强对初始委托人和既是代理人又是委托人的政府行为的剖析,否则很难得出具有解释力的结论。

4.3 商业银行国有股权:一个三层代理人网络

4.3.1 国家代理制

从国有制的本质看,商业银行国有股份的所有权属于全体国民,但全体国民作为总体只在名义上是公有产权的主体。作为个体,并不能对全民所有股份中的任何一部分行使其所有者的权利,也无法真正承担股份中任何一部分的损失责任。由于全体国民不能直接行使国有资产所有权,故国家作为权力共同体从名义上代表全体人民行使所有权。在这里,全民是委托人,国家是代理人,这是第一层次委托代理关系。

这种初始委托代理关系具有以下特征:(1)国家代理并非以一个自愿性契约为基础,而是以国家政权为依托,即国家无须直接获得每个初始委托人的授权,而可以通过颁布法令等方式获得代理权。因此,它是一种以行政权为基础的强制性的代理关系。(2)与通常代理关系不同的是,国家作为代理人不仅拥有商业银行国有股权的控制权,而且拥有剩余索取权。初始委托人通过由国家控制的再分配渠道获得剩余。(3)国家代理的虚拟性。一旦全民把国有股权委托给国家代理行使,国有制乃成为全民所有制可操作的现实存在形式。但国家也是抽象的,国家可以是所有者,但它不能作为股东来参加股东大会。(4)维护这种代理关系的必要条件是剩余索取权的不可转让性。因为一旦剩余索取权具有可转让性,国家就将失去对商业银行国有股权的代理权。

国家取得代理权后,便依法享有生产性资源的排他性权利,即没有国家的授权,任何利益集团和个人都不能分割剩余索取权或占用、处分公有财产。排他性权利的确立显然有助于抑制共同体成员对公共财产的过度使用,减少租金的损耗。

4.3.2 政府代理制

这是第二层次委托代理关系。由于国家主权者是一个抽象的概念,国家作为一种虚拟的权力共同体,也不能直接行使国有资产所有权,故国家这一名义主体又必须通过法律授权政府或政府部门行使国有资产所有权。国有产权大多导致政府代理是国家代理的逻辑选择。此时,商业银行国有股权的剩余索取权与控制权的配置就转由等级制来界定。但由于中央和地方政府直接行使国有资产所有权在理论和实际上难以摆脱政企不分、行政干预而导致的效率、效益低下,故中央和地方政府又需要通过国有股权代表制度的安排进行授权,并由此形成两种不同的代理关系:行政代理和经济代理。行政代理,指委托人把商业银行国有股权的控制权依次授予各级行政或准行政机构,政府的社会经济管理职能与资产所有者职能高度统一,政企不分离。这些行政或准行政机构是国有股权持股主体。经济代理,指委托人直接把控制权授予国家授权或投资的控股公司、投资机构、国有资产经营公司和国有企业或事业及其他单位,由它们作为国有股权持股主体,行使资本所有者的职能。在这里,国有股权持股主体是一个极其特殊,也是极为重要的代理人。

4.3.2.1 国有股权持股主体的法律地位

在股权制度中,股权的主体就是股东(shareholder)。所谓股东,就是指向公司投入资本,按照其持有股份或出资比例依法享有权利、承担义务的人。首先,股东表现为股份持有者,谁持有股份,谁就是股东。也就是说,登记在公司股东名册上的人和无记名公司股票、出资证明的持有者就是该公司的股东。第二,在实质上股东是公司的成员。要想成为股东,必须成为公司成员。取得公司成员的资格要符合一定的条件,履行一定的程序。作为股权原始取得者的股东,可以是发起人,或者是设立时的认购者,但都需要以自己名义向公司出资;作为继受取得,可以通过购买他人股份或出资比例而受让取得,也可以通过股份的继承和接受赠与而从他人处取得公司成员资格。从程序上来说,如果是原始取得者,要签署认股协议(书),交付认股款,要进行登记,领取公司发给的股票或出资证明(股单);继受取得者也要在公司进行登记。[①] 第三,作为公司成员,股东要能够参加股东会议,进行质询、投票、表决等。

[①] 无记名股票的转让由股东在依法设立的证券交易所将股票交付给受让人后即发生转让的效力。受让人即取得公司成员资格,不需到公司进行登记;但是,在出席股东大会时,须于会议召开5日前至会议闭会时止将其股票交付存于公司。有限责任公司中出资转让和股份公司中记名股票转让,却需由公司将受让人的姓名或者名称及住所记载于股东名册。

如果按照这样的股东概念来分析国有股权持股主体法律地位的话,国有股的股东就不是国家或全体公民。因为国家或全体公民既不是形式上的股份持有者,也不是按公司法行使权利、履行义务的公司成员。根据我国《股份有限公司国有股权管理暂行办法》第十六条规定,国家股权应由国家授权投资的机构持有,在国家授权投资的机构未明确前,也可由国有资产管理部门持有或由国有资产管理部门代政府委托其他机构或部门持有。国有法人股应由作为投资主体的国有法人单位持有并行使股权。《股份有限公司国有股股东行使股权行为规范意见》第二条规定,国有股股东也称国有股持股单位,是指经政府国有资产管理部门按照《股份有限公司国有股权管理暂行办法》的有关规定确认的,持有和行使公司国有股权的机构、部门或国有法人单位。

但是,在这里也存在一个理论上的困惑,即一方面国家不是国有股的股东,另一方面,国有股权在权源上又主要来自于全民或国家财产所有权,国有股权持股单位又无权放弃对国有股的收益;按时足额收缴国有股应分得的股利不仅是持股单位的权利,还是其应尽的义务。因此,可以说国家虽然不作为股东出现,但是以股东身份出现的国家授权投资机构或部门和国有企业或事业及其他单位与传统意义上的股权主体——股东还是有所差别的。对此,需要我们拓展思路,在理论上有所创新。

我们认为,对于国有股权持股主体法律地位的界定,可以参考英国公司法中的名义股份持有或指定持股(nominee share holdings)中的关系进行分析。即作为股东的国有投资主体并不是真正的受益享有者(true benificial owner),真正的受益权人是国家或全体公民。在全体公民或国家与国有投资主体之间,存在着一定的权利授予和制约关系;这种权利、义务关系应是法定的,足以保证内容的明确和关系的稳定。在股权的法律关系中,全体公民或国家不再直接作为一方主体,而是由经政府国有资产管理部门确认的投资机构或部门和国有企、事业等单位作为股权法律关系的一方主体——指定股东(nominee shareholder)与公司发生关系;同时在全体公民或国家与作为股东的国有投资主体之间建立另外一种委托代理关系,以保障所有者的利益不受损害。

实际上,在我国有关国有股权制度的一些规范性文件中,已经注意到了国有股权持股主体(或国有投资主体)这种股东的特别性,存在着股份及其利益的"所有"与"持有"之分。如在语言表述中使用"持有"一词,称国有投资主体为"国有股持股单位"、"国有股权持股主体"。全体公民或国家是国有股份的所有者,而国有投资主体是国有股份的持有者。只不过基于股权人格化的特点要求,持有者作为国有股份的股东,成为国有股权的主体;而所有者则退居幕后,作为真正的国有股受益拥有者,间接地与公司发生关系。

4.3.2.2 国有股权持股主体的表现特点

国有股权持股主体的特点主要有以下两个方面:

一是持股主体的多元化和多样性。在法学意义上,国有股权作为一种权利,同样包含着利益和意志两个基本因素。但由于国家的抽象性,国有股权中的国家利益和意志都需要具体的机构或人来取得、占有、维护和表达。同时,由于各国政治、经济制度的不同,在现实生活中形成了表达国家意志、维护国家利益的不同体制。三是包含在国有股权中的国家利益和意志,还必须与国有股权持股主体的独立意志和利益相协调,因此,表现在国有股权制度中,就形成了国有股权持股主体多元化、多样性的特点。

(1)由于国有股份可以分为不同种类,就相应地形成了不同的代表全民或国家利益的国有股权持股主体。如按照我国现行规定,商业银行国有股被分为国家股和国有法人股两类,国有法人股的股东往往是某个具有法人资格的国有企业;而国家股的股东则是国家授权的某个投资机构或部门,如汇金公司、某国有资产经营公司等。因此,在一家商业银行之内的一定的股份,虽然在性质上同属国有股,但国有股权持股主体却可以各不相同,互不隶属。

(2)不同等级政府的财产权利关系具有明显的权利边界。在大多数国家,中央政府对地方政府的财产无支配权。中央政府以其可支配的财产投入银行形成的股份是国有股,股东是中央政府;地方政府以其所有的财产投资入股形成的股份也是国有股,但股东是地方政府。这种情形以联邦制国家为典型。但即使在一些单一制国家,也存在着这种对国有股的分级独立持有现象。在我国,由于已经实行国税与地税分家,各省、自治区的地方财政与中央财政实行"分灶吃饭",各自占有的国有财产的独立性逐渐强化。目前,中央和地方两级相互独立的国有股权持股主体制度也日益明显。

(3)不同的管理方式衍生出两种不同的持股形式。根据政府对国有股权管理的不同方式,国有股权持股主体还表现为政府或其部门直接持(控)股和专门控(持)股机构(公司)间接持(控)股两种形式。世界各国对国有股权持股主体制度改革的一个选择就是组建专门的国有投资控(持)股公司,作为国有股股东行使、管理国有股权,参与银行经营。建立控股公司作为国有股权持股主体的目的,就是为了:①保护有国家控(参)股的银行少受或免受不必要的政府干预;②让有专业管理技能的人组成的控股公司更有效地履行持股主体职责;③设立政府与银行之间的"防火墙"以实现政府职能的转变。以企业管理企业,采取"金融控股公司管理银行"的模式应是商业银行国有股权持股主体制度发展的一个方向。

二是主体的机制性。国有股权的主体虽然也必须落实到具体的机构,但是这些国有股的持股单位并不完全是为其机构或单位本身的小团体利益来进行持股的,还要受国家的利益要求的制约。与单纯的个人股或公司式法人股的股东不同,国有股的股权主体的独立性相对较弱。在一定意义上,持股单位(股东)犹如一个"面具",而在其背后,隐藏的是一个国有股权主体的机制。为了使各个国有股的股东能真正代表国家利益,反映国家意志,充分发挥其股东作用,需要在进一步加强国有股股东参与公司经营的独立自主性的基础上,建立一套相应的法律机制作为对国有股中国家利益的保障;否则就有可能使国有股权变异为实现小团体利益、局部利益或部门利益的工具。

(1)制衡约束机制。在国有股权主体中包含着一种国家有关部门与持股单位之间的相互制约的关系。也就是说,作为股东的机构要接受那些虽不是股东但也代表国家利益的机构的制约。在海外,当政府作为股东时,它要受议会的制约。议会要对政府控股银行的年度报告与经营状况进行审议;政府对其控股银行董事会人选的提名要经议会审议通过。即使在政府内部,在具体履行股东职责方面,中央银行和财政部门对其同样存在相应的制衡关系。在我国,作为银行国家股股东的国有持股单位和作为国有法人股股东的国有企业,也要根据有关规定接受国有资产管理机关、财政部、中国人民银行等国家有关部门和机构的监督。此外,监督机构还可以根据需要向国有银行派出监事会,对银行资产保值、增值状况进行监督。国有股股权主体制度中存在的上述监督制衡机制,在自然人和一般法人（非国有法人）作为股东的股权主体制度中是不存在的。这些股东本身就是股权利益的实际承受者，不必要再在其之外另设监督者以维护这些股东的利益（公司中的监事会除外）。

(2) 协同配合机制。尽管已经被明确为某一个持股单位持有的国有股不得再分割持有，其股权不能分别委托不同机构或个人行使，股东只能是已经明确的一个持股单位，但是，持股单位要完全履行股东的职责，充分发挥一个规范的股东的作用，在内需要股东的各个组成部分之间的配合协作。特别是在政府是国有股股东的情况下，政府的股东职能需要通过其所属各部等国家机构来行使，如财政部、财政部所属的有关部门；国有资产管理机构；银行主管部门。这些机构还向国有控股的商业银行派驻董事、监事，或负责银行的人事行政管理。在非政府的国有股东中，也要求股东内部的分工配合，统一履行股东职责。如作为国有法人股股东的国有企业，可委派法定代表人或指定的代理人出席股东会，审议和表决有关事项。但是，这些出席股东会的法定代表人或代理人不能完全等同于股东，他们的活动要同该国有企业或其他相关人员的活动有机地结合在一起，才是一个完整的股东行为。这些法定代表人或代理人需要根据国有企业章程，遵循经过一定程序形成的法人意思来表达意见，在股东会上行使表决权；分配的股息、红利要由企业财务部门代表企业依法收取、核算与管理。法定代表人代表企业所进行的股东行为，最终还要向企业的权力机关进行报告。

同时，持股单位与其他部门的协作配合也相当重要。作为国家股股东的国家授权投资机构或部门，与国有资产管理部门、财政部门、人事部门存在着密切的联系。国有资产管理部门要建立股份公司国家股档案，包括持股单位名称、国家股数额占总股本的比例、国家股股利收缴、国家股股权变动等情况,对国家股股权及收益实施动态管理。财政部门对收缴的国家股红利、股息以及转让收入,要负责核收管理。对于国家控股或独资的公司,持股单位行使股东权,表决或任命公司董事会成员时,在现有人事管理体制下,还需会同人事部门办理相关手续。

4.3.2.3 国有股权持股主体的本质

商业银行国有股权的持股主体在法律上可能表现为中央政府、地方政府等公法人和某个控股公司、国有企业以及其他投资机构等私法人,具有不同的法律形式,但是它们在本质上具有共同的属性,即国有股权的终极利益主体应是一个国家的全体人民或者说是不特定的国民。

首先,从国有股权持股主体资格的取得来看,以全民所有的财产、资本作为向商业银行的投资(或购买私人股份)是国有股权持股主体形成的一个前提。以属于全民的财产进行投资才换取的股东资格,必然也包含着全民性。即使在西方国家,虽然不称全民所有制,但是他们认为国家的财产来自于纳税人,国家把纳税人的钱投入企业形成国有股权,股权的持股主体在形式上可以是政府、政府授权机构或控股公司,但在本质上应是整体意义上的全体纳税人。

其次,从国民与国有股权的利益关系来看,国有股权行使的好坏,往往关系着商业银行经营效果的优劣(在国有独资公司和国有控股的商业银行中最为典型),而银行提供的金融产品使用者、金融服务享用者就是国民。这时,他们的身份是消费者,与商业银行的经营效率有着直接或间接的利益关系,国民作为消费者实际上成了国有股权所包含利益乃至风险的具体承受者。从更广泛的意义上来讲，国家从国有股获取的收益，最终也是用于国民社会基础生活条件的改善。而且，设立商业银行国有股的根本目的主要就是在于更好地实现这样的社会经济目标，可以说国民、公众才是商业国有股权的真正利益主体。因此，国有股权的持股主体具有公共性，要承担较大的社会责任。

第三，从国有股权持股主体的意志的本质来看，它必须和国家全民的意志相一致。国有股权持股主体本身在不少情况下并不能任意行事。特别是当其行为与公众的意志和利益相违背时，就会因损害国家或社会公共利益而成为无效。例如它不能像普通股东处分其私有股份一样将其持有的国有股份进行无偿处分，赠与他人。国有股权持股主体的意志应当体现民主形成的公共意志。"民有、民治、民享"三原则对于国有股权持股主体意志来说，仍有其实践意义。国有股权持股主体实质上是国家实现其经济政策、干预经济和社会生活的更为便利、更能符合市场经济要求的一个工具。

第四，从国有股权持股主体所体现的财产关系来看，它实际上处于"受人之托、代人理财"的地位。这里的"人"，不是某个自然人或法人，而是以国家为表现形式的一国的社会公众；所受之"托"也不同于一般民事上的委托，而是法定的委托或信托，有关国有股权持股主体的法律地位及其向国家、社会公众所负的义务和责任等均由法律确定。"理财"是国有股权持股主体的职责和任务，并由此决定国有股权持股主体的身份性质。国有股权持股主体：①不应是不具有企业法人资格的纯粹的公法主体，必须是或者同时是能够对外独立承担民事责任的私法主体；②它必须通过国有股权的行使努力提高商业银行的经营效益或为此提供、创造相应的经营环境；③它的活动要遵循或同时遵循商业原则，要同私人股东一样按照公司法和其他民商法律进行活动,同股同权,股东地位平等;④与其他同类股股东相比,不应享有额外的特权和优惠,在很大程度上,国有股权持股主体应是一个经营主体,才能把股份这一特殊之"财"理好;⑤与此相适应,国有股权持股主体的代理人(自然人股权代表),不应是官僚而应是专家,是行使银行国有股权、经营银行国有股份的理财好手。

4.3.3 银行代理制

国有股权持股主体经授权行使资本所有者的职能,但资本所有者的职能具体要由国有股权代表来履行。国有股权代表是国有股权持股主体(即国有股持股单位)依公司法和公司章程,向股份制商业银行选派或推荐的、直接或间接行使国有股股权的代表。国有股权代表是国有股权的人格化形式,他不仅是所有者到经营者权力的信息传递中介,而且还肩负着国有资本经营的重任。商业银行国有股权从国有股权持股主体到自然人股权代表,这是第三层次:银行代理制的第一委托代理环节。

但是,国有股出资人代表(自然人股权代表)往往也不能直接经营银行,又要由国有股权代表会同其他出资人或出资人代表在股东大会上选举产生董事会,由董事会作为股东利益的代表。董事会对股东大会负责,依《公司法》和商业银行章程行使以下职权:负责召集股东大会,并向股东大会报告工作;执行股东大会的决议;决定公司的经营计划和投资方案;制订公司的年度财务预算方案、决算方案;制订公司的利润分配方案和弥补亏损方案;制订公司增加或者减少注册资本的方案以及发行公司债券的方案;拟订公司合并、分立、解散的方案;决定公司内部管理机构的设置;聘任或者解聘公司经理,根据经理的提名,聘任或者解聘公司副经理、财务负责人,决定其报酬事项;制定公司的基本管理制度,等等。这是第三层次委托代理的第二环节。

银行代理制的第三环节是选择经营管理者,即行长或总经理。现代公司制度最大的优点,也是最主要、最基本的特征是所有权与控制权相分离。为了适应社会化分工的需要,以获取分工效果与规模效果,在实际操作中,需由董事会聘任行长,行长对董事会负责,行使下列主要职权:(1)提请董事会聘任副行长、财务负责人等高级管理层成员;(2)聘任除应由董事会聘任以外的商业银行内部各职能部门及分支机构负责人;(3)代表高级管理层向董事会提交银行经营计划和投资方案,经董事会批准后组织实施;(4)授权高级管理层成员、内部各职能部门及分支机构负责人从事经营活动;(5)在商业银行发生挤兑等重大突发事件时,采取紧急措施,并立即向监管当局和董事会、监事会报告;(6)其他依据法律、法规、规章及商业银行章程规定应由行长行使的职权,等等。这里需要特别注意的是,由于商业银行一般实行的是一级法人制下的授权制度,各级分、支行在上级行的授权下,转授权与再转授权下级行,形成"总行——一级分行—二级分行—支行—办事处(分理处)—储蓄所"的委托代理链,因而造成了国有产权多级代理下的控制权扩散化倾向,不过这种扩散化,是在商业银行组织内部,在纯粹经营权范围内的扩散与配置。

以上就是商业银行国有股权委托代理的一个逻辑过程(如果我们不考虑各级党组织的关系)。从这一过程中我们可以发现:(1)商业银行国有股权就是一个由多层委托代理关系组成的网络。这个委托代理关系网络一直延伸到与商业银行经营管理有关的所有具体的自然人。(2)在上述委托代理关系网络的形成中,政府代理过程起着承上启下的关键作用。政府作为一个系统主体,既是代理人又是委托人,与此相比较,全体公民与国家更多地表现为委托人关系,银行则更多地表现为代理人关系。(3)国有股权与私有股权委托代理网络的差别,主要在第一层次与第二层次上。当然也不排除第三层次代理人的代理行为特征上。(4)国有股权的委托代理链甚长。国有股权制度对国有股权边界的影响,除其他因素外,还取决于国有股权委托代理的有效性——委托代理成本的高低。

4.4 商业银行国有股权行使成本

4.4.1 制度建立成本

在经典委托代理理论文献中,资本与劳动之间的主要的契约安排,即委托权的安排完全是外生的,委托人的问题是如何设计出一项有激励意义的合约以达到控制代理人的目的,而无需考虑委托权内生性问题。委托人的行为动机是隐含的,即事先假定他有行为能力,并有完全动力为自身利益行事。但事实上,考察和分析我国国有股权初始委托人就会发现,我国商业银行国有股权的初始委托人很少或基本无行为能力,缺乏监控代理人的动机。

第一,初始委托人的身份具有不确定性。即在或明或暗的合约中没有规定谁来监控代理人行为。初始委托人是指全体劳动者,还是指城市劳动者?初始委托人有什么权利及承担什么义务?等等。这些都没有也不可能在代理合约中得到明确说明。从这一点说,商业银行国有股权初始委托人带有天生的局限与缺陷。

第二,在非对称性信息的条件下,为监督代理人的行为,初始委托人必须要为事先识别和事后监督代理人的活动支付很高的信息费用，但他们不是剩余的直接索取者，从而不能等比例和直接地从他们的监督活动中获益。监督成本与收益的非对称性表明监督活动具有明显的外部性，这是导致初始委托人缺乏监督动机的重要原因。

第三，即使初始委托人具有监督动机，但由于法律限制其转让剩余索取权，因此他们也没有可能通过"用脚投票"的方式解除与代理人的合约关系，惩罚代理人的机会主义行为。

第四，初始委托人不仅间接监督能力很弱，而且由于国家对公共产权的代理并非来源于初始委托人的直接授权，而是依据于政权的力量，所以初始委托人既不能选择代理人和合约的内容，也不能实际行使"一人一票"制的直接监督方式。

由此可见，在商业银行国有股权委托代理中，作为最终所有者和初始委托人的全体公民，实际上并无行为能力。他们既不能在市场上进行决策、签订契约，也不能决定收入的分配，国家一旦取得国有股权的代理权后，便拥有金融资源的剩余索取权和控制权，初始委托人缺乏监控代理人的行为能力。因此，国有股权制度并不是免费午餐，当它以公共产权模式为起点委托代理时，就会承担制度建立成本。

我们把该项成本界定为：因初始委托人很少或基本无行为能力，以及缺乏监控代理人的动机而不能有效抑制代理人逆向选择和道德风险的成本。私人产权模式就没有该项委托成本。制度建立成本的高低，与银行国有经济的公有化程度与规模、委托人的质与量有直接的关系。

(1) 公有经济的公有化程度。制度建立成本随公有化程度的提高和委托人全民性质的提升而递增。如果公有化的程度越深，委托人的全民性质越明显，"免费搭车"的可能性就越大，监督的积极性就会明显减弱。相比较而言,现实中"变形的"公有制要比"正宗的"①公有制更具效率,原因就在于所有权共同体事实上的分割将使委托人的监督积极性提高。这可以用来解释为什么我国股份制商业银行比国有银行更有效率,为什么财政包干制刺激了经济的发展,为什么"放权让利"会导致国有企业经营效率的提高等。

(2)公有经济的规模。制度建立成本随公有经济规模的扩大和委托人数量的增加而递增。为什么有些国家的国有银行较有效率?重要原因之一是其规模小,便于监督和管理。为什么我国建国初期的国有企业也较有效率?恐怕也有同样的原因。

总之,在西方一般是讨论委托人有行为能力,但因信息不对称和契约不完全产生代理人问题。国有股权则很不相同,根本的问题是初始委托人无行为能力,以致发生"免费搭车"等消极行为,不但谈不上如何去监督,而是根本无监督动机。结果代理人的权力很大,委托代理人之间很不对称,导致了无人负责和资产的流失。所以,我们要讨论的是在这样一种委托代理关系格局下,从所有制、资本运行的角度看是否有效率,而不是说给定这种所有制结构,看它是否有效率。现在的关键问题是要研究委托人的行为能力和监督动机。

4.4.2 行政代理成本

在行政代理关系中,为了抑制下级政府采取有损于初始委托人利益的机会主义行为,建立一种权威性的、以政治程序和纵向行政隶属为基础的等级层级结构是完全必要的。商业银行国有股权

---

① 这里讲的"正宗的"公有制实际上仍与马克思原来意义上的公有制不同,因为在马克思那里是假定资本不起作用,不参与分配,只有劳动才参与分配,即实行按劳分配。

的行政代理有助于国家对剩余索取权的拥有,避免市场交易成本,但是,这种行政代理需支付高昂的组织成本和信息成本。

(1)行政代理的激励成本。在市场竞争中,交易者是成本和收益的直接承受者,从而激励成本较低。行政代理的基础是等级制,这就存在一个从经济行政组织的行政"权力"(power)到经济产权组织的经济"权利"(rights)如何激励下级代理人努力监控国有资产的问题。在等级制中,一方面,委托人的监督活动并非是一种纯粹的获利行为,而是一种监督费用很高的公共选择,很难设计出一个近似市场衡量标准的激励约束机制;另一方面,代理人并非是剩余索取人,其努力水平与报酬并不直接相关,也不承担多少经营风险和责任。这样,为抑制下级代理人的机会主义行为,上级委托人需支付高昂的激励成本,且激励成本随国有经济规模的扩大而上升。

(2)行政代理的信息成本。在市场交易中,价格机制以较低的成本向交易者传递有关信息,同时,竞争体制下信息的隐蔽行为和信息操纵行为也将很快为市场发现并受到市场的处罚。但在行政代理中,信息的收集和传递仍是在科层组织内部逐级进行,由于信息不仅在传递过程中会发生累积性的损耗,且下级代理人有可能刻意隐瞒、封锁信息或传递虚假、错误信息,这种信息传递的困难性或者为获得真实信息而必须付出的信息费用是相当昂贵的。

(3)行政代理的效率约束成本。等级组织内的交易存在严格的进入壁垒,代理合约具有长期性质,这就可能产生原谅失误、相互包庇、相互吹捧、不愿冒险和创新的倾向,以及代理关系的政治化。以上因素都易于对监督和惩罚代理人的机会主义行为产生软化作用。

(4)行政代理的影响力成本。处于纵向授权链中的不同级别的代理人为在内部资源的分配中获得较大份额的支配权以实现自身利益最大化,将会把相当多的时间和精力放在游说上级与建立人际关系网这类非生产性活动上,以期按照自己的利益去影响上级的决策,由此付出的代价便是影响力成本(史正富,1993)。施加影响力所导致的效率损失表现为人力与物质资源的浪费,以及由这种影响力的干扰所引起的委托人决策失误。

行政代理成本的高低,与商业银行国有股权的行政化代理程度密切相连。在传统的国有经济中,政府具有产权主体和政权主体的双重身份,其相应的双重职能从来就没有得到明确的分工。在政府行政代理环节上,商业银行国有股权的行政化具有如下特征:

第一,代理主体行政化。委托人把商业银行国有股权的控制权依次授予各级行政或准行政机构,这些行政或准行政机构的社会经济管理职能与资产所有者职能高度统一,经济行政组织同时充当了经济产权组织,使经济权利与行政权力政资合一。

第二,代理主体行为行政化。各级行政或准行政机构作为拥有所有权的行政管理者,并非单纯的实体性经济产权组织,这使它不必以资产增值为唯一目标,也可以不对经济决策后果和资产损益承担直接经济责任。这种权利责任不对称,意味着它自身就面临着预算软约束,其行为具有极强的外部性,成为国有股权效率低下的直接原因。

第三,资产运营方式行政化。代理主体是以行政管理者身份出面,通过行政渠道,以行政性的权威关系从事资源和权利配置,履行其所有者职能的。

第四,收入行政化。代理主体的国有股权收入即资产收益与代理主体的政权收入即财政性收益被混为一体。利和税取代了股息、租金、利息等多种要素价格的作用。

第五,股权客体行政化。国有股权要同时用于实现产权主体和政权主体的职能目标,即国有股权既要体现保值、增值的经济功能,又要体现福利最大化的社会功能和政权稳固的政治功能,这种具有强烈行政化色彩的国有股权,与市场经济中的私人资本、私人股权是无法相提并论的。

具有上述特征的商业银行传统国有股权可以称作"行政化的股权"。这是一种十分独特的产权类型,它不仅有别于现代产权理论论及的私人产权,也有别于一切经济产权。从这个意义上讲,它与市场经济具有内在的不相容性。因此,国有股权行政化代理成本是能使我们真正把握国有银行的特殊性,理解它何以会始终演绎"效率低下"而导致商业银行国有股权边界缩小的一个核心概念。

4.4.3 代表人代理成本

商业银行国有股权作为一种公共产权,其所有权层次有三个主体:一是作为共同体的全体人民;二是作为全民财产代表的国家和政府;三是作为国有股权具体行使人的政府官员或准官员。这三种主体的行为目标和行为取向有着极大的差别:

(1)作为真正所有者的全体劳动者追求的目标是个人福利最大化,但作为初始委托人并不拥有公共财产的控制权,也不直接拥有剩余索取权,只通过国家控制的初次分配渠道取得劳动报酬或由再分配渠道获得剩余。

(2)作为全民代表的国家和政府不仅拥有公共财产的控制权,而且拥有剩余索取权。政府追求的目标不仅是国有资产的保值、增值,还有政治、社会、军事等综合目标,其首要任务是实现社会总产出最大化。通过实现社会总产出最大化,来强化国家实现其职能的经济基础,其次才通过再分配渠道提高初始委托人的福利。政府本身也是一个经济人。

(3)作为具体行使银行国有股权的自然人——政府官员或准官员,一是自己并不是股东,不拥有剩余索取权。对于他们来说,努力工作追求职务目标所得的成果归他人,即收益外部化;但努力工作所付出的时间、精力、劳动成本必须由自己承担,即成本内部化。二是他们的控制权由等级规则的行政职位决定,与其承担风险的能力及受控资产的营运效率并不直接相关。为了达到他们追求的目标,必然力求得到上级的赏识。他们的目标既不同于初始委托人,也不同于政府、政府部门,他们的效用函数包含了薪水、公务津贴、声望、权势、庇护、机构的产出、变革及管理机构的便利性等变量。[①] 这种情况使国有股所有者面临一个潜在的风险:官员或准官员可能不关心国有股的利益。自然人股权代表在主观动机上缺乏为国有股权持股主体、国有股所有者追求利润最大化目标的积极性,在行使国有股权时可能存在偷懒和搭便车动机,同时也缺乏规避股权风险的积极性。

由于国有股权代表的职能最终要落实到有行为能力的政府官员或准官员身上,于是,股权作为权能(占有权、处置权、使用权和收益权)完整的产权,在这里被进一步分解了:国有股权代表掌握国有股的使用权即参加股东大会时的投票表决权,而国有股权的占有、处置和收益则与其无关。显然,官员或准官员作为国有股股东代表所拥有的权利、责任和利益是不对称的。同样,对于国有

[①] 参见 Niskanen, William A. 1971. *Bureaucracy and Representative Government*. Chicago, Aldine, Atherton.

股权持股主体、国有股所有者来说,也存在权、责、利不对称的问题:投票决策权交给自然人股权代表代理,国有股权持股主体、国有股所有者只能被动地领受股利或承担亏损。可见,国有股权从国有股权持股主体至自然人股权代表的授权,引起了国有股股东和国有股股东代理人这两个主体的权、责、利不对称,它是国有股权代表人代理成本产生的直接原因。现实生活中形形色色的腐败渎职现象也充分说明了这一点。究其原因,不外乎以下5个方面:

第一,真正的所有者在委托代理的关系中,虽让渡了财产的经营权,但可按出资份额享有剩余索取权,使之具有监督代理人行为的积极动机,以求达到收入最大化的目标;而国有股权的委托代理关系中,代表国家、政府具体行使委托人职能的政府官员或准官员不拥有剩余索取权,即他们的监督努力程度与其想实现的收入目标无关,因此不具有充分的监督积极性,即监督的动机不强烈。

第二,真正的所有者拥有最终控制权,即通过剩余索取权转让,依靠资本市场选择经营者;而国有股权代表因国有资本剩余索取权不可转让,也就失去了对代理人的真正选择权。目前商业银行大部分国有股权代表仍由人事部门任命而不是由市场来选择,使代理人很少感受到委托人可能中止代理合约或银行可能被接管而失去代理人位置的威胁,这就必定弱化资本市场对代理人机会主义行为的约束。

第三,真正的所有者可能通过合约将代理人的报酬与自己的投资回报挂起钩来,能够做到有效的奖惩,而国有股权持股主体既不能对绩效极好的代理人给予充分的奖励,也不能对绩效差的甚至有重大决策失误的代理人给予惩罚,大部分情况下,代理人的工资奖金由国家人事管理制度规定,与其经营绩效并不直接相关。

虽然近年来有所改观,但仍激励不足。

第四,真正的所有者通过公司法人治理结构参与重大决策投票,其投票风险由自己承担,决策失误直接减少投资回报,而国有股权代表是政府有关部门派出的官员,因其不拥有剩余索取权,也不可能承担投票风险,即其投票结果与其自身的经济利益并不直接相关。

第五,真正的所有者无需在经济利益之外追求非经济性享受,而国有股权代表既然不拥有剩余索取权,也无需对其投票结果承担风险,他有可能会谋求更多的经济利益与非经济利益,如豪华的办公室条件、在职消费、声誉等等,不排除利用自己手中的"廉价投票权"为自身谋利益,或与经营者"合谋",共同侵占本应归属所有者的剩余,腐败行为难以避免。

4.4.4 经典代理成本

由于经典委托代理理论以股东—董事会—经营者(经理、行长)作为委托代理问题分析的逻辑起点,并事先假定股东有行为能力,并有完全动力为自身利益行事,故商业银行国有股权委托代理第三层次第二环节后的委托代理成本,类似于经典委托代理理论研究的委托代理成本问题,我们把该整项代理成本统称为经典代理成本。

(1) 经典代理成本的构成

现代学者把股东和董事会均视为所有者,侧重考察的是作为非所有者的经理阶层背离委托人目标的代理问题。代理成本产生的条件之一是委托人和代理人的目标函数不一致。认为经理不是资本的所有者,他追求的并不是利润最大化,而是金钱、名誉声望、社会地位、稳定、舒适等不同于所有者的多重目标;代理成本产生的条件之二是委托人代理人之间的信息不对称。在信息不对称条件下,代理人就具备将机会主义动机行为化的现实可能。

一般认为,代理人的机会主义行为可分为事先的逆向选择和事后的道德风险两种。前者指代理人有意隐瞒不利于己的信息,或制造、扭曲、发送虚假信息的行为。后者则指代理人利用私人信息优势,为增进个人利益而损害委托者权益的行为。这两种行为均以代理人的损人利己为特征。由此导致的委托人的剩余损失,即为了获得由委托人和代理人的分工而产生的代理效果(即分工效果和规模效果)所必须付出的组织维持费用(或运作成本),就是所谓的严格意义上的"代理费用",这种代理费用可被理解为由道德风险和逆向选择所带来的非效率的价值等值(即他们的机会成本)。

当然,委托人在代理关系成立前后会分别对代理人的条件禀赋进行识别和对其行为进行监督。委托人在委托代理合约签订前后对代理人私有信息的事前识别和鉴定以及对代理行为的事后监督而花费的时间、精力和资金等要素投入的价值等值,即为信息费用。显然,只有当信息费用低于其信息效果即逆向选择和道德风险所减少的价值等值时,事前识别和事后监督的信息行为才具有经济合理性。我们把信息行为处于帕累托改进状态时的信息费用与逆向选择、道德风险的机会成本之和称为广义的代理费用。显而易见,广义的代理费用应低于狭义的代理费用。

罗建钢认为[①],经典代理成本的内容一般包括三个部分:一是委托人对代理人的监督费用;二是代理人的担保费用;三是剩余损

---

① 参见罗建钢:《委托代理国有资产管理体制创新》,北京:中国财政经济出版社2004年版,第29页。

失。具体地说,银行的代理成本应由六个部分组成,即代理人的选聘费用、代理人的报酬、对代理人的监控成本、代理人的在职消费、经理损失、隐形寻租等。

(2) 经典代理成本存在的极限

代理关系赖以存在的合理性不仅在于其代理效果(分工效果和规模效果之和)的存在,而且还在于它是否大于代理成本(即广义的代理费用)。只有当前者大于后者的时候,代理关系才可能是价值创造式的。

所有权与控制权相分离、资本实行代理制是股份公司区别于古典企业的最大优点,也是其最主要、最基本的特征。用马克思的术语讲,股份公司是生产社会化、资本社会化、管理社会化的必然产物,[①]它能极大地促进生产率的提高,因而,股份制是古典企业制度自身再生产中实现的一种重大制度创新。但对于现代企业制度的"效率",最早提出质疑的要数亚当·斯密。他在《国民财富的性质和原因的研究》一文中就指出,"在钱财处理上,股份公司的董事为他人尽力,而私人合伙公司的伙员纯是为自己打算。所以要想股份公司董事们监管钱财用途像私人合伙公司伙员那样用意周到,那是很难做到的。"因此,股份公司在市场竞争中或许并不是两权合一式古典企业的对手。斯密的怀疑似乎不难理解,因为在他所处的时代,管理还没有高度社会化,委托人与代理人之间的关系还类似于古老的主人—管家的关系。20 世纪 30 年代,伯利和米恩斯(Berle and Means, 1932)也在其著名的《现代公司和私有产权》(*The Modern Corporation and Private Property*)一书中分析股份公司两权分离时,对经理革命(managerial revolution)之后处

---

① 现代学者强调的大多是"管理社会化"的作用。

在代理人实际控制下公司财产能不能为股东的利益最大化服务表示疑惑。但是,自19世纪中叶以来股份公司迅速发展的史实充分证明,资本代理制公司取代古典企业,必定是因为它具有更高的效率优势。

深入分析其原因,就在于资本委托代理关系的形成,可以在两个方面产生出超额的经济收益。一是分工收益,即持有不同条件禀赋(技能和偏好等)的委托人和代理人通过分工而各自获取的超额收益(效用或福利);二是规模收益,即委托人和代理人随所参与的经济活动规模增大而各自获取的超过边际规模增加的边际收益。这些因代理制企业产生而出现的超额收益可称为代理收益(agency benefits)。正是由于这种在古典企业中所没有的代理收益的增多,才使资本委托代理关系从而使代理制企业(现代企业制度)得以维持和发展。因此,分工效果与规模效果可以被认为是现代社会广为存在的委托代理关系追求的目的。

但是,我们认为并不是所有的代理制企业都必定具有高于古典企业的效率,因为代理制的实行既能产生代理收益,同时也会产生代理成本。代理制企业存在的经济合理性,不仅在于存在正的代理收益,更在于能否在抵偿了代理成本之后仍有剩余即代理正收益存在。若以 NY_{jd} 代表经典代理正收益,以 B_a 代表经典代理收益,以 C_a 代表经典代理成本,则:

$$NY_{jd} = B_a - C_a$$

只有在 $B_a > C_a$,从而 $NY_{jd} > 0$ 的条件下,资本委托代理关系从而代理制的现代企业才能存在和健康发展。现在问题的关键是努力寻求能够使 NY_{jd} 大于零的约束条件。

总之,商业银行国有股权是一种制度安排,其制度建立成本、行政代理成本、代表人代理成本、经典代理成本等是商业银行国有股权这种制度安排的制度成本。如果商业银行国有股权自身的代理总成本过高,那么,在其他条件不变的情况下,国有股权制度改革也就不可避免,商业银行国有股权边界最终也将会大大缩小,这是商业银行国有股权边界变迁的经济学背景。

4.5 委托代理人约束体系

要降低商业银行国有股权的委托代理成本,就必须建立一个有效的委托代理人约束体系。这个代理人约束体系,根据三层次委托代理关系,可以分为两大类约束:

一类约束是商业银行国有股权委托代理链中,其他各个主体(第一层次国家代理主体、第二层次政府代理主体)对商业银行组织(第三层次商业银行代理主体)作为一个整体实施的约束,从第三层次代理主体(商业银行组织)的角度来说,可以称为外部约束体系;另一类约束是商业银行组织内部的约束体系,可称为内部约束体系。内部约束体系,即通常所谓的严格意义上的银行公司治理,它是在商业银行的内部,通过制定和实施一系列的规则和制度安排,来对其内部委托代理关系中代理人的行为进行约束。

由于国有股权委托代理关系比之非国有股权委托代理,更多的区别在于第一、第二层次以及委托人行为能力和监督动机,因此,外部约束体系的构建在银行国有股权委托代理约束体系中显得尤为重要。

4.5.1 委托人机制

如前所述,委托代理关系是一种契约关系。首先,委托人和代理人之间有一个明确的或暗含的契约,该契约规定代理人的报酬与某一可立约(contractible)指标(例如利润)之间的函数关系。因此，委托人必须具备的第一个条件是可以作为契约的一方来谈判、签约，行使契约规定的权利，履行契约规定的义务。

其次，委托人在与代理人谈判契约之前，必须先进行一系列的权衡、计算，搞清楚什么样的契约能在多大程度上满足自己的利益。委托人直面的是一个通过选择某一个或一组变量而使自己的目标函数最大化，同时满足代理人的参与约束和激励相容的问题。委托人的目标函数一般地说总是他从代理人的行为中获得的收益与他因此必须支付给代理人的报酬的差额。显然，没有这种权衡和计算，我们根本无法说明为什么委托人选择了这种契约而不选择另一种契约。为使这种权衡和计算成为可能，一个起码的条件是，委托人必须清楚地知道，从代理人的行为中自己获得了什么利益，为引致这一行为自己付出了什么成本。因此，委托人必须有自己定义良好的支付函数。

但是，鉴于国有股权中的初始委托人天生并不具有谈判、订立契约的行为能力和监督动机，商业银行国有股权委托代理成本中的制度建立成本最终能否降低，在现有国有经济制度框架内，关键取决于商业银行国有股权委托代理链的构建与运行。当然，在商业银行国有股权制度建立成本分析中，我们也可以假定国有经济制度是外生的，通过分散、重组国有股份，适当降低商业银行国有股权比重，强化其他投资主体的行为能力和监督动机，采取商业银行股权多元化结构，也可以有效降低该项成本。

4.5.2 政府代理约束

由于政府代理既是上一级委托代理层次上的代理人，又是下一级委托代理层次上的委托人，因此，政府代理约束是银行国有股权代理约束体系中的枢纽环节。政府代理约束机制的建立和完善,直接关系到银行国有股权委托代理成本的降低及程度。

政府代理约束,按照政府代理制的委托代理链,以委托代理的行为主体为对象,可以分为对政府国有金融资产管理部门的约束、对持股主体的约束、对股权代表人的约束三部分以及相关的代理方式、代理目标、代理效果、代理动机、代理行为的监督和管理。

(1) 政府产权管理部门的约束

按照银行国有股权委托代理链,直接代表全体公民的产权监督机构可以通过三个方面从外部给政府以约束:一是立法。通过制定《国有金融资产法》等有关法律法规实施银行国有产权、国有股权监督。二是预算。通过审查批准每一年度的《国有金融资产经营预算》,强化银行国有股权预算约束。三是组织保障。在政府内部专设国有金融资产管理部门,专司国有金融资产、银行国有股权的监管职能;在议会、全国人大内设国有产权监督机构,专司监督职能,实施对监管者的监管。

在政府委托代理方式上,银行国有股权的行政代理因其高昂的激励成本、信息成本、效率耗损、影响力成本而使国有银行的效率普遍比较低下。为了减少行政干预,让国有银行在市场竞争中求生存、求发展,政府国有金融资产管理部门对银行国有股权的委托代理应通过立法手段,运用法律机制由行政代理转向经济代理。这种经济代理的基本思路是:实现政府双重职能分离,即将社会经济的行政管理职能与国有金融资产管理职能相分离,设立专门机构,行使政府对国有金融资产的管理职能;建立不具有行政职能的国有金融资产经营机构,代表国家进行国有金融资产运营,实现保值、增值。国有金融资产管理部门以国有金融资产股权所有者代表的身份,选派代表对不同的商业银行的国有股权进行监督管理,并以合同的形式授权代理人对银行的国有股权进行营运,对所选派的国有股股权代表和受托经营的代理人的行为、业绩进行监督和评价。通过建立国有金融资产管理机构—国有金融资产经营公司—国有控股参股银行的模式,既减少政府对国有控股参股银行的行政干预,又明确银行国有股权的责任主体。

(2) 国有股权持股主体约束

一是国有股权持股主体的选择。由于国有股权分为国家股和国有法人股,而国有法人股的持股主体是非常明确的,因此,国有股权持股主体的选择,主要是国家股持股主体的选择。国家股持股主体的实质是营运国有资本,运作国有股权。其主要职责是,负责授权范围内的国有金融资产产权管理,对政府承担经营责任,对所属国有控股银行行使出资者权利,包括人事任免、重大决策权和收益权;对参股银行行使股东权利。

关于国家股持股主体,海外主要由政府机构、国有产权营运机构(如国有金融控股公司、银行集团的母公司和综合的国有金融资产产权经营机构)组成。由此,又形成国有金融资产运行的两大模式,即行政代理模式和经济代理模式。我国《股份有限公司国有股权管理暂行办法》中称国家股持股主体为有权代表国家投资的机构或部门,即国家授权投资的机构和国家授权的部门。国家授权投资的机构,主要是指国有控股公司、国有资产经营公司和符合一定条件的企业集团的集团公司。国家授权投资的机构一般不是政府机构,不同于国家授权的部门,它是不行使政府行政职能的经济实体,是特殊的企业法人。国家授权的部门,主要是指国家授权的特定经营部门。

从世界各国的实践看,银行国有股权持股主体要解决的具体问题是,谁作为持有人更合适,持有人与政府、国家之间是一种怎样的联结关系。在我国,国有股权的持股主体缺位问题并不严重,严重的是主体的不统一、不规范。在 5 家国有商业银行、12 家股份制商业银行、124 家城市商业银行、17 家农村商业银行中,有的没有标明国有股权持股主体名称;有的由集团公司持有;有的由国资委持有;有的由国有资产经营公司或国有控股公司持有;有的由财政局持有;有的由省、市政府持有,可谓五花八门。

国有股权持股主体的表现形式在不同的国家有所差异,而且,一国之内国有股权持股主体的表现形式也不是固定不变的。但是,无论采取什么样的具体形式,都必须遵循这样的基本原则:①有利于维护国家和社会公共利益,促进国有资产保值、增值的原则;②有利于政企分开,保障和增强国家参股企业独立法人地位,提高经济效益的原则;③有利于提高国有股权的运作效率,便于国有股权规范行使的原则等。

二是对国有金融控股公司的约束。国有资产管理部门作为出资人代表,对处于中间层的国有金融控股公司应按市场原则进行产权运营监督,包括:刚性化的国有金融资产经营预算约束;选派人员组成内部监事会监督;从外部选聘董事行使所有者监督权;利用会计师事务所等社会中介机构进行审计监督等。

(3) 国有股权代表人约束

一是严格国家股股权代表的条件。法律应对代表人的品行条件、任职条件、年龄条件、身体条件、国籍条件等加以限制。要熟悉和遵守国家有关法律法规,具有强烈的事业心和高度的责任感;要有较高的业务水平,具有创新精神,能够代表国家股股东履行公司章程规定的义务,依法维护国家股股东的利益,正确行使表决权等股东权利;熟悉和了解银行经营管理及财务状况,能够对银行发展提出建设性建议;具有大专及以上学历,且具有经济学、管理学、法律、社会学以及与银行有关的专业知识,有中级及以上专业技术任职资格等。

二是做好国家股股权代表的委派。由国家股股东按照国家股股权代表的条件,会同政府有关部门向银行委派。一个自然人只能担任一家银行的国家股股权代表。

三是建立国家股股权保值、增值责任及指标考核制度。国家股股权代表应与国家股股东签订任期内的国家股股权保值、增值责任书,以明确任期内国家股股权保值、增值责任考核指标的总体水平;国家股股权保值、增值责任考核指标应当与公司董事长、行长的考核指标相同或相似;指标的完成情况应当呈请核实,以备考核。

四是健全国家股股权代表重大事项请示、报告和备案制度。重大事项请示制度主要涉及国家股权益和有关重大决策,以及按照法律、法规和公司章程规定须提交股东大会审议批准的事项;重大事项报告制度主要涉及董事会会议的召开以及对银行经营或存续有重大影响,或危及国家股股权安全的情况;重大事项备案制度涉及银行重要人事任免、内部管理机构的设置、基本管理制度等。

五是规范国家股股权代表重大事项的请示权限及请示程序。公司重大事项需请示时,由国家股股权代表签发并加盖银行公章后上报;国家股董事、监事任免应按干部管理权限审批后,由国家股股东行文推荐。

六是完善对国家股股权代表的考核。明确考核时间、机构和办法。考核内容可包括:①公司各项国家股股权保值、增值责任考核指标的完成情况;②国家股股权代表重大事项请示、报告和备案的事项,以及按规范的请示权限和请示程序的履职情况;③国家股股权代表的其他履职情况,包括:有关法律、法规情况;④依法维护公司利益和职员的合法利益情况;⑤廉洁自律,科学决策能力等等。

七是强化对国家股股权代表的奖惩。在解决国家股股权代表与国有金融资产缺乏利益联系问题时,可考虑下述三点:①建立与国有资产的保值和增值挂钩的工资收入分配制度。将国家股股权代表的工资收入与国有资产的保值和增值指标挂钩,使之随国有股股利收入的变化而变化,增则同幅度递增,减则同幅度递减。②建立国家股股权代表任期目标责任制。在国家股股权代表任命时,必须为其制订有关指标,达到或超过有关指标则继续出任并享受相应的工资福利待遇。任期内没有达到或实现有关指标的,应予以解聘或降低工资福利待遇。③凡代表国家在商业银行内的国家股股权代表,个人必须出资一定数量投入商业银行内,个人出资的数量和比例可根据个人的最大承受能力确定。

4.5.3 银行代理约束

国有金融控股公司、国有法人单位对国有控股银行也可通过预算、内部监事会、外聘董事、中介机构、市场机制、社会监督、舆论媒体进行监督,对国有参股银行则可选派国有股权代表参与商业银行决策及经营管理。

国有控股或参股银行作为国有股权的最终代理人,必须按市场化方式成立股东大会、董事会、监事会,建立起相互制衡的法人治理结构,充分发挥法人治理结构本身对股权运营的制度性约束作用。

抑制经营者代理费用的机制有两个,一是内部机制,二是外部机制。内部机制就是通过合理设计代理契约,明确代理人的责任、权利和义务来给予代理人以最佳的行为激励,使其行为目标接近于委托人的目标。这样可抑制代理人的职务怠慢行为,减轻代理人采取机会主义行为和进行逆向选择的动机,从而使道德风险和逆向选择得以控制。具体说来,也就是将代理人的报酬与其行为的结果挂钩,让代理人承担一部分或全部其职务怠慢行为、机会主义行为和逆向选择的损失。

具体讲,内部约束机制有:①完善国有金融控股公司与银行经营者之间的委托代理契约关系。契约要详细载明考核指标和处罚条款,对未完成指标或有违纪行为的经理人员,严格按规定予以处罚。对有较大逆向选择可能性的代理人,重点监管,防止代理人通过隐瞒或谎报来骗取自己的利益,以降低委托风险。②规范公司治理结构和治理行为,严格按照公司法要求规范公司股东大会、董事会和监事会的职权。③要求董事会、监事会成员有一个科学的结构,即应有内部董事和外部董事、内部监事和外部监事。董事会和监事会成员要有广泛的代表性,尤其是要吸收各方面的专家参加。

但是,不难想象,这一内部机制能否发挥其预期的作用取决于委托人对代理人的选定、监督和评价的正确与否,也就是说取决于委托人所获得的信息的正确性。委托人要想提高这一机制的运作有效性,就必须增加以获取信息为目的的要素投入。由此可见,内部机制仅能在一定程度上降低代理关系中的非效率,但其有效性要受到巨额的信息费用以及由此带来的信息的不完全性的限制。

抑制道德风险和逆向选择的外部机制是在代理人之间引入竞争机制。由众多代理人的竞争构成的代理人市场对代理人的行为具有自我约束、自我监督作用,并对其行为的累积结果有一种记忆功能,因而使代理人的逆向选择和道德风险成为迟早要接受市场惩罚的不利行为;代理人市场的存在将使代理人的行为具有可比性,从而可以减少环境不确定性的影响,降低进行监督和绩效考核所需的要素投入。

外部约束机制包括:①股票市场的约束。特别是非国有投资者"用脚投票"的权力,对银行高层经营管理者起着一种鞭策和约束作用。但要使股票市场真正发挥约束作用,必须规范证券市场交易行为,防止股票投机,只有股票价格能真实反映银行的经营状况,股市才能对经营者起到监督和约束作用。②经理市场的约束。发达、完善的经理人市场在促进人才合理流动的同时,也能给高层经理人员造成一种压力,迫使他们努力工作。为切实加快职业经理的市场化进程,首先,要建立职业经理人才的岗位职业证书制度;其次,要建立职业经理人才的测评制度,评定相应的等级;第三,要建立职业经理选拔聘任和解聘制度,以约束职业经理人员勤勉工作。③强化中介机构对经营者的约束。委托代理问题存在的前提之一是双方信息不对称,高层经理了解信息比股东多。为避免和减少道德风险,中立的会计师和审计师事务所的作用非常重要。④法律约束。用法律的形式规定经营者拥有的权力和应承担的责任及违法时应受到的惩罚。

综观商业银行三层次委托代理关系和两大类内外约束体系,管理部门和运营机构是连接国有股权初始委托与最终代理的桥梁与纽带,也是国有股权与非国有股权委托代理链节点的根本区别处。因为,一般的股权委托代理由于初始委托人有完全的行为能力,它是初始委托人至最终代理人的委托代理链。因此,在商业银行国有股权委托代理约束中,对管理部门和运营机构的约束尤为重要(见图4-2),它是降低商业银行国有股权制度成本的关键。

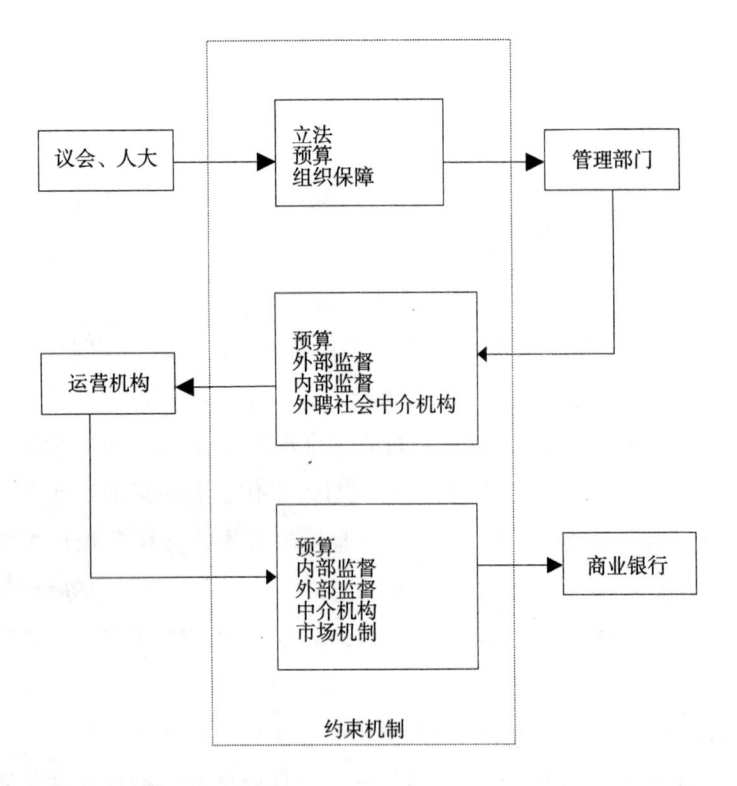

图 4-2 商业银行委托代理人约束体系

第五章 商业银行国有股权的边界

5.1 商业银行国有股权边界的内涵

讨论商业银行国有股权边界问题的文章似乎还没有①,但讨论企业边界问题的历史却已非常悠久。

5.1.1 边界的含义

美国新制度经济学的代表人物之一罗纳德·科斯(Ronald Coase)在其1937年发表的颇具开创性的论文《企业的性质》中就已开始讨论企业的边界问题。他认为企业的出现是为了节约市场交易的费用,"我认为,可以假定企业的本质或显著特征是作为价格机制的替代物。"企业与市场的边界是由以下原则来决定的:"自然,企业的扩大必须达到这一点,即在企业内部组织一笔额外交易的成本等于在公开市场上完成这笔交易所需的成本,或者等于由另一个企业家来组织这笔交易的成本。其次……当然,企业扩张的实际停止点可能由上述各因素共同决定。"科斯最终得出的结论是:"我们给出的定义与现实世界中的企业是非常接近的。因此,我们的定义是现实的。那么,我们的定义能应用吗?答案显然

---

① 何自云讨论过商业银行的边界问题。

是肯定的。当我们考虑企业应多大时,边际原理就会顺利地发挥作用……在边际点上,在企业内部组织交易的成本或是等于在另一个企业中的组织成本,或是等于由价格机制'组织'这笔交易所包含的成本。企业家们不断地进行实验,多控制一点或少控制一点交易,用这个办法来维持均衡。这就为静态分析提供了均衡状态。但显然,动态因素也是相当重要的。一般只有对引起企业内部组织成本和市场成本的变化作了调查,才能说明企业规模为什么扩大或缩小。我们因此有了滚动均衡理论。"

在科斯那里,企业的边界,也即企业的大小或企业规模的大小。这里,我们借用科斯的企业边界概念,将商业银行国有股权生存空间的边缘称为商业银行国有股权的边界。它可以形成一个区域,即商业银行国有股权的生存空间,其本身是一条曲线,无所谓大小,不能用大与小来进行描述。但从其实质内容看,主要涉及边界内区域——商业银行国有股权规模大小或比例高低,即生存空间的大小,或扩大或缩小。因此,我们仍然可以使用扩大、缩小、大、小等概念。如果商业银行国有股权的边界在将来不断缩小,最后缩成一个圆点,那么就可以认为商业银行国有股权已经消亡;如果其边界不断扩大,那么商业银行国有股权不仅不会消亡,反而会不断发展壮大。商业银行国有股权的价值及其大小与变动,直接取决于商业银行国有股权的边界及大小与变动。

但是,我们在这里所讨论的商业银行国有股权的边界,与科斯所讨论的企业的边界,是两个不完全相同的概念。

首先,科斯所论企业边界,指的是企业与市场之间的边界,而我们所讨论的商业银行国有股权的边界,其内涵要丰富得多。为了进一步说明我们在这里所说的商业银行国有股权边界的概念,我们要引入另外两个相关的概念:商业银行国有股权的相对边界和绝对边界。

所谓商业银行国有股权的相对边界,是指商业银行(严格意义上是指股份制商业银行①)中,国有股权与非国有股权在绩效与规模之间的关系上金融安排的边界。商业银行国有股权的绝对边界指的是整个社会经济发展对商业银行国有股权所提供和承担的产品与服务的金融消费需求所决定的边界。相对边界是不同股权内部"竞争"的结果,与通常所说国家股和国有企业法人股在商业银行股本中所占比例所表达的核心思想相一致,属某家商业银行股权结构(ownership structure)或所有权结构范畴,我们可以将其简单地理解为:一家商业银行国有股权的边界。它更多地影响和涉及单家商业银行的治理结构、治理机制与治理绩效,是马歇尔所发展起来的两种最强有力的经济分析工具中的边际概念。

而绝对边界与商业银行内部不同性质股权间相互"竞争"没有直接关系(当然也不排除商业银行内部不同性质股权间相互"竞争"的间接关系或影响)②,它主要是由社会经济发展对商业银行国有股权所提供和承担的金融需求决定的,属于国有银行产权改革中的社会改革成本问题,我们将其定义为:一国商业银行国有股权的边界。它更多地侧重于国有商业银行社会、政治职能的视角,属于某国商业银行国有股权边界问题,是马歇尔经济分析工具中

---

① 需要特别说明的是,本研究所指"商业银行国有股权"是从更广泛的意义上来理解国有含义,它包括严格意义上的股份制商业银行国有股权,也包括未实行股份制改造的商业银行中国家所有权部分。由于其产权属性同属国有,参照我国《股份制企业国有股权管理规定》,同按国有股权处之。

② 这种间接关系表现为国有银行与其他金融机构金融安排之间的竞争,可能提高了国有银行的服务质量和效率,从而使对国有商业银行的社会金融需求增加,扩大国有商业银行的绝对边界。

的替代概念。

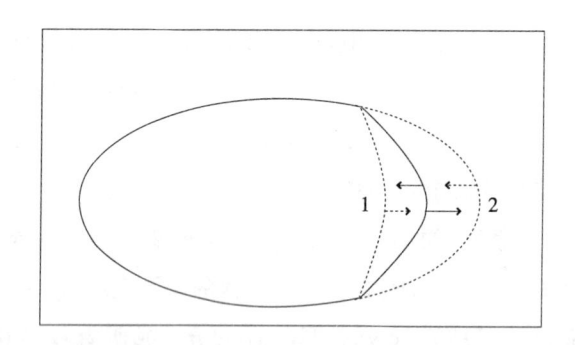

图 5-1　商业银行国有股权的绝对边界与相对边界示意图

图 5-1 能使我们更清楚地理解商业银行国有股权边界及相对边界和绝对边界的概念。图中三条曲线(从左到右)分别代表商业银行国有股权相对边界 1、商业银行国有股权绝对边界和商业银行国有股权相对边界 2。

实线的箭头代表商业银行与社会经济需求之间的相互作用对商业银行国有股权绝对边界的影响(商业银行国有股权既满足既定的经济、社会、政治需求,也创造新的需求;同时,社会对商业银行国有股权的经济、社会、政治需求可能增加也可能减少,从而扩大或缩小商业银行国有股权的绝对边界)。它反映了商业银行国有股权能否被替代的程度。

虚线的箭头代表商业银行与经济价值最大化需求之间的相互作用对商业银行国有股权相对边界的影响(商业银行追求利润最大化对国有股权的要求可能增加也可能减少,从而扩大或缩小商业银行国有股权的相对边界)。它反映了商业银行国有股权的边际效用概念。

从图 5-1 我们不难发现，社会对商业银行国有股权生存空间的价值判断可以有两种不同的标准。商业银行国有股权的边际效用和商业银行国有股权能否被替代的程度共同决定了商业银行国有股权的边界。一国商业银行国有股权的比例高低和规模大小与一家商业银行国有股权的比例高低和规模大小既相联系又相区别。

第二，科斯所论企业边界，指的是抽象的单家企业的边界，"由于经济理论中存在一种从私人企业而不是从产业开始分析的倾向性，因此就更有必要不仅对'企业'这个词给出明确的定义，而且要弄清它与'现实世界'中的企业的不同之处"。我们在这里所讨论的商业银行国有股权的边界，更多是指整个商业银行系统国有股权的边界。因为我们所讨论的核心问题是商业银行国有股权作为一个整体是否仍然为社会所需要的问题，所以，单个商业银行国有股权边界及量的界定、国有股权的具体处置及优化、国有股权的微观管理与决策，虽然也是我们所关心的问题，但不是本研究所讨论的唯一重点。

第三，科斯所论企业边界中的企业，是为了节约市场交易费用的一种经济组织，因此，企业的边界是由企业内部交易费用与市场交易费用相比较而决定的，在讨论中并不涉及企业所提供的产品、所具有的经济功能，或者说科斯是将企业的经济功能作为既定的。我们这里所讨论的商业银行国有股权的边界，既考虑了商业银行国有股权的经济、社会、政治功能，也考虑了商业银行国有股权的制度成本，还考虑了单家商业银行国有股权边界的决定与绩效。

第四，科斯所论企业，是对市场机制的一种替代，是各种生产要素通过企业内部契约建立起来的一组要素契约的集合，因此，他所讨论的企业只包括"劳动要素使用者（资本所有者）与劳动要素提供者（劳动所有者）之间的关系"，而不包括企业作为一个整体与客户之间的产品契约关系(属于与企业相对的市场的范畴)。而我们这里所讨论的商业银行国有股权是一个由多重委托代理关系组成的一个委托代理关系网络,它不仅包括商业银行作为一个经济组织内部各生产要素主体(如股东、经理、职员)之间的关系,而且还包括商业银行作为一个整体与其他相关主体(如存款人、借款人、政府、社会中介机构)之间的关系。

5.1.2 合理边界的效应

由于国有股权边界具体区分为一国商业银行国有股权边界和一家商业银行国有股权边界,因此,合理的商业银行国有股权边界的效应,可以划分为"一国效应"和"一家效应"。

对一个国家而言,合理的国有股权边界,有助于促进政府目标,能够使政府既集中了储蓄又指导它们流向战略性长期项目和部门,给那些得不到私人融资的项目进行融资,为社会提供诸多战略性好处,保障银行国有股权政治、社会功能的实现。

对一家商业银行而言,由于不同类型的股本对应着不同的权益主体,而不同权益主体又有着不同的行为特征,股权结构的维度(即持股者的身份的构成)和深度对公司治理和绩效具有重要的含义。合理的股权边界,对优化银行股权结构,建立相互制衡、相互约束的机制,降低运作成本,增强人们的信任感,增加信息透明度,有效拓展资本金补充渠道等有着深刻的意义。

(1) 优化股权结构

从理论上讲,企业所有权结构可以理解为企业剩余控制权和剩余收益权的分布状况与匹配方式,但在实际运作上,股权结构可以理解为股权集中度和股权多元化情况下不同所有制股权的构成,包括国家股股东、法人股股东(国有法人、一般法人)及社会公众股股东的持股比例。从第一层含义上说，股权结构有三种类型：一是股权高度集中，公司拥有一个绝对控股股东，该股东对公司拥有绝对控制权；二是股权高度分散，公司没有大股东，所有权与经营权基本完全分离，单个股东所持股份比例相当分散；三是公司拥有较大的相对控股股东，同时还拥有其他大股东，第二、三股东对第一股东有制衡、约束关系。一般认为，具有一定集中程度，且有相对控股股东并有与其他大股东共存的股权结构是公司有效治理的基础。因此，为了建立一个较合理的股权结构，就必须考虑各类型股份的比例关系，合理的国有股权边界是有效股权结构的基本前提。国有股一股独大，既不利于投资主体多元化和形成多元产权主体制衡机制，也不利于建立现代金融企业制度。

(2) 改善公司治理

股权结构的持股者身份构成和股权结构的各股东持股比例，对公司治理和绩效具有重要的含义。过大的国有股权边界，一是会内在地激发国有股东权利行使的积极性并为其过多的干预提供理由和方便，使得银行不得不服从行政部门的利益目标和行政约束。二是由于国有资本投资主体具有不确定性，存在所有者缺位问题，使得国有股权代表既得不到真正的所有者对其的充分激励，又不受所有者的有效监督和约束。三是国有股权代表虽然在一定程度上拥有公司的实际控制权，但他们并不拥有索取其控制权使用收益的合法权益，从而也不承担其控制权使用的责任，这时国有股权代表手中的控制权就成为一种廉价投票权，企业内部人只要花一定成本就可以收买这种廉价的控制权，致使内部人控制问题严重。过小的国有股权边界，影响银行国有股权政治、经济、社会功能的实现。

只有合理的国有股权边界才能避免因国有股权比重过大导致

的政府对国有银行的行政干预和政企不分,避免因廉价控制权造成严重的内部人控制问题,并确保银行国有股权功能的实现。

(3) 有效拓展资本金补充渠道

充足的资本以及良好的信誉,是社会与公众判断一家银行是否可信、可靠的基础。资本金对于商业银行的意义,并不完全在于表面上的数量大小,而在于银行通过维持合理、充足的资本,可以使公众树立起对银行乃至银行体系的充分信赖感。通常,银行提升资本充足率可以通过盈余留存、增资扩股(如公开上市、增发配股、境外金融机构投资入股)、发行资本性票据和债券(如发行次级债补充附属资本)等措施,但由于国家股东受国家财力所限,又惧怕国有股权稀释,往往对商业银行增资扩股持比较谨慎的态度,而内源资本的增长受到多种因素的制约,如银行所能创造的收入数额、银行净收入总额中能够提留的比例等等,资本票据和债券又只是附属资本,因此,过高的国有股权边界会对银行资本金补充造成障碍。①合理的边界可以有效拓展商业银行资本金的补充渠道。

此外,合理的商业银行国有股权边界,可以增强人们对银行的信任感,增强银行信息的透明度,降低银行的运作成本。

5.2 商业银行国有股权边界的确定

5.2.1 股权结构决定因素理论

目前,公司股权结构存在着高度集中、高度分散、相对集中等

---

① 政府单方面注资往往是非常规状态。

多种模式,理论上对这种现象有四种解释。

(1) 经济因素决定理论

对公司股权结构决定因素的研究相对最完善的早期论文,要数德姆塞茨和莱恩(Demsetz and Lehn)在《政治经济学杂志》(1985)上发表的"公司所有权的结构:原因与结果"。作者认为,影响公司股权结构的变动因素不取决于股东,而取决于各种不同的外部因素。这些因素主要体现在三个方面:

一是企业的价值最大化规模。规模因素是公司股权结构演变中的主要决定因素。企业规模与股权结构间存在负相关,也就是说,从股东角度出发,企业规模越大,要保持一定比例所有权的成本也就越高。由于厌恶风险,大股东只有在较低的可以补偿风险的价格的前提下才会增加其对企业的持股比例,这一增加的资本成本会使大企业的股东不愿去获得像小企业股东一样高的对企业的持股比例。

二是公司的控制性潜力。它是指公司股东通过对企业管理层的业绩实施更有效的监督因而可能获得的利益。如果公司控制权市场和经理人员市场是完全有效的,则职业经理与股东利益一致,那么控制性潜力在解释公司股权结构方面将不起作用。但是这种状态在事实上并不存在,因此按照作者分析,控制性潜力与公司经营环境的稳定性相关。企业环境越是不稳定,股东通过更集中的股权结构对经理行为予以控制的潜力和动力就越大,因为对股东来说这种控制所增加的股东收益的可能性也越高。

三是管制作用。管制规则是指有关公司控制权及股权结构的法律规范。德姆塞茨和莱恩在分析规则作用时强调,美国规则一方面限制了股东选择的余地,因而减少了行使更有效的控制权而产生的潜在收益;另一方面规则还使得规则制定者也可以实施对公司经营者的某种附属监督和惩罚方法,并因此减少了股东本身去从事监督活动的必要性。规则的净效应引起被监管公司的所有权的分散化。

(2) 政治因素决定理论

独创股权结构的政治因素决定论的是美国教授马克·J.罗(Mark J. Roe),他在其代表作《强管理者、弱所有者——美国公司财务的政治根源》一书中指出,美国公司的股权高度分散化有其深刻的政治根源,也就是股权结构的政治决定论。投资组合法、反网络化法规和其他法规使银行、共同基金、保险公司和养老基金等的机构投资者无法系统地持有具备影响力的股份。为什么会产生对金融机构及大型投资主体的法律监管?可能的解释是政治上,即美国的意识形态和政治传统对权力的集中有一种持久的不信任感。所以,在美国,股权结构的分散化即机构投资者被禁止持有公司更多的股权是由于政治因素的影响。

但是所有这一切正在悄悄发生变化,美国正在逐步放松对机构投资者的持股限制,股票投票权的不断集中(主要通过代理权的争夺而实现)等,都在很大程度上支持了已有的美国公司股权分散化的政治范式解释,机构参与公司治理、公司股权为机构持有(一般投资者投资于机构)正在成为一种潮流。

(3) 市场结构决定理论

该理论是由汉斯曼(Hansmann,1988,1996)、斯蒂恩·索姆森与托本·佩德森(Steen Thommsen and Torben Pedersen,1998)等人提出的。其基本含义是指股权结构在很大程度上是受市场结构影响的,从而不同的企业类型、不同的行为特征决定着企业所采用的股权结构。

根据交易成本理论,不同企业的股权结构决定于它是否能降低交易成本的能力。不同产业或行业有着不同的市场签约成本和股东间的交易成本。他们将企业按照股权结构类型分成六种类型:个人或家族式企业、分散型股权结构企业、少数大股东控制企业、政府持股企业、集体合作式企业、跨国公司。经过统计分析发现,不同的股权结构在不同的产业中的分布不是杂乱无章的,它具有一定的规律性。公司规模、产业发展阶段、资本的密集程度、不确定性风险、利润空间等因素,都在很大程度上被用来解释股权结构的行业效应。

(4) 生命周期决定理论

这是由我国学者王斌提出来的。① 该理论认为,公司的股权结构安排受制于公司的生命周期,在不同的生命周期上存在着不同的股权结构。具体来说,公司生命周期分为初创期、成长期、成熟期和再生期。各个不同时期所面临的环境不同,股东所感受的风险不同,从而自主决定的股权结构也可能不同。从推理上说,处于初创期和成长期的企业,其股权结构可能趋于集中,即集中在少数股东或发起股东手中;处于成熟期的企业,其股权结构可能趋于分散;而处于再生期的企业,其股权结构处于重组状态,可能会重新走向集中化。生命周期理论分析了股权结构在不同周期可能存在的不同变化,从集中走向分散,再由分散走向集中,从而产生不同的循环,循环期的长短取决于企业生命周期的长短。

5.2.2 商业银行国有股权边界的制约因素

在影响商业银行国有股权绝对边界的诸多因素中,我们认为,

---

① 参见王斌:《股权结构论》,北京:中国财政经济出版社2001年版,第113—122页。

有四种力量应受到特别重视,它们分别是社会经济制度、经济金融发展水平、政府的控制权偏好、法律和制度。

(1) 社会经济制度

一种生产关系的基础是占主导地位的生产资料所有制形式。国有化或非国有化作为生产资料所有制的实现形式与社会经济制度有着密切的联系。在以公有制为基本特征的社会主义国家,国有股权比例的设计,不可避免地会受到社会主义经济制度的限制。通常情况下,社会主义国家比资本主义国家拥有更大的国有股权边界,反映在银行上,国有股权往往占较大的比重。

(2) 经济发展水平

落后的经济发展水平往往与较大的国有股权边界有内在的联系。由于经济发展水平低,税收体制落后,外汇资金短缺,政府财力薄弱,金融资源极为稀缺,为了获得资金以实现政府的发展战略,政府常常不得不通过直接或间接拥有银行以集中金融资源,甚至不惜对金融机构实施国有化政策,致使更贫穷的国家、人均收入水平相对较低的国家拥有更多的国有化银行。

(3) 金融深化度

金融深化或金融发展是经济发展过程中金融结构的优化和金融效率的提高。在金融发展程度欠发达阶段,往往伴随着资本市场的低发育水平和银行主导型金融体制的迹象,企业和政府的融资更多地依赖于银行,这一方面加剧了政府对银行的控制,另一方面却弱化了金融市场对政府控制型银行的监督,致使金融体制更落后的国家拥有更高的国有股权份额。

(4) 政府质量和效率

国有商业银行由于其特殊的经济地位,自然摆脱不了政治家和官员这些自利经济人的关注与重视。一般来说,具有广泛政治权利和更多民主的国家,国有股权的绝对边界更小。爱克哈特·博美、罗伯特·C.纳什、杰费里·M.内特(2003)认为,国有银行私有化,政治因素特别重要,因为国有银行提供了一个重要的政治租金源。维伯如格等(1999)、施莱弗和威西尼(1994)把国有银行描述为一个强有力的政治工具:它经常被用来用高工资的工作或者优惠贷款回报支持者。克拉森斯和德加科夫(1998)、波特罗提等(2004)指出,政府利用国有银行输送资金来弥补国有企业的亏损。不同的所有者对控制权收益追求程度不同,反映在对控股权偏好程度的不同。政府越官僚、越腐败,对经济干预越多,则银行的国有股权边界相应越大;反之,则相应较小。

(5) 法律和制度

财产权利的安全性、法治和投资者的法律保护程度对国有股权绝对边界有重要的影响。根据法源的不同,各国法律体系可以划分为普通法系和大陆法系两大类。普通法系以英美为代表,而大陆法系以欧洲大陆国家为代表。各国的法律与制度对商业银行股权构成,特别是对大股东构成、银行股权的集中与分散程度有着决定性的影响。英美法系对债权人权利保护、股东权利保护以及执法力度方面都要强于大陆法系国家。因此,英美法系国家的公司股权可以分散,而大陆法系的国家因小股东的权利得不到有效保护,只能采取集中持股的公司治理结构,德国和日本就是这些国家的典型代表。在实际执行上,各国的法律法规直接决定了银行国有股权的边界。如1945年12月和1982年2月的法国2次银行国有化法令,使得法国的163家商业银行直接或间接地置于国家的控制之下。又如,1992年俄罗斯实施国家私有化法后,国家开始出售国有银行中的国家股份,到1994年,俄罗斯原有国有银行的国有股份比重已下降到11%,而私有企业持有的股份则上升到了79%。

(6) 国有企业的重要性程度

大量企业,尤其是国有企业,历史往往还赋予它们一种特殊的制度功能,这就是:通过企业具体组织形式来充分保证执政党执政地位稳定、社会制度稳定、政权建设及相关意识形态催生与保有的功能。这种制度功能显然也需要占有企业一定量的经济资源,而且不会全部直接地服务于企业的经营目标,这就是特殊层面上的国有企业政治功能。毋庸置疑,国有企业这一特殊功能越强的国家,往往会拥有更大的国有股权边界。

(7) 经济中政治和金融危机的稳定性

许多国家的银行国有化导致的国有股权边界扩大,往往与其战争经历密切相关。特别在战后,胜利者掌握了政权,自然会将被接管的敌对势力的企业收归国有,使之成为政府所有的经济成分。在经济危机和金融危机阶段,为了维护经济、金融的稳定,政府往往也会对处于困境中的银行采取注资、财务重组等手段提升国有股权持股比例。1997年金融危机后,东南亚各国银行国有化及其股权调整,充分说明了这一点。

我们认为,影响商业银行国有股权相对边界的因素,从银行微观层面上分析,主要有:

(1) 银行规模

不同行业或同一行业内部的不同企业在市场中获取竞争优势所需的规模是不同的。但是如果其他情况相同,一般说来在市场竞争中成长起来的企业,其规模是与其竞争力大小正相关的。而竞争力越强,企业的市场价值也就越高,较高的市场价值会吸引众多的投资者,从而降低股权的集中程度。另外,当企业的规模变大时,如果一小群所有者企图保留有效的、集中的股权结构,则面临着两个不可避免的矛盾。第一,企业规模的变大意味着对更多资本资源的需求,这一小群所有者可能无法满足这种需求。钱得勒所谓的第一个现代企业——铁路企业的产生,就是因为铁路企业所需的巨大资本不是少数几个投资者可以提供的,这种资本供求的客观矛盾推动着企业股权结构的分散化。第二个不可回避的矛盾就是:为了保留在企业中有效的、集中的股权结构,这一小群所有者必须向一家企业投入更多的财富。出于正常的厌恶风险的心理,他们希望以较低的价格来购买企业的股份,这样对所承担的风险才具有补偿的作用。而股价一旦降低,就意味着企业筹资成本相对上升,从而阻碍企业规模的扩大。因此,这两个矛盾的存在使得企业处于一个两难境地:要么扩大企业规模,分散股权结构;要么保留集中的股权结构,使企业难以扩张。但是激烈的市场竞争最终使得企业只能选择扩大规模和降低股权集中度,否则就无法生存。一旦股权出现分散化的趋势,股权主体也就多元化起来,这样一来当控制程度一定时,即使是较小比例的股份也可以控制大的企业。这一效应使得原来股权集中的企业对分散的股权结构产生了一定的兴趣。该理论同样适用于股份制商业银行的股权结构。在正常的市场竞争中,随着商业银行的逐步扩张,一般来说股权集中程度也就逐步降低,二者存在一定的负相关关系。

(2) 国有股东本身的偏好及行为

一家商业银行国有股权边界的大小,除了法律与制度的限制之外,也与国有股东本身的性质、偏好及能力相关。股东作为企业的所有者,追求股票价值最大化是其首要目标,为了实现这一目标,股东既可以在股东大会上"用手投票"直接参与公司的重大决策,也可以通过股票市场"用脚投票"间接对公司经营施加影响。然而由于国有股的特殊性质,国有股股东的行政化因素致使银行演化成为政治功利与经济目标的混合体,国有股东对控制权的偏好与行政化行为极大地扩大了国有股权的边界。

(3) 银行治理要求

从公司治理结构产生的历史和逻辑来看,股权结构和公司治理有密切的渊源关系,有效的公司治理往往以合理的股权结构为前提。在国家持股的银行里,过高的持股比例会内在地激发国有股东行使股权的积极性,为其过多的行政干预提供理由和方便,导致与内部人控制并存的困境。只有股东适度地行使最终控制权,既不忽视权力也不滥用权力,才能使委托代理关系下的效率损失降到最低,这就要求公司从客观上安排好各位股东特别是国有股东的持股比例,国有股权的合理边界是公司治理有效性的现实要求。

5.3 商业银行国有股权边界的海外实践

如前所述,在西方发达国家,多数国家如美国、英国、日本等的商业银行大多数是私有产权下的股份制商业银行,只有少数国家实行一定程度的国有化。20 世纪 80 年代以来,世界各国在以下 4 方面的数据可以让我们从不同的四个角度直面商业银行国有股权边界的变迁及其结果,并从中得到有益的启示:(1)商业银行国有股权变更的银行数目统计数据;(2)变更的国有股权份额数据;(3)国有股权份额的区间数据;(4)各家银行国有股权现有数据资料。

5.3.1 经验数据

威廉・L.麦金森(2004)[①]利用英国《金融时报》及其网站 FT.COM、《国际私有化》(*Privatization International*)(1998—2000)

[①] 参见 William L. Megginson. 2004. *The Financial Economics of Privatization*, Oxford University Press, NY。

和《国际私有化年鉴》(Privatization International Yearbook)(1998—2001),收集了有关国家在1987年1月至2003年8月期间由政府主导的商业银行国有股权边界变动的关键信息(见表5-1)。

表5-1 商业银行国有股权边界变动一览表

国家或地区	银行数(家)	变动方式		国有股权交易额(百万美元)		
		资产出售	股票发行	资产出售额	股票发行额	合计
阿根廷	2	1	1	57.3	496.5	553.8
澳大利亚	9	4	5	1 719.95	5 406.7	7 126.65
奥地利	6	6		2 321.9	0	2 321.9
比利时	4	3	1	1 588	1 100	2 688
巴西	6	6		5 505.3	0	5 505.3
保加利亚	5	5		788.5	0	788.5
中国	3	2	1	129	2 800	2 929
哥伦比亚	3	2	1	599	170	769
科特迪瓦	1		1	0	5.75	5.75
克罗地亚	1		1	0	25	25
捷克	5	3	2	2 466.8	135	2 601.8
丹麦	1		1	0	110	110
埃及	6	1	5	4	329.6	333.6
芬兰	1	1		134	0	134
法国	15	6	9	7 808	19 715	27 523
德国	3	1	2	3 234	275	3 509
加纳	3	2	1	42.6	35	77.6
希腊	9	5	4	1 297	1 347	2 644
圭亚那	1	1		20	0	20
匈牙利	10	7	3	554.9	391	945.9
冰岛	5	2	3	274.5	101.5	376
印度	7		7	0	2 396	2 396
印度尼西亚	2	1	1	939	0	939
以色列	19	5	14	2 025.5	2 690	4 715.5
意大利	18	5	13	9 341	15 381	24 722
牙买加	1		1	0	16	16
日本	1	1		932	0	932
哈萨克斯坦	1	1		100	0	100
肯尼亚	3		3	0	50.4	50.4

韩国	5	3	2	4 195	773	4 968
科威特	6	5	1	345.7	270.6	616.3
拉脱维亚	1	1		10	0	10
立陶宛	1	1		20	0	20
马其顿	1	1		17.6	0	17.6
马耳他	1	1		250	0	250
墨西哥	5	3	2	8 093	1 257	9 350
蒙古	1	1		12.23	0	12.23
摩洛哥	5	1	4	80	292	372
莫桑比克	2	2		32	0	32
挪威	7	1	6	2 900	1 699	4 599
巴基斯坦	4	4		264.7	0	264.7
秘鲁	4	3	1	313	68	381
菲律宾	5	3	2	485	160	645
波兰	21	12	9	3 000.26	1 915.2	4 915.46
葡萄牙	19	1	18	892	3 844.9	4 736.9
罗马尼亚	3	3		294.8	0	294.8
俄罗斯	1	1		300	0	300
新加坡	1		1	0	235	235
斯洛伐克	2	2		820	0	820
斯洛文尼亚	1	1		427.7	0	427.7
西班牙	4		4	0	5 741	5 741
斯里兰卡	1		1	0	75	75
瑞典	2		2	0	1 800.3	1 800.3
中国台湾	9	1	8	982.7	3 855.7	4 838.4
泰国	3	2	1	483	130	613
土耳其	6	5	1	398.5	651	1 049.5
乌干达	2	2		8.8	0	8.8
委内瑞拉	8	8		606.5	0	606.5
津巴布韦	1		1	0	43.7	43.7
合计 59	283	139	144	66 714.74	76 187.85	142 902.59

注:奥地利有2家银行通过资产出售的交易额具体数据不详。

资料来源:根据威廉·L.麦金森(2004)以及艾克哈特·博美、罗伯特·C.纳什、杰费里·M.内特(2003)的有关资料整理。

通过资料分析我们发现,第一,表5-1提供了有关商业银行国有股权边界(绝对边界)变更的国家或地区信息以及国有股权边界(相对边界)变更银行的数目统计数据。这里,共有59个国家或地区的283家商业银行其国有股权边界在1987年1月至2003年8月发生了较大的变更。第二,对283家商业银行国有股权边界(相对边界)的变更方式,按资产出售(asset sales)还是股票发行(share-issue privatizasion,SIP)分别考察,在1987年1月至2003年8月期间,政府通过采用144笔股票公开发行、139笔资产出售共筹集了1 429亿美元资金,其中股票公开发行方式筹集了762亿美元,平均每笔52.9亿美元;资产出售方式筹集了667亿美元,平均每笔48.0亿美元。

拉·波特、罗皮兹·德·西拉内斯和施莱弗(2002)收集了世界各地政府对银行所有权的资料,按商业法的起源(普通法、法国民法、德国民法、斯堪的纳维亚法),以 GB70、GB95 代表1970年、1995年一国商业银行国有股权占比,GC20、GC50、GC90 代表国有股权占比20%、50%和90%,具体考察了样本国家和地区商业银行和发展银行国有股权边界①的实际份额数据(表5-2)。这些资料显示,这样的国有股权大量而普遍地存在,在全世界过去如此,现在仍然是非常普遍。甚至在许多国家或地区的银行私有化完成之后(考察1995年的资料),世界平均的银行国有股权比重仍为41.6%(中值为33.4%)。

1995年和1970年的数字比较说明,急剧的私有化减少了国有股权比重,但是还远远没有达到边缘化或者消失的地步。

---

① 绝对、相对边界按定义区分,不再作特别说明,下同。

表 5-2 政府拥有或控制的最大 10 家银行资产份额 （单位:%）

民商法起源	GB70	GB95	GC20	GC50	GC90	国家或地区
普通法国家或地区平均值（中值）	34.53 (20.89)	28.16 (12.33)	33.50 (20.99)	29.16 (9.93)	18.82 (3.54)	澳大利亚、巴林、孟加拉、加拿大、塞浦路斯、中国香港、印度、爱尔兰、以色列、肯尼亚、马来西亚、新西兰、尼日利亚、巴基斯坦、沙特阿拉伯、新加坡、南非、斯里兰卡、坦桑尼亚、泰国、特利尼达和多巴哥、阿拉伯联合酋长国、英国、美国、津巴布韦
法国民法国家平均值（中值）	65.37 (70.44)	45.45 (35.79)	49.40 (41.76)	44.77 (36.15)	39.83 (24.09)	阿富汗、阿尔及利亚、阿根廷、比利时、玻利维亚、巴西、智利、哥伦比亚、哥斯达黎加、科特迪瓦、多米尼加、厄瓜多尔、萨尔瓦多、埃及、法国、希腊、危地马拉、洪都拉斯、印度尼西亚、伊朗、伊拉克、意大利、约旦、科威特、黎巴嫩、利比亚、墨西哥、摩洛哥、荷兰、尼加拉瓜、阿曼、巴拿马、巴拉圭、秘鲁、菲律宾、葡萄牙、卡塔尔、塞内加尔、西班牙、叙利亚、土耳其、乌拉圭、委内瑞拉
德国民法国家或地区平均值（中值）	43.59 (51.17)	33.67 (30.89)	44.02 (39.51)	40.70 (29.56)	16.87 (11.76)	奥地利、德国、日本、韩国、瑞士、中国台湾
斯堪的纳维亚法国家平均值(中值)	43.44 (32.06)	35.54 (30.65)	45.87 (30.65)	40.58 (30.65)	26.16 (12.07)	丹麦、芬兰、冰岛、挪威、瑞典

资料来源:根据拉·波特、罗皮兹·德·西拉内斯和施莱弗(2002)的有关资料,我们对商业银行国有股权的国别资料进行了重新整合。

但拉·波特等的分析存在三个方面的不足:第一,对样本中的每一个国家所确定的银行中,除包括商业银行外,还包括了发展银行,他们将发展银行包括进来是考虑"它们的功能准确地讲是对那些私人融资可能失败的长期发展项目给予融资,因此它们构成政府介入银行信贷的一个显著形式"。但从股权结构来讲,这类银行更多地是为政府所持有,尽管他们也分析了发展银行的国有股权水平,但用平均指标仍有可能会夸大一国商业银行国有股权的份额与比例。第二,他们将某一银行归类为政府所有的标准定为:GB_{ik}[①]>0.2,并且政府是所知的最大的股东,或者$GB_{ik}>0.5$(万一不知道其他股东的所有权百分比时),这一标准本身合理与否还需要进一步的分析与研究。同样的20%或30%,在不同的国家或同一国家的不同发展阶段,因国家性质、行业特征、企业股权结构性质、股权集中度、法律法规、传统习惯等不同,会有不同的经济控制意义。第三,他们对于样本中的每一个国家,根据资产量确定了该国10家最大的向企业放款的商业或发展银行,这10家银行能否代表或充分说明该国商业银行股权结构的真实情况,值得怀疑。因此,若按此方法确定我国商业银行的国有股权边界,就明显夸大了中国商业银行国有股权的份额与比例。

詹姆斯·R.巴思、G.卡普里奥和罗斯·莱文(James R. Barth, G. Caprio and Ross Levine, 2001)以66个国家为观察样本,将国有资产作为测量权重,分析计算了66个国家1999年国有资产在银行总资产中的所占比例,得到了政府对银行所有权的数据。我们按照国有资产在银行总资产中所占比例的区间范围和分布,剔除了爱尔兰、肯尼亚、以色列、比利时、越南这5个数据不详的国家,并参照拉·波特、罗皮兹·德·西拉内斯和施莱弗(1999)和我国有关法律认为20%或30%的所有权一般足以控股的原理,整理得到了61个国家或地区商业银行国有股权边界的区间数据和数目分布(见表5-3)。数据显示,1999年61个国家中,只有18个国家或地区的商业银行没有国有股权,占29.5%,而70.5%的国家或地区的商业银行中都有国有股权,说明商业银行国有股权在

[①] 政府直接或间接持股比例。

表 5-3 61 个国家或地区商业银行国有股权比重一览

商业银行国有股权比重 （国家或地区数目）	国家或地区
0%(18)	澳大利亚、加拿大、马来西亚、新西兰、沙特阿拉伯、新加坡、南非、英国、美国、玻利维亚、法国、约旦、科威特、黎巴嫩、阿曼、西班牙、丹麦、瑞典
1%—20%(20)	巴林、塞浦路斯、尼日利亚、特里尼达和多巴哥、智利、萨尔瓦多、希腊、危地马拉、洪都拉斯、意大利、荷兰、巴拿马、秘鲁、菲律宾、委内瑞拉、奥地利、日本、瑞士、捷克、匈牙利
21%—30%(5)	阿根廷、墨西哥、摩洛哥、葡萄牙、芬兰
31%—40%(3)	泰国、土耳其、克罗地亚
41%—50%(6)	印度尼西亚、卡塔尔、德国、中国台湾、波兰、斯洛文尼亚
51%—60%(2)	斯里兰卡、巴西
61%—80%(7)	孟加拉、印度、埃及、冰岛、中国、罗马尼亚、俄罗斯

资料来源：根据詹姆斯·R.巴思、G.卡普里奥和罗斯·莱文(2001)的有关资料，我们剔除了数据不详的5个国家后，按照国有资产在银行总资产中所占比例的区间范围和分布进行了重新整理。

表 5-4 商业银行国有股权边界及变更一览表

	I.各国或地区商业银行国有股权边界一览表(1999年)（单位:%）						
	国家或地区	份额	国家或地区	份额	国家或地区	份额
普通法国家 或地区 平均值 (15.94) 中　值 (0)	澳大利亚	0	肯尼亚	—	南非	0
	巴林	4	以色列	—	斯里兰卡	55
	孟加拉	70	马来西亚	0	泰国	31
	加拿大	0	新西兰	0	特里尼达和多巴哥	15
	塞浦路斯	3	尼日利亚	13	英国	0
	印度	80	沙特阿拉伯	0	美国	0
	爱尔兰	—	新加坡	0		

第五章 商业银行国有股权的边界

法国民法国家平均值 (16.18) 中值 (12)	阿根廷	30	洪都拉斯	1	巴拿马	12
	比利时	—	印度尼西亚	44	秘鲁	3
	玻利维亚	0	意大利	17	葡萄牙	21
	巴西	52	约旦	0	菲律宾	12
	智利	12	科威特	0	卡塔尔	43
	埃及	67	黎巴嫩	0	西班牙	0
	萨尔瓦多	7	墨西哥	25	土耳其	35
	法国	0	摩洛哥	24	委内瑞拉	5
	希腊	13	荷兰	6		
	危地马拉	8	阿曼	0		
德国民法国家或地区平均值 (21) 中值 (15)	奥地利	4	瑞士	15		
	德国	42	中国台湾	43		
	日本	1				
斯堪的纳维亚法国家平均值 (21.5) 中值 (11)	丹麦	0				
	芬兰	22				
	冰岛	64				
	瑞典	0				

Ⅱ．各家商业银行国有股权变更及边界一览表

银行名称	国家或地区	国有股权变更日期	剩余国有股权(%) (2003年6月)
Banco de Santa Fe	阿根廷	1998年5月	10
Banco Hipotecario	阿根廷	1999年1月	54
Bank of Queensland	澳大利亚	1999年11月	60.4
Salzburger Sparkasse	奥地利	1995年10月	30
Oberoesterreiche Hypo	奥地利	1996年11月	51
Credit Communal de Belgigue	比利时	1996年11月	65.5
ASLK-CGER	比利时	1998年12月	74.9
United Bulgarian Bank	保加利亚	1997年7月	35
Post Bank	保加利亚	1998年8月	21.77
Express Bank	保加利亚	1999年9月	33
Banco Corpavi	哥伦比亚	1994年	65.8
Banco Ganadero	哥伦比亚	1996年	60

Banco Popular	哥伦比亚	1996年	20
Investieni a Plstovni Banka (IPB)	捷克	1998年1月	64
Ceskoslovenska Obchodni Banka(CSOB)	捷克	1999年6月	30.01
Komercni Bank	捷克	2001年6月	32.8
Girobank	丹麦	1993年	49
Cairo Barclays Bank	埃及	1999年1月	89
Credit Local de France	法国	1991年11月	47.5
CIC	法国	1998年4月	33
Deutsche Verkehrs-Kredit-Bank(DVKB)	德国	1988年3月	75.1
Deutsche Siedlungs Landesrentenbank	德国	1989年10月	52
Bank of Athens	希腊	1993年	33.33
General Hellenic Bank	希腊	1998年4月	35.5
National Bank of Greece	希腊	1998年5月	83.1
Bank of Central Greece	希腊	1998年8月	44
Ionian Bank	希腊	1999年	49
Commercial Bank of Greece	希腊	2000年6月	93.3
National Bank of Industry	圭亚那	1997年10月	52.5
Magyar Kulkereskedelmi Bank	匈牙利	1994年7月	58
National Savings & Commercial Bank(OTP)	匈牙利	1995年	70
Bunadarbanki	冰岛	1998年12月	91.5
Bank Negara Indonesia	印度尼西亚	1996年11月	75
IDB Holding	以色列	1992年	57.5
Israel Union Bank	以色列	1993年5月	40
Israel Discount Bank*	以色列	1996年3月	80.9
Bank Leumi	以色列	1997年5月	92.5
Istituto Bancario San Paolo	意大利	1992年3月	80

Istituto San Paolo di Torino	意大利	1997 年 5 月	54
Banca Monte dei Paschi di Siena	意大利	1999 年 6 月	73
Banca Regionale Europea	意大利	1999 年 12 月	43.27
Turanalem Bank	哈萨克斯坦	1998 年 3 月	28
National Bank of Kenya	肯尼亚	1994 年 11 月	80
Citizens National Bank	韩国	1994 年 8 月	90
Seoul Bank	韩国	1999 年 3 月	30
Woori Financial Group	韩国	2002 年 6 月	88
Latvijas Unibanks	拉脱维亚	1996 年 5 月	77
Lithuanian Agricultural Bank	立陶宛	2002 年 3 月	23.99
Stopanska Banka	马其顿	1997 年 9 月	45
Mid-Med Bank	马耳他	1999 年 4 月	32.9
Trade and Development Bank	蒙古	2002 年 5 月	24
Credit-Eqdom	摩洛哥	1995 年 6 月	82
Focus Bank	挪威	1995 年	4
Habib Credit ad Exchange Bank	巴基斯坦	1997 年 6 月	20
United Bank Limited	巴基斯坦	2002 年 10 月	49
Bank Slaski	波兰	1994 年 1 月	62.75
Export Development Bank	波兰	1997 年 9 月	84.1
BPH	波兰	1998 年 11 月	63.3
Bank Zachodni*	波兰	1999 年 6 月	20
Uniao de Bancos Portugues	葡萄牙	1992 年 12 月	38.9
Banco Portugues do Atlantico	葡萄牙	1993 年 7 月	24.36
Banca Romana Pentru Dezvoltare	罗马尼亚	1998 年 12 月	59
Banca Post	罗马尼亚	1999 年 4 月	58
Vneshtorgbank	俄罗斯	2002 年 12 月	79.9

Slovenska Sporitelna	斯洛伐克	2000年12月	13
Nova Ljubljanska Banka (NLB)	斯洛文尼亚	2002年	66
Nakomthon Bank	泰国	1999年9月	25
Radanasin Bank	泰国	1999年11月	24.98
Bank Thai	泰国	2002年10月	59.8
Sekerbank	土耳其	1993年	90
Banco de Vinezuela	委内瑞拉	1996年12月	10
Banco Republica	委内瑞拉	1997年6月	43.3
Banco Popualry de Los Andes	委内瑞拉	1997年12月	52.75
Commercial Bank of Zimbabwe	津巴布韦	1998年8月	20
合计 74	39		

资料来源:根据Bankscope数据库和威廉·L.麦金森(2004)计算整理。

世界范围内仍然十分普遍,此其一;二是世界各国商业银行国有股权占比并不高。在商业银行国有股权占比分布中,20%以上的国家或地区共有23个,占37.7%;30%以上的国家或地区只有18个,占29.5%;51%以上的国家仅有斯里兰卡、巴西、孟加拉、印度、埃及、冰岛、中国、罗马尼亚、俄罗斯这9个,占14.75%,因此大多数国家或地区的商业银行国有股权的比例并不高。

我们根据全球银行与金融机构数据库(Bankscope)和威廉·L.麦金森(2004)提供的有关信息,分别以世界范围内的65个国家(地区)、39个国家或地区的74家商业银行作为样本,具体考察了样本国家和地区商业银行国有股权的边界及变动。表5-4(Ⅰ)显示的即为1999年各国商业银行总资产中,以国有资产计量的国有股权所占的份额。表5-4(Ⅱ)显示的则为2003年6月各家商业银行总资产中,国有股权所占的份额。

5.3.2 启示与结论

从表5-1至表5-4,我们可以看出世界各国或地区及各家商业银行国有股权的边界。深入分析商业银行国有股权边界的变迁,我们可以得到如下启示及结论:

第一,在世界范围内,商业银行国有股权边界自20世纪80年代以来发生了重大的变迁。有关商业银行国有股权边界变更的国家或地区信息以及国有股权边界变更银行的数目统计数据,充分说明了这一点。但是,不管是过去还是现在,商业银行国有股权仍普遍存在,特别是在发展中国家。即使在1999年许多银行私有化完成之后,仍有19.67%的股权是国有的,即世界平均的政府对银行的所有权比重仍为19.67%。

这一现象的普遍性跨越了各大洲和各类商法的法律起源。除了少数富裕的普通法国家或地区和日本之外,几乎任何地方的政府都拥有一定比例的银行股份份额。普通法国家或地区的平均 $GB95$ 是28.2%(中值是12.3%),法国民法起源国家的平均数是45.5%(中值是35.8%)。1970年相对应的平均数分别是34.5%和65.4%。对金融结构的比较发现,德国民法国家或地区和斯堪的纳维亚民法国家的平均数往往在英国法(普通法)国家或地区和法国民法国家的平均数之间,两者相比,较为接近。对发展银行的修正在一定程度上会改变这些数字,但仍然不能改变政府对银行的所有权十分普遍的事实,其中又以法国民法系的国家为甚。

不过,比较1999年和1970年的数据,我们也能看到,急剧的私有化确实减少了政府对银行的所有权。在过去的几十年里,商业银行国有股权呈现逐步下降趋势,商业银行国有股权边界在逐渐缩小,20世纪80年代末呈加速态势。

上述发现形成了我们的第一个命题(结论1):政府对银行的所有权在全世界过去与现在都非常普遍,即使在20世纪80年代的私有化浪潮之后,政府对银行的所有权仍有一定的范围和相当的程度;但在过去的几十年里,商业银行国有股权的占比呈现逐步下降趋势,商业银行国有股权边界在逐渐缩小,特别是20世纪80年代末呈加速趋势,速率加快。

第二,拉·波特等按各国商法的起源(普通法、法国民法、德国民法、斯堪的纳维亚法)不同所作的分析表明:(1)第二次世界大战以后实行过国有化改革的中东欧国家(CEE),其商业银行国有股权的比例也比较高。这些国家在1989年东欧裂变后开始实行私有化,但还没有足够的时间。(2)法国法系国家相比德国法系、斯堪的纳维亚法系和英国法系国家或地区有较高的商业银行国有股权,1990年之前这种差异更为明显。西欧的法国、意大利、西班牙、葡萄牙、比利时等法国法系国家都有国家股权占绝对地位的银行机构。以法国1986、1987年私有化为开端,这些国家开始了大规模的私有化运动,并于20世纪90年代达到高潮。到目前为止,这些国家的商业银行很少掌握在国家手中。

不同法律起源国家的政府对银行的所有权存在差别这一结果与发展型观点和政治型观点是一致的。拉·波特、罗皮兹·德·西拉内斯、施莱弗和威西尼[1](1997,1998)早期的研究表明,与普通法国家的情况相比,以法国法为法律起源的国家对投资者的保护更少,私人金融市场更不发达。根据发展型观点,这将增加对政府提供金融服务的需求。LLSV(1999)的另一个研究也表明法国

---

[1] 简称LLSV。

法起源的国家对经济生活的干预更多,经济活动的政治化更强烈,这与政治型观点相吻合。

以上发现和分析形成了我们的第二个命题(结论2):政府对经济生活的干预性质基于不同的法律起源而存在不可忽略的差别。罗马法国家,尤其是法国民法国家,相比于普通法国家,倾向于更大范围地干预经济活动。

第三,商业银行国有股权边界与国别特征有相当的关联度。对比表5-2、表5-3和表5-4,我们发现政府对银行的所有权在那些金融体制欠发达的国家中一般来说更高。巴思、卡普里奥和莱文(2001)提供的有关世界各地政府管制银行的全面的资料库显示,国有股权占比在31%—40%的有泰国、土耳其、克罗地亚3个国家,41%—50%的有印度尼西亚、卡塔尔、德国、中国台湾、波兰、斯洛文尼亚6个国家和地区,51%—60%的有斯里兰卡、巴西2个国家,61%—80%的有孟加拉、印度、埃及、冰岛、中国、罗马尼亚、俄罗斯7个国家。这些国家和地区与国有股权占比在20%以下的其他国家或地区相比,政府更乐于干预,且效率更低,更少保护产权。

表中的数据总体上与发展型理论和政治型理论关于政府对银行的所有权的观点是一致的:(1)具有更高 $GB95$ 的国家更落后,对经济活动的统制性更强;(2)国有股权占比在21%以上的国家更为贫穷,政府更乐于干预且效率更低,更少保护产权;(3)金融体系更不发达的国家似乎也拥有更高的政府对银行的所有权;(4)更不民主的国家也拥有更高的政府对银行的所有权。我们的这个发现也与格申克龙(1962)关于什么情况下政府可能拥有银行的观点相一致,即在那些贫穷国家这种所有权尤为普遍,而那些产权保护糟糕、政府严重干预经济和金融体制欠发展的国家也是如此。

在这里,我们不能真正地讲是什么"导致"了较高的政府对银行的所有权,但因为更穷的国家一般具有更高的 GB95,因此,国家的某些特征可以预示政府对银行的所有权会很高。**这些发现形成了我们的第三个命题(结论3)**:在那些更穷的国家、金融市场更不发达的国家,而且更一般地,在金融制度运行不良的国家,政府对银行的所有权较高。特别是在那些人均收入水平相对较低、金融体制滞后、政府乐于干预且效率低下,以及对产权缺乏保护的国家更加突出。

第四,商业银行国有股权边界的区间分布集中在30%或20%以下。如前所述,商业银行国有股权占比并不高。在商业银行国有股权占比分布中,20%以下的国家或地区共有38个,占62.3%;30%以下的国家或地区共有43个,占70.5%,哪怕以20%或30%作为相对控股的标准,大多数国家或地区的商业银行国有股权还远远没有达到绝对哪怕是相对控股的比例(见图5-2)。

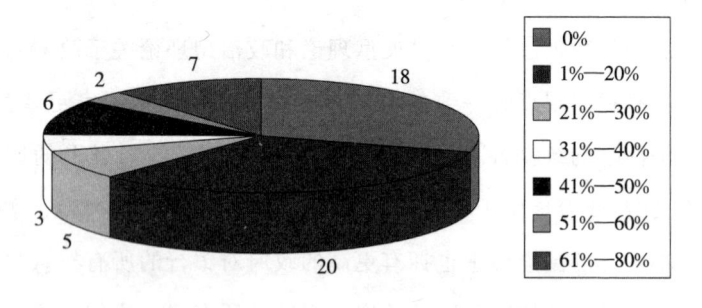

图5-2 商业银行国有股权区间分布图

市场经济中微观单位产权安排的一般依据是：提供公共产品的公共部门一般采用公共产权，提供个人产品的个人部门一般采用个人产权。公共产品的核心特征是非排他性和非竞争性，商业银行提供的金融产品和服务，如存款、贷款等并不存在持有者与他人分享产品利益的特征；银行提供的各种金融产品和服务均具有价格，需求者或投资者的增加必然增加其边际成本。银行产品和服务也不存在"免费搭车"的非竞争性特征。在行业特征上由于商业银行创造存款货币，是公众储蓄的吸收者以及经营的高风险，而呈现出一定的不同于一般企业的外部性，这种外部性直接影响着公众利益、物价水平、经济运行状况以及国家经济安全等，由此产生政府通过法律对银行产权边界进行社会约束以及实施金融监管的必要。然而，这并不意味着政府必须对商业银行实行公共产权的直接控制。各国商业银行国有股权边界的实践一再表明，随着市场经济的发展，尤其是世界经济一体化和金融全球化的发展，国家资本退出个人产品部门或竞争性部门将成为一种趋势，也包括国有商业银行。

当然，商业银行国有股权边界的变迁是一个渐进的过程，市场产权制度不能一蹴而就，受目前国有商业银行经营水平和管理机制、金融市场机制、货币政策调控和监管机制等方面不健全因素的制约，以建立国家控股的银行股份制作为国有商业银行产权改革的突破口是有其合理性的。如表 5-2 所示，对比各国 GB70 和 GB95，都有一个变迁的过程。但是产权改革的目的在于建立现代银行制度，国家控股的银行股份制不是商业银行国有股权边界的有效区间，所以国有股权控股还只是海外国有商业银行产权改革的初级形式，而不是规避金融风险要求的国有商业银行产权制度改革的最终模式。随着市场经济的发展以及国有商业银行股权结构的分散化、社会化,国有股份应采取多种形式,或资产出售或股票公开发行,逐步彻底退出国有商业银行。

以上启示形成了我们的第四个命题(结论4):政府对商业银行并非都要采取绝对或相对控股。国家要不要控股以及如何控股,有四种方案可供选择,一是国家绝对控股,社会公众参股;二是股权分散,国家相对控股;三是国家参股,以社会公众股为主;四是国家股完全退出,全部是社会公众股。从海外商业银行国有股权边界及其变迁看,多数国家都没有选择国有绝对或相对控股模式。

5.4 商业银行国有股权边界的历史变迁

5.4.1 银行国有化与国有股权边界的扩展

在世界上大多数国家的金融体系中,国有银行都曾经或者仍然是一支重要的金融力量。从历史发展的角度看,国有银行在欧洲大陆各国金融体系中都曾处于举足轻重的地位,为各国经济发展特别是战后经济恢复起到了积极的作用。各东亚国家,在以政府为主导的经济发展模式下,政府曾通过直接信贷等手段向优先部门提供优惠贷款,成为东亚各国金融体系中不可或缺的组成部分。

(1) 银行国有化的动因

国有化(nationalization),据英国《牛津法律大辞典》解释为:"国家将财产的所有权或控制权从私人或公司手里转归国家本身,或转归国家成立的掌握或管理这些财产的机构。"[①]据此解释,国有化是一种社会私有财产的所有权或控制权转归国家占有的变更现象。

《新帕尔格雷夫经济学大辞典》对"国有化"的解释是:"在社会主义国家的经济中,大多数企业和所有大企业都为国家所有并由国家控制。在相当长的一段时期内,大多数资本主义国家的经济,也有一些企业由政府代理人所有、控制或经营。"[②]在这里,"国有化"的基本含义是指国家将某些私人企业或私人部门转归国家所有,其本质特征表现为国家或政府代理人对大多数企业的所有或控制。随着银行国有化,商业银行国有股权的边界也随之扩大。

早在19世纪后期,一些资本主义国家就曾在一定范围内实行过银行国有化。第二次世界大战后,资本主义国家的银行国有化有了重要发展。银行国有化,首要原因往往是出于政治上的考虑。一般来说,一个国家在其建国初期都普遍需要实行银行国有化,资本主义国家是这样,社会主义国家也是这样。银行国有化,这是巩固政权的需要。

其次,如发生战争,或国家处于因重大自然灾害所引起的非常时期,那么国家政府会凭借政权力量推行银行国有化,以求从经济上为巩固政权、恢复经济建设、维系社会安定和发展提供支持。如第二次世界大战结束不久,在英、法、意等国都开始有步骤地、大规

[①] 戴维·M.沃克著,北京社会与科技发展研究所组织翻译:《牛津法律大辞典》,北京:光明日报出版社1988年版,第627页。
[②] J.伊特韦尔等:《新帕尔格雷夫经济学大辞典》第3卷,上海:经济科学出版社1992年版,第638页。

模地推行银行国有化。这是恢复战后经济的需要。这些国家中最有成就的首推法国。

第三,银行完成社会职责的需要。政府认为必须改变银行管理的思想、观念和态度,银行不能仅仅被视做商业企业,银行要提供重要的公众社会服务,应当是实现社会目标的最重要的工具。作为国家财源保管者,银行必须实行国有化,处于国家的控制之下。由于印度政府认为,商业银行忽视农业、小型企业的发展,资金大量流向大工业,不利于为国民经济按计划优先发展的部门提供贷款;商业银行的发展引起财富及经济权力的集中,不符合社会的公平原则;商业银行地区发展不平衡,过分集中在商业和工业大城市,不发达地区很难获得银行的贷款支持。因此印度在1969年对拥有50亿卢比以上的大银行实行国有化。

第四,化解银行财务危机的需要。多数国家政府注资的主要原因是私人投资者对危机银行没有信心,也无力承担巨额资本化成本,同时担心外国投资者对本国银行的控制也是重要原因之一。

(2) 银行国有化的进程

在西方发达国家,拥有国有商业银行并且在金融经济中起重要作用的首推法国和意大利。1986年以前,法国银行的国有化程度最高。

法国的银行国有化进程。法国从20世纪30年代开始,在近六十年的时间里经历了三次大规模的银行和企业国有化运动。第一次是在1936—1937年人民阵线政府时期。当时,执政的社会党对铁路、航空业实行国有化,并以股份有限公司形式将军工企业变成国有企业。政府还采取加强"监督"的办法,对法兰西银行进行改革。第二次国有化浪潮始于1945年12月,政府先后颁布了一系列国有化法令,规定运输、航空、能源、金融等部门收归国有。①1946年,法国政府在实行法兰西银行国有化的同时,也将里昂信贷银行、国民工商银行、巴黎国民贴现银行、兴业银行这4家当时最大的存款银行以及三十多家保险公司等收归国有,加强了对经济命脉的控制。到20世纪60年代初,政府掌握着信贷发放的半数,并承担近80%的投资业务。20世纪80年代初期,社会党人密特朗就任总统后,法国又掀起了主要涉及工业和金融领域的新一轮国有化浪潮。1982年2月11日通过的国有化法令又将法国39家最重要的法国银行(特别是那些隶属于巴黎国民银行、里昂信贷银行、兴业银行三大银行或巴黎工商信贷银行、巴黎巴银行的所有银行,只要其资产负债表余额超过10亿法郎,均被收归国有)及两大私营金融集团(巴黎巴和苏伊士)都实行了国有化。

　　通过1945年12月和1982年2月两次国有化法令,法国将163家商业银行置于国家直接或间接控制下。其中39家商业银行完全国有,其余银行则受这39家银行或其他官方机构所控制。国有化后,国有银行的存放款额在法国全部注册银行的比重大约分别占90%和85%,国有商业银行在金融体系中居绝对主导地位,形成了巴黎国民银行、里昂信贷银行、兴业银行原3家国有银行集团与巴黎巴银行集团、东方汇理苏伊士银行集团等金融领域的五大国有化银行集团,他们控制了大量工业企业,使金融资本与工业资本融合发展,在法国的经济政治生活中起

---

① 1945年12月2日银行法宣布将法兰西银行及里昂信贷银行、国家工商银行和巴黎贴现银行等银行国有化。

着重要作用。至此,法国银行业形成了它的一大特点:国有化银行占主导地位。应当讲,这种格局对二次大战后法国经济的恢复起到了积极的作用。

意大利的商业银行国有化程度在西方国家中仅次于法国。当时,国有性质的6家公立银行和3家国民利益银行,总资产约占全部商业银行总资产的70%—80%,国有银行在金融体系中占据着主导地位。

印度的银行国有化进程。二次大战期间,银行在印度如雨后春笋般发展,到1947年印度独立时,已形成了较为发达的和成熟的银行体系,拥有648家银行和4 819家分行。① 但是,这些银行大部分力量薄弱、缺乏管理,为此,政府在1949年颁布了银行管理法,对银行予以整顿。在1960年帕莱中心银行(Palai Central Bank)失败后,政府授权印度储备银行实行强制合并银行计划,从1960年到1970年间,有212家银行自愿或被迫同其他银行合并,资产和债务被其他银行接管。经过这次重组和整顿,银行总数从566家降至86家。② 印度商业银行国有化和公营部门银行的出现,大大改变了印度银行的结构。具体说来,印度商业银行国有化进程可以分为几个阶段:

第一阶段:印度国家银行集团的建立。20世纪50年代初,农村信贷调查委员会在对农村信贷问题作了全面调查后,建议将当时的印度帝国银行与其他8家银行合并,政府接受了部分建议,于1955年颁布了《印度国家银行法》,将当时的印度帝国

---

① 参见伊格瓦尔·丁格拉:《印度经济》,新德里1991年版,第567页。
② 参见 P. N. 瓦斯雷:《银行法和实践》,新德里1982年版,第6页。

银行改为印度国家银行,并于1959年颁布《国家银行(附属银行)法》,在1959年10月至1960年5月内,将这8家银行①改为印度国家银行附属银行,统称为印度国家银行集团。印度国家银行集团的一个突出特点是,它们并非完全国有,有8%的股份由私人占有。

第二阶段:银行社会控制。由于印度银行的贷款多面向工业尤其是大工业财团,而忽视农业、小型工业和出口等国家优先发展的部门,因此,在1964年会上,国大党就提出了银行国有化的主张。只因行政管理的困难和担心银行国有化会损害整个经济,政府才未采取国有化的具体行动。1967年,国大党在竞选宣言中提出银行社会控制计划,并于1967年2月1日通过《银行(修正)法》执行银行社会控制计划。主要采取两条措施:其一,大规模改组银行董事会,割断大工业家同银行董事会的联系,以阻止银行贷款流向银行董事本人的公司或董事有利可图的公司。其二,组成国家信贷委员会指导信贷方向。该委员会估计国民经济各部门对信贷的需求量,决定优先贷款部门及优先部门所能得到的资金以及所需贷款量,协调商业银行同合作银行以及其他金融机构间的信贷政策,以使信贷流向国家优先发展的部门,满足国家经济发展的需要。银行社会控制计划,为印度银行国有化奠定了坚实基础。

第三阶段:14家主要银行国有化。1969年7月,在全印国大党班加罗尔年会上,英·甘地在其"总理经济政策解释"中作出了

---

① 其后有两家银行合并,实为7家。

实行主要银行国有化的决定。此次年会批准了英·甘地的决定,于7月19日颁布了14家主要银行国有化法令,将存款额在5 000万卢比及其以上的14家私营银行国有化①。但印度最高法院以10票对1票的绝对优势否决了此决定,认为这是严重的歧视性做法,有违宪法。1970年2月14日,印度总统颁布另一法令,删去1969年国有化法令中有关歧视性的部分,允许银行股份持有人从事银行业务,提高对国有化银行的赔偿,对14家被国有化银行的赔偿从原先的1.24亿卢比增加到8.74亿卢比。②1970年3月31日颁布《银行公司(取得和企业转让)法》,从法律上完善了对14家银行国有化的手续。

第四阶段:1980年银行国有化。1980年4月15日,在1969年银行国有化10年后,印度总统发布法令,将定、活期存款总额在20亿卢比以上的6家银行国有化,以使银行对国家优先发展项目的贷款量占银行信贷总量的比例从33.3%增加到40%。这6家新国有化银行是:安得拉有限银行、合作有限银行、新印度有限银行、东方商业有限银行、旁遮普和信德有限银行、维加亚有限银行。③政府给予每家被国有化银行的赔偿为1.85亿卢比。

至此,印度商业银行结构发生了重大的变化,国有化商业银行共有20家,加上印度国家银行及7家附属银行,公营部门商业银行共计28家,公营部门商业银行占全部商业银行存款总额和放款

---

① 参见 P. N. 瓦斯雷:《银行法和实践》,新德里1982年版,第6、12页,附录第8页。

② 同上。

③ 参见 P. N. 瓦斯雷:《银行法和实践》,新德里1982年版,第6、12页,附录第8页。

总额的比例高达91%。

危机后东亚各国的银行国有化进程。1996年爆发的亚洲金融危机使得危机国家金融机构不良贷款剧增,金融体系处于崩溃的边缘,各国不得不下大力气对金融体系实施痛苦的重组计划。在金融体系重组过程中,政府注资对银行进行重新资本化,使银行体系国有化程度进一步提高。

在韩国、泰国和印度尼西亚3国中,韩国金融体系重组力度最大。1997年底,韩国26家商业银行中有5家被关闭,其余的21家通过合并和追加资本进行重组,包括国有化和接受政府其他支持。5家被国有化的商业银行,其中包括由Hanil Bank与Commercial Bank合并后改名为Hanvit Bank,除韩国外汇银行(Korea Exchange Bank)外,九成以上的股权为韩国政府所持有;在另5家商业银行中,政府还持有大量优先股。韩国政府在加强金融机构监理与加速推动金融重整方面的工作,于1998年4月依金融监督组织设置条例正式成立金融监督委员会(FSC),将过去由财经部与中央银行负责的金融监理工作转交FSC统一执掌,并由FSC全权负责推动执行国内金融重整工作。此外,韩国政府还拿出相当于GDP4%的资金,通过资产置换的方式对专业银行和开发银行进行重新资本化而增加了其股权。

泰国金融部门的重组计划分别于1997年10月和1998年8月付诸实施,银行重新资本化以注资为主,通过合并现有机构,包括12家政府介入的金融公司,重组成了2家大的国有银行。1999年4月,泰国第四大银行增资18亿美元,政府按照机构投资者认购的股份配套投入了等量资本,从而成为该银行的最大股东。

然而,东南亚各国危机后的国有化,仅仅是临时性的紧急措施。随着金融体系的逐渐稳定和重组深入,国有化银行再出售给私人部门就提到议事日程上。韩国在1998年底开始就韩国第一银行、韩国汉城银行等两家国有化银行的出售展开谈判。1998年12月美国财团购买了韩国第一银行51%的股份,1999年2月汇丰控股银行公司购买汉城银行70%的股份,并且政府计划将逐步减少在国有化银行的股份直至退出。在泰国,4家政府接管的商业银行,在1999年10月前重新出售给了私人投资者;两家新成立的国有银行,政府对其重新资本化后,也在金融局势稳定后随之售出。对1999年4月政府增资18亿美元的泰国第四大银行,政府当时就承诺允许这些投资者在3年内按照事先商定的价格购买政府拥有的股份。

在国有化银行股权调整中,国有或私有资产管理公司起了重要作用。在泰国政府将Radanasin Bank出售给新加坡联合海外银行,将Nakornthon Bank出售给渣打银行时,都采取了将银行不良资产转移到资产管理公司的处置方式。同时,大量的外国资本参与了东亚各国国有化银行的出售以及金融体系的重组。在危机发生后的3年时间里,东亚地区外国银行控制的资产比重增加了4%之多。外国资本的参与,提高了外国银行在有关国家金融体系中的比重。

日本整顿小银行:国有化。2003年,日本金融厅在对足利银行进行例行检查时发现,该行债务超过资产1 023亿日元,资本充足率仅为负3.7%,净亏损已达1 846亿日元,已经陷入资不抵债的困境。为全额保护存款人的利益,以保障银行的经营得以继续进行,2003年11月29日,日本政府紧急召开金融对策会议,决定对经营濒临破产困境的足利银行投入超过1万亿日元的公共资金,将足利银行暂时收归国有。

足利银行作为日本主要的地方性银行之一,曾经对地方经济的发展起过举足轻重的作用。日本政府对这家地区银行的接管是自亚洲金融危机以后,首次采取银行国有化措施。随后,日本银行也召开特别会议,决定对足利银行发放特别贷款。由于公共资金的注入,令问题丛生的足利银行经营暂时趋于稳定。根据临时国有化方案,日本政府接管以后,足利银行包括董事长在内的银行董事会所有成员都被解职,取而代之的是政府任命的由日本金融厅指派并接受外部专家监督的管理小组。

(3) 银行国有化的启示

从以上国家商业银行国有股权边界变迁的实践可以看出,第一,银行国有股权制度的生存基础。高比例国有股权的存在大多与政府为实现特定的社会经济发展目标相联系。国有股权制度本身没有严格意义上的优劣之分。在战争年代、战后经济恢复期、经济金融危机阶段或银行经营陷入困境时,银行国有股权的边界会随之扩展,也应该扩展。

第二,银行国有股权制度的持续时间。随着有关目标的实现和问题的解决,当私有银行能够很好地满足这些目标时,尽管国有银行的直接信贷和储蓄激励在某些环境下还必不可少,但政府还是选择了逐渐淡出,银行国有化仅仅是非常时期临时性的紧急措施和银行重组的开始。通过国有化对银行进行重新资本化后再出售是各国普遍采取的方式。

第三,银行国有股权边界的变迁时机。在危机期间,由于国内私人资本严重不足,可能造成廉价的股权甩卖,因此大多数国家金融体系重组和银行国有股权边界扩展是在危机之后不得已而为之,造成财政负担过大和难度过大。因此,要主动进行金融体系重组和相关改革,避重就轻、先易后难或拖延战略常常使改革滞后,而改革滞后又往往导致被动局面,到头来政府不得不承担巨大的重组成本,甚至产生灾难性后果。

第四,从动态发展的角度来看,国有股权边界在逐步缩减。然而,在银行国有化这一点上,国有化商业银行在特定历史时期的作用仍不可忽视。上世纪50、60年代,西欧、印度等国主要商业银行国有化在今天看来都还是正确的。

总之,国有股权边界的发展变化表明:国有银行的产生、发展是国家经济金融格局不断变化发展的结果,国有商业银行的生存发展必须适应所处的客观经济、政治及社会环境的改变,而在产权制度、机制运作、经营方式等方面进行相应的改变,这可以说是西方国家一般商业银行成长发展的规律。

5.4.2 银行私有化与国有股权边界的缩减

在私有化与国有股权边界大小的关系上,我们认为,国有股权边界的缩减并不就是私有化;但私有化却意味着国有股权边界的缩减。私有化是国有股权边界缩减的充分条件,但不是充要条件。

(1)"非国有化"与"私有化"

西方学者一般认为,生产资料的产权只有两种属性:非公即私,非私即公,而且把"私"定义为"非公的、非国有的"。在英文里,private 含义较多,有"私人的、个人的、民间的、非公开的"等,privatization 则有"私有化、非国有化"等含义。在西方经济文献中,privatization 与"非国有化"往往是作为同义语出现的。开始时"非国有化"用得较多,后来则广泛使用了"私有化"。在俄罗斯经济文献中,有的经济学家还在前苏联时期就已经在攻击国有企业即全民所有制企业时提出了国有企业非国有化的主张。据经济学家解释,只是当时还不便于直截了当地说私有化,所以才说非国有化。苏东剧变后,非国有化一词虽然还有人继续使用,但它很快就被私有化一词所取代。现在,西方国家出版的词典一般都已经收入"非国有化"和"私有化"两个词。

据英国牛津大学出版社 1989 年出版的《牛津高级现代英语学习字典》(第四版)①"非国有化"一词,其动词(denationalize,denationalise)和名词(denationalization,denationalisation)的释文是:"put(a nationalized industry)back into private ownership,use by shares in it;privatize"。即"通常通过出售股份,将国有化的企业重为私人所有;使私有化"。该词典中,"私有化"(privatization,privatisation)一词的释文是:"将某物从国家所有转为私人所有,即非国有化。"西方经济学家承认非国有化就是私有化,俄罗斯经济学家和其他许多国家经济学家也承认非国有化就是私有化,私有化就是非国有化。

在这里,我们必须对"私有化"和"非国有化"有进一步的认识。《新帕尔格雷夫经济学大辞典》对"私有化"的解释是:"私有化,即

---

① *Oxford Advanced Learner's Dictionary of Current English* (Fourth Edition).

资产或服务功能从公有制到私人拥有或控制的转移。"①西方国家现在有大量的研究私有化的论著,对私有化下了各种各样的定义。其中较为广泛使用的有以下两种定义。②

定义1 私有化是指国有企业的所有权、控制权和收益权从公共部门到私人部门的转移。按照定义1,如果将国有企业出售给私人,实现了企业所有权、控制权、收益权从国家手中到私人手中的转移,那就是私有化。按照西方学者的解释,国有企业出售全部资产是私有化,出售部分资产也是私有化。较为标准的说法是:私有化的相对标准的定义,主要包含出售资产,其中包括出售部分资产。

定义2 私有化是指将国有企业改组为股份公司,并将50%以上的股权出售给私人部门。按照定义2,如果将国有企业改组为股份公司,并将50%以上的股权出售给私人(包括外国人),那就是私有化。如果出售的股权低于50%,比方说出售的股权为5%、30%或49%,这在西方国家被称为部分私有化。

从以上概念出发,我们可以看出私有化这一事物的本质属性,即私有化的特有属性在于:化公有为私有。进一步说,如果我们以私有化为标准采取二分法研究我国现阶段的经济成分,就应当以所有制性质为标准将全部经济划分为公有制经济和非公有制经济。前者包括国有经济和集体经济,后者包括个体经济、私营经济和外资经济。把公有制经济改变为非公有制经济,就是私有化。在社会主义国家,私有化的本质属性同样在于产权的变更,尤其在于产权中的所有权的变更。如果产权特别是所有权从国有企业或

---

① J.伊特韦尔等:《新帕尔格雷夫经济学大辞典》第3卷,上海:经济科学出版社1992年版,第1045页。
② 参见吴易风:"西方国家的国有化与非国有化",《福建论坛》(经济社会版)2001年第9期,第10—15页。

其他形式的社会主义经济组织手中转移到非社会主义经济组织或私人手中,那就是私有化。因而,判断国有企业出售是不是私有化,不是看有没有完成从实物形态到价值形态的转变,不是看有没有卖出好价钱,而是看卖给了谁,看谁成了该企业资产的所有者。如果国有企业被国有企业所购买,或者,国有企业被集体企业(当然必须是真集体企业而不是假集体企业)所购买,那就不是私有化。如果国有企业被非社会主义经济组织或私人(包括外国人)所购买,那就是私有化。原因很简单。从产权方面说,在前一场合,产权的变更是在社会主义公有制经济内部的变更;在后一场合,公有产权则已经变更为私有产权。

如果二分法以是否国有为标准,就会将全部经济划分为国有经济和非国有经济。在我国,后者包括集体经济、个体经济、私营经济和外资经济。由于非国有化不仅仅是指把国有经济化为私有经济,即化公为私,而且还指把国有经济化为集体经济,即化大公为小公。化公为私是私有化,化大公为小公不是私有化。这种划分显然不同于以所有制性质为标准的二分法。

在上述意义上,非国有化显然与私有化并非是同一层面上的经济范畴。二者的关系,我们可以理解为:(1)非国有化≠私有化;(2)私有化=非国有化。即非国有化并不一定意味着私有化。一定约束条件下,非国有化是私有化;另一约束条件下,非国有化不是私有化。换言之,国有产权的改革并不就是私有化。但反过来,国有产权的私有化就意味着非国有化,私有化就是非国有化。非国有化与私有化是两个既相联系又相区别的经济范畴。同理,在私有化与国有股权边界大小的关系上,我们的结论是:国有股权边界的缩减并不就是私有化;但私有化就意味着国有股权边界的缩减。私有化是国有股权边界缩减的充分条件,但不是充要条件。

(2) 西欧国家的缩减进程

在所有欧洲大陆国家,意大利国有银行私有化是最为深入的。1993年意大利国有银行占总资产的72%,到1999年下降到16%,其中财政部拥有的银行资本不到总额的1%。作为政府控制银行的基金会(foundation),在大银行中的股权减少了2/3,在储蓄银行中减少了1/2。意大利政府主要通过财政奖惩措施来鼓励基金会撤出和放弃对银行的控制。在意大利,上市是调整银行国有产权的主要方式。国有大银行和储蓄银行是通过专门的立法成立的,并且采取基金会这种非公司组织形式,因此必须首先进行股份制改造。20世纪90年代初意大利政府通过立法,允许这些银行改组成有限公司。到1993年,77家储蓄银行全部改制成功,其中只有23家仍然由其基金会完全所有。那不勒斯银行是第一家在证券交易所上市的国有银行,1991年11月该银行发行了1亿股普通股,相当于资本的20%左右。第二家上市的国有银行是桑帕罗银行,1992年3月16日发行了1.25亿股普通股,价值1 525万亿里拉,相当于该行股份的20%。政府的支持态度鼓励了私人投资者的热情。1993年,3家国有大银行公开上市募股,募集的股份为16亿股,而申请认购额高达88亿股。3家银行总共募集股本6.87万亿里拉,相当于当年证券市场股票新发行净额的1/3。

法国的国有银行私有化始于20世纪80年代中期。具体可以分为两个阶段。第一阶段:1986—1988年。在这一阶段,法国原有的四大银行集团(兴业银行、商业信贷银行、巴黎巴银行和苏伊士金融公司)、农业信贷银行集团和其他较小的银行集团首先被私有化。第二阶段:1993—1999年。在这一阶段,银行私有化有两个高潮:第一个高潮在1993—1994年,以巴黎国民银行私有化为主要标志;第二个高潮在1997—1999年,以里昂信贷银行和地信贷银行私有化为主要标志。

　　法国里昂信贷银行的私有化是法国国有银行私有化过程中的一个典型案例。法国里昂信贷银行于1863年创立于里昂,拥有员工57 000人,是法国最大的国有银行。该行曾与法国巴黎国民银行、法国兴业银行合称"法国银行界的三驾马车"。该行在20世纪90年代初采取了过度的业务扩张战略,1993年总资产达3 388.48亿美元,列世界第9位,一度成为欧洲最大的银行。从90年代初开始,全球性经济不景气,该行也连续两年遭受巨额亏损,1993年亏损为69亿法郎,1994年更高达120亿法郎,成为法国银行业历年亏损的最高纪录。为使里昂信贷银行摆脱困境,法国政府自1994年起先后对该行实施了4次拯救方案,向该行注资,并将该行原有坏账剥离出来,转入一家专门成立的资产公司,其条件是:该行进行机构重组,并实行私有化。因此,里昂信贷银行自身从1995年开始进行了一系列调整活动,包括裁减员工,削减经费,缩小投资规模,出售或关闭海外机构等。到1999年初,该行资产总值减为2 437亿美元,资本为77.49亿美元。按资本排列,是法国第七大银行。由于法国政府的积极支持和帮助,里昂信贷银行私有化进程比较顺利。1999年5月底法国政府选择了法农信银行集团、安盛保险集团、德国商业银行、意大利联合银行等欧洲7家金融机构持有里昂信贷银行33%的核心股份,并要求这些核心持股金融机构在几年内不许出售所持股份,以保证里昂信贷银行股东的稳定性。后来,法国政府又把持有的里昂信贷银行10.9%的股份全部售出,政府完全退出该行。

　　在法国国有银行私有化过程中,国家为了防止国有银行股份被外国银行吞并,将国有银行的大部分股份转让给互助合作性质的信贷机构,如将工商信贷银行卖给互助信贷银行,将里昂信贷银行卖给农业信贷银行,将地产信贷银行卖给储蓄银行。同时,国家在选择卖方的时候,非常注意维护国有银行员工的就业。到1999年底,除较小的存款与信托金库外,法国所有的金融机构都被私有化,这个过程持续了十多年之久。

(3) 拉美地区的缩减进程

拉美地区在金融体系重组中,银行产权改革经常出现反复。20世纪80年代初期和90年代初期,智利和墨西哥分别经历了严重的金融危机,导致政府不得不重组金融体系,措施之一就是国有银行私有化。

早在19世纪60年代,墨西哥就开设了第一家银行。墨西哥是发展中国家中银行业比较发达和齐全的国家之一。墨西哥银行体系的发展经历了四个阶段:1864—1940年的创始阶段;1941—1973年的银行专业化阶段;1974—1989年的多功能银行建立和银行国有化阶段;1990—2000年的银行私有化和外国化阶段。自20世纪80年代末以来,墨西哥银行私有化和外国化的步伐加快。1989年4月,萨利纳斯政府通过逐步取消银行法定储备金的规定,开始了银行自由化进程,这一进程到1991年9月基本完成。1989年年中,政府允许各银行可自行决定贷款和存款利率,这使银行业务更加具有竞争性,给银行私有化创造了有利条件。

1990年萨利纳斯总统向议会提交一项关于修改宪法第28条的法案,同年5月该法案被议会通过。这一法案给银行私有化打开了方便之门。同年6月,政府颁布了新的信贷机构法和金融机构调整法,从而开始了商业银行私有化的进程。同年9月5日,根据萨利纳斯总统的决定,成立了银行私有化委员会并制定了银行私有化进程的原则。这些原则主要有:有助于建立一个有竞争力的、有效的金融体系;确保银行资金来源的多样化;确保墨西哥本国资本控制银行体系,但不排除少量外国资本的参与;促进银行业务的下放,鼓励银行开展地方业务；促进建立一个均衡的银行体系，并使银行交易更加透明和健康。在 1991 年 6 月至 1992 年 7 月期间，包括 Grupo Financiero Bancomer、Banco Nacional De Mexico(Banamex)、Grupo Financiero Serfin、BBVA Bancomer 等在内的国有银行先后被私有化。

Grupo Financiero Bancomer 第一次私有化时间在 1991 年 10 月，采用资产出售的方式，交易金额达 27.98 亿美元，占资产的 56%；1992 年 3 月再次私有化，采用公开发行股票的方式，交易金额 8.37 亿美元。另一家国有银行 Banco Nacional De Mexico 于 1991 年 8 月以资产出售的方式私有化，交易金额 44.30 亿美元，占资产的 70.7%。Grupo Financiero Serfin 采用公开发行股票的方式于 1993 年 12 月私有化，交易金额 4.2 亿美元。BBVA Bancomer 通过资产出售的方式，在 2002 年 1 月私有化，交易金额 8.65 亿美元，占比 11.6%。此后，在墨西哥银行外国化进程中，墨西哥政府又把它在前 BBVA Bancomer 银行中剩下的股份售予了西班牙的毕尔巴鄂比斯开银行（Banco Bilbao Vizcaya Argentaria），后者已经在该银行中持有 48.5% 的股份。

此外，墨西哥银行还加快了外国化进程。1990 年以前，墨西哥一直禁止外国银行在墨西哥境内进行银行中介活动。外国银行只被允许在墨西哥开设代表处。1990 年 7 月新的信贷机构法颁布后，外国金融机构参与墨西哥金融体系的条件开始放宽。但直到 1994 年 12 月，外资在墨西哥银行体系总资产中只占 1.2%。根据 1994 年生效的北美自由贸易协定规定，外国银行在市场中所占份额不能超过 1.55%。尽管如此，由于墨西哥允许更多的外资入境，银行业的竞争更加激烈。

1994 年 4 月，根据北美自由贸易协定的有关规定，萨利纳斯政府制定了有关外国金融机构在墨西哥建立分支机构的条例，允许美国和加拿大银行及交易所在墨西哥直接开设分支机构，并允许在墨西哥成立10家外国金融集团。此外,还批准13家外国保险公司的分公司在墨西哥开业。

1994年年底和1995年年初墨西哥爆发金融危机。塞迪略政府进一步放宽了对外国银行的限制。为增加受危机冲击的金融机构的资本,1995年2月政府修改了有关银行社会资本结构和金融集团监控公司的条例,允许外国法人参与。条例还规定,非墨西哥居民可购买不超过20%的墨西哥金融机构的B股和L股股金。为避免本国大银行被外国金融公司购买,墨西哥财政部规定,任何一家外国银行都不能拥有墨西哥国内银行体系总资产的6%以上。塞迪略政府允许外国金融机构参与墨西哥银行私有化进程,但是,外国金融机构所占比重不得超过总资产的30%,而每个投资者所占比重不得超过5%。

外国银行进入金融市场使墨西哥本国银行面临一场激烈的竞争。无论是来自美国、加拿大和西班牙的竞争者,还是来自德国、英国和葡萄牙的竞争者都具有没有呆账、可选择贷款证券、资金融通余地大等优势。外国银行还利用由于金融危机而出现的墨西哥金融体系资本大量抽逃的机会,以低廉价格购买墨西哥银行的股份。经济合作与发展组织认为,外国银行在解决墨西哥金融危机后的资本化问题方面,发挥了重大作用。

1998年3月,塞迪略总统向议会提出了一系列金融改革措施的草案,同年12月,议会批准了一部分改革措施。其中包括放宽对外资参与墨西哥金融体制的限制。随后,政府成立了保护银行储蓄委员会并修改了银行法,允许外国银行可购买任何墨西哥银行100%的股份,这无疑为墨西哥银行体系全面的外国化打开了大门。外国银行利用墨西哥金融危机后逐步放宽限制的契机,竞相购买墨西哥银行的股份。1995年5月,西班牙毕尔巴鄂比斯开银行购买了普洛普尔萨银行70%的股份,将它变成其在墨西哥的分行。随后,加拿大新斯科舍银行购买了墨西哥因贝尔拉特银行45%的股份,从而控制了该银行。

至此,墨西哥共有18家商业银行实现了私有化和外国化:墨西哥多功能商业银行(更名为普洛普尔萨银行)、国家银行、克莱米银行、孔菲亚银行、东部商业银行、班克莱塞尔银行、墨西哥全国银行、商业银行、中央抵押银行(更名为联合银行)、塞尔芬银行、墨西哥商业银行(更名为因贝尔拉特银行)、墨西哥工业信贷公司(更名为墨西哥银行)、大西洋银行、普罗梅克斯银行、东部银行、北部商业银行、国际银行(更名为比塔尔银行)、中部银行。

阿根廷也经历了国有银行私有化改革。国有银行在阿根廷银行体系中处于主导地位,1995年6月在所有银行贷款中占有43%的份额。阿根廷国有银行包括联邦政府所有的国家银行和各省政府所有的省级银行。20世纪90年代初,阿根廷宏观经济出现恶性通货膨胀,导致银行危机。1994年12月国有银行不良贷款率高达33%,而私有银行是10.3%。在这种背景下,阿根廷在1991—1994年间进行了广泛的金融改革,主要改革措施集中在3个方面:首先是1991年初通过《货币可兑换法》,实行准货币局制度,将货币发行与外汇储备挂钩,以稳定货币;其次是提高中央银行监管能力,强化银行资本充足率和准备金要求等国际通行的审慎监管;最后是开始对国有银行进行私有化改革。

此前,中央银行通过提供无限制的贴现便利对国有银行进行援助。结果,国有银行糟糕的业绩表现使得财政不堪重负,中央和各省财政都面临巨大的财政赤字压力,另外货币局制度客观上也限制了中央银行作为最后贷款人的融资能力。因此,政府开始改变以往对国有银行的一贯支持态度,启动了清偿和出售国有银行的计划。

到1994年底,在总共34家国有银行中,1家国家银行被清偿,另1家国家银行和3家省级银行被出售给私人部门。但由于地方利益和体制原因,各省政府都利用省级银行为自己融通赤字和提供政策性贷款,不愿意放弃对省级银行的控制权,加之省级银行是在各省注册的,被清偿和出售需要地方立法部门的批准,中央银行无力决定。这严重制约了阿根廷政府的重组活动能力。因此,尽管这些省级银行处于技术上的破产状况,但是产权改革还是进展缓慢。到1994年底,省级银行还拥有整个银行体系1/4的存款和1/3的员工。

1994年底爆发的墨西哥金融危机成为转折点。墨西哥危机很快传染到阿根廷,公众对银行体系的信任出现危机,大量存款流出银行体系,1995年头9个月,在168家银行和37家非银行金融机构中,就有34家银行和6家非银行金融机构关门,其中包括1家省级银行。为此,阿根廷组建了银行私有化信托基金,由世界银行出资5亿美元、泛美开发银行出资7.5亿美元和阿根廷政府出资7亿美元组成,并使15家省级银行进入私有化或破产程序,其中6家出售给了私人部门。随后,阿根廷又通过分割出售、允许关闭分支机构等措施,鼓励国有银行私有化。

(4) 中东欧国家的缩减进程

银行私有化是中东欧国家银行改革的主要方式。银行私有化的长远目标是,形成能为经济提供金融服务的有效的私营部门。短期目标是,实现经济的转轨,减少国家对银行的补贴,提高银行的效率。其他目标是,加入欧盟,促进国有企业的改造。[1]

纵观中东欧国家银行部门转轨十多年的发展,中东欧国家国有银行改造的顺序是首先对国有银行的资产负债表进行清理,处理银

---

[1] Roger C. Kormendi and Edward A. Snyder, 1996, *Bank Privatization in Transition Economics*, The William Davidson Institute, working paper Number 1.

行的不良资产,然后将国有银行进行私有化,将国有银行卖给外国战略投资者。从中东欧国家国有银行改造的实践看,私有化特别是将国有银行出售给外国战略投资者是国有银行改造的主要方式。

匈牙利的银行私有化进程。匈牙利应当说是中东欧国家银行改革的先驱。1991—1994年,匈牙利国有商业银行的资产质量迅速恶化,大多数银行无清偿能力。匈牙利政府数次对国有银行进行注资。注资的代价是公共债务的增加,1992—1995年为此所增加的公共债务相当于国内生产总值的10%。匈牙利政府通过注资拯救国有商业银行的做法产生了很大的道德风险,增加了国有商业银行获得拯救的预期。在清理和注资之后,坏账仍在增加,国有银行仍不能摆脱政治的干预。

1995年之后,匈牙利将国有银行改造的重点放在了私有化上。匈牙利的政治精英和专家学者接受了商业银行通过向外国战略投资者出售实现私有化的主张。这被视为解决国有银行注资问题、打破道德风险的恶性循环和遏制腐败的唯一方法。匈牙利国有银行私有化的目的是多重的,既有财政的需要,又有改善银行体系、促进银行部门竞争的需要。

匈牙利银行私有化始于1994年。首先私有化的是匈牙利外贸银行(MKB,匈牙利第三大银行)。与之谈判的有德国国有银行——巴伐利亚农业银行。外贸银行私有化包含价值1 900万美元的新股和国有股转让。巴伐利亚农业银行和欧洲复兴开发银行支付5 400万美元之后,分别获得了匈牙利外贸银行25%和16.7%股份。匈牙利国家持有27%,另外31.3%由匈牙利和外国投资人持有。后来,欧洲复兴开发银行和匈牙利政府向巴伐利亚农业银行出售股份,致使后者目前成为外贸银行的控股方。

第二批私有化银行是国家储蓄银行(匈牙利最大的银行,拥有

430家分行)。在1995年5月,银行的20%股份被转移到国家社会卫生和养老金基金,国家保持着25%的股权,1995年7月,储蓄银行34%的股份向公众出售。其中,20%出售给外国机构投资人,14%出售给国内投资人。储蓄银行的另外20%被匈牙利投资人所持有。1997年10月,政府将自己持有的25%股份出售给国内外机构和私人投资人。

1997年7月,匈牙利农业银行通过两轮招标实现了私有化。比利时银行的外国集团Krediethank和爱尔兰保险公司、爱尔兰生民保险以3 000万美元的价格分别获得了该银行10%的股权。欧洲复兴开发银行以3 000万美元附属贷款转移到匈牙利农业银行的债转股方式获得了18%的股权,在注册资本增加到6 000万美元之后,外国投资人获得了23%的股权,国家依然控制着29%的股票。政府原计划在1998年夏天将其股份再次出售,但全球性金融危机和新政府上台之后计划的变更,使这个计划暂时搁浅。

到1997年底,匈牙利银行体系几乎完全实现了私有化。目前除邮政银行外,外资控制了其他的匈牙利大银行。外国所有者几乎完全是境外战略投资人,但也包括一些外国金融投资。

匈牙利银行私有化的实践表明:其一,银行注资是实现外部所有人治理的必要条件,问题银行在出售前必须先进行改造;其二,在银行注资以后,将银行私有化,可以减弱国有商业银行获得拯救的预期,消除关于政府紧急救济的道德风险;其三,吸引境外战略投资人,有意投入信誉资本(reputational capital),比一般金融资本投入具有更持久的价值。外国银行介入银行私有化后,匈牙利的私营银行部门得到加强。银行资产增加,平均赢利状况有所改善,针对中小企业的贷款也有所增加。匈牙利是转轨国家中唯一一个获得欧洲复兴开发银行给金融部门改革最高评级的国家。

波兰的银行私有化进程。波兰的银行私有化主要集中在9家区域性的国有商业银行①。根据1992年公布的银行私有化进程安排,波兰计划在1996年底前,9家国有银行都将通过波兰银行私有化基金的注资,调整资产结构,完成私有化工作。波兰最初的设想是:财政持有银行30%的股权,国内投资者持有40%—50%的股权,根据优先条款银行员工分配10%的股权,境外战略投资者10%—20%。

波兰银行的私有化始于1993年。在此之前,根据1989年的银行法,波兰进行了银行公司制改造。在1991年5月,将9家区域银行转变为归国库所有的联合股份公司,并在同年10月,国库接受了新成立银行的股份。在波兰银行私有化进程中,WBK与西里西亚银行(BSK)因其卓越的金融实力与管理能力被选中作为银行私有化计划的先锋。② 1993年3月,WBK通过增资扩股,以每股6.89美元的价格向欧洲复兴开发银行(EBRD)发售占新增总股本28.5%的股票,以同样价格采取首次公开发行方式(IPO)向国内投资者出售27.2%的股份,完成了银行私有化。WBK股票于1993年6月22日在华沙股票交易所公开上市,其开盘价达到了每股19.66美元。1995年5月,WBK银行第二次发行新股,Allied Irish Banks(AIB)购买了其16.26%的股权。1999年波兰财政部出售了20%的WBK银行的股权。

---

① 9家银行分别是:设在波兹南的WBK(Wielkopolski Bank Kredytowy);设在西里西亚的BSK(Bank Slaski S. A. w Katowicach);设在克拉科夫(Krakow)的BPH(Bank Przemyslowo-Handlowy);设在格但斯克(Gdansk)的BG(Bank Gdanski);设在什切青Szczecin的PBKS(Pomorski Bank Kredytowy);设在卢布林的BDK(Bank Depozytowo-Kredytowy);设在楼可咯(Wroclaw)的BZ(Bank Zachodni);设在罗兹(Lodz)的PBG(Powszechny Bank Gospodarczy);设在华沙的PBK(Powszechny Bank Kredytowy)。

② WBK被选中的另一个原因还在于它是一家较小的国有商业银行。

BSK银行于1993年12月完成了私有化进程。1993年8月，BSK银行宣布政府减持60%股权，以公开招标和初次公开发行，对于大型投资者招标出售其45%的股权，向小型投资者公开出售15%的股票。但由于吸引战略投资者的失败以及日益加大的政治压力，使得财政部于1993年10月最后被迫取消公开招标，并将公开出售比例提高到30%，规定投资者购买股票的数量为最低10股，最高5 000股。1993年11月，波兰通过了BSK国内发行股票计划。在发行股票前，财政部宣布将继续寻找战略投资者。由于取消了投标，财政部面临在没有投标定价的情况下要为IPO发行定价，最终定为每股25美元。即便如此，投资者的认购仍然非常踊跃，需求大大超过了IPO的供给，817 000多购买者平均每人只能购买3股，大量小股东的存在使银行30%的股权非常分散。根据说明书，银行职员可以优先获得股票。1993年11月22日至12月3日期间，BSK银行的员工按照12.5美元的价格认购了银行10%的股权。1994年1月，ING（Internationale Nederlanden Group）以境外战略投资者身份支付6 000万美元，以每股25美元购买了BSK银行240万股，占股本25.92%的股权。在所有交易完成时，政府仍保留了33.2%的股权。1994年1月25日，BSK在华沙证券交易所公开上市，价格达到了每股337.50美元，是其发行价的13.5倍。银行员工获利更丰，结果造成众多非议。随后，波兰又对BPH和格但斯克银行（BG）进行了私有化改革，分别于1995年1月和1995年12月完成了银行私有化。

至此，4家银行（WBK、西里西亚银行、BPH和格但斯克银行）通过在股票市场上市实现了私有化，外国投资者获得了近30%的股份，成了少数股东，而国家仍控制着33%—48%的股份。

1994—1997年间，政府试图强化国有银行，认为波兰银行规模太小,不能经受与外国银行的竞争,因此,需要对国有银行进行合并。其真正的原因与意识形态有关,即认为银行部门应当是国有的,外国银行对国家利益不利。政府试图将 BDK、PBG 和 PBK 三家国有银行与转轨前的专业银行 PEKAO 组成银行集团,但是此举并不成功。1997 年右翼政府在选举中获胜,1998 年之后波兰银行的私有化过程加快。1998—1999 年 BDK、PBG、PBK 和 PE-KAO 四家银行合并,合并后的银行 Bank PEKAO 的 52.09% 的股份卖给了战略投资者。

波兰银行私有化留下了许多教训:在股票二级市场不很发达、市场机制不完善时,银行股票发行的行政定价往往导致市场的不稳定;转轨初期私有化过程中过多的股份留给了国库,这使改善银行的公司治理结构非常困难(如董事会任命的政治化);国有银行的上市导致了股权的过于分散,对于改善银行的公司治理结构没有很大的帮助;国有银行的私有化并不仅仅要改变银行的所有权结构,而且更重要的是要寻找能够增加资本、推出新的金融产品和营销战略以及改进服务质量的战略投资者。

捷克的银行私有化进程。在实行私有化之前,捷克政府通过成立"整顿银行"、建立国家财产基金等对银行不良贷款进行剥离和注资。1992 年,捷克采取发放股权凭证的方式开始实施银行私有化(voucher privatization)。当时捷克的四大国有银行中有三家参与这一过程。这三家银行分别是 Komercni Banka(KB,是在国家银行商业性业务中的捷克部分的基础上建立的银行)、Ceska Sporitelna(CS,1969 年成立的捷克储蓄银行)和 Investicni a Postovni Banka (IPB,是由投资银行和吸收存款的邮政储蓄机构合并而成立的)。与其他国家不同的是,捷克的银行都通过设立投资基金(IPFs)来参与银行私有化过程,购买银行的股权。这些投资基金在捷克银行私有化过程中占据了主导地位,以至于在私有化过程中,IPFs共收集了大约72%的股权凭证,其余才由个人持有。十家最大的IPFs持有了将近一半的股权凭证,而在这十家IPFs中,有六家是由银行设立的,其中包括CB、KB、IPB三家银行的IPFs(分别持有股权凭证的11.1%、5.43%、8.45%)。前五家IPFs拥有了股权凭证的38.27%,在这五家IPFs中只有一家不是由银行设立的基金,即Harvard Group。因此,在私有化过程中,捷克的银行以双重身份出现:一方面银行是私有化的对象,另一方面,银行又借助于IPFs参与私有化交易。虽然在银行私有化过程中,政府对IPFs持有银行股权限制在20%以内,但是银行都通过成立投资公司的方式绕过了这一管制。

捷克以发放股权凭证来实现银行私有化这种方式,导致了严重的交叉持股现象。这种交叉持股现象反过来又强化了银行及其公司客户之间的非市场化的关系,而在政府仍然又有很高甚至绝对控股权而其他股权非常分散的情况下,使政府依然成为了银行的实际控制者,在很大程度上损害了银行的治理结构。因此,1992年的私有化并不成功,因为私有化并没有带来市场取向的独立的银行业。

1997—2000年捷克进行了银行的第二轮私有化,将3家大银行即Ceskoslovenska Obchodni Banka(CSOB)、CS和IPB的多数股出售给外国人。但IPB在私有化后出现了无偿付能力的窘境,国家随后对其实施破产管理。2000年6月,IPB被迫重新进行了国有化,并出售给了CSOB。

捷克银行私有化的教训在于:将银行的多数股卖给外国投资者而不对管理权进行转移是没有任何意义的;并非所有的外国伙伴都是审慎的并能有效地对银行进行改造的战略伙伴;政府应当认

真准备交易的法律文件,以确保资产的价值得到合理评估,指明与资产价值和债务有关的不确定性,使有关的资产得到明确的保障。

1997年捷克将 IPB 卖给 Nomura 时未满足这些基本条件。结果出现了道德风险,私营伙伴将所有收益私有化,而捷克政府将损失社会化。2000年 KB 也再次被国有化,由于资金的注入,国家再次获得了该银行的多数股。2001年6月,捷克政府又将 KB 卖给了 Societe Generale。至此,捷克4家大银行的私有化得以完成,外国所有者控制着银行的多数股。到2001年中期,捷克大银行的国有股份的私有化已经完成。到2001年12月底,有16家银行和10家外国分支机构由外资所有,占市场中获准运作的银行实体总数的71.1%。银行主要的战略投资者来自欧盟,国家对银行的控股大幅度下降。

(5) 亚太地区的缩减进程

因主权关系等原因,国有银行私有化,在中国台湾地区一般表述为公营银行民营化。台湾公营银行的民营化大多是采用出售公股股权公开承销的方式进行的。1996年6月和1997年8月,台湾交通银行分别以股票公开发行和资产出售的方式实施私有化,交易金额达2.19亿美元和9.83亿美元,1999年9月,台湾交通银行以股票公开发行方式再次私有化,交易金额3.63亿美元。

1997—1998年,"三商银"(彰化银行、华南银行、第一银行)先后将原来台湾省政府所持有的股权以公开承销的方式转让给私人部门。转让后,这三家银行的公股股权均降低到50%以下,分别为:华南银行42.24%、第一银行42.1%、彰化银行30.72%。彰化银行在1998年1月1日,华南银行和第一银行在1998年1月22日改制为民营银行。1999年3月,为筹措公共设施保留地偿债经费,"三商银"又一次出售公股,共3.3亿股。经过这次释股后,华南银行公股比例降为 39.4%,第一银行公股降低为 34.3%,彰化银行公股降低为 23%。①

台湾中小企业银行 1997 年民营化释股前,公股的比例高达 93.2%,主要由省属行库持有,其中台湾银行占 41.71%。1987 年底进行第一阶段股票上市之前的公开承销,由各省属银行持股售出 2.8 亿股,释股 15%,并于 1998 年 1 月 3 日挂牌上市。1998 年 1 月下旬再次实施民营化释股,将公股降至 40.96%,1998 年 1 月 22 日正式改为民营银行。

此外,省辖市的台北银行和高雄银行分别在 1999 年 11 月 30 日、1999 年 9 月 27 日实现了民营化。

台湾公营银行民营化,给我们的启示有五:第一,关于法律和制度的影响力。由于法律既具有最终解释力,也是最高形式的制度规范,所以,以法源支持的方式进行银行民营化的制度安排,会受到相对较小的保守势力的抵抗。对于以政府主导、强制性金融制度变迁为主要变迁方式的台湾和大陆来讲,只有法律领先、思想领先,才能在落后的金融体系中创新金融制度。当然,法律领先的选择也充满了风险,这表现为金融领域的改革被赋予了政治领域的高度,从而导致由金融风险上升为政治风险。在信息披露制度不断完善和理性预期理论的影响下,政府以法律的方式实施变革的公示效应相当强,正面效应与反面效应具有同样的重要性。台湾公营银行民营化进程中,采用法律领先的积极变革态度,对我们有很大的借鉴价值。

第二,关于政治的制约力。从制度结构来看,政治制度的结构对金融制度的结构施加着最重要的影响。台湾的民营银行,从一

---

① 参见杨胜刚:《台湾金融发展论》,长沙:湖南人民出版社 2004 年版,第 76—77 页。

开始就成了权贵势力的领地,并没有产生明显的配置功能改善,风险转化职能也表现不足。台湾的民营银行,以及整个金融体系,都被官僚多元治理结构的问题所限制。在政治领域的官僚多元治理结构背景下,金融机构的治理结构被政治势力所扭曲。民营银行信贷中,时常被非经济因素所困扰,信贷投向和风险配置中均出现了严重的失策。从台湾的实践来看,政治领域的治理结构超越了金融领域的治理结构。在其演变的过程中,政治因素在相当程度上深刻影响着经济因素和金融因素。

第三,关于金融市场的承受力。根据台湾《公营事业移转民营条例》的规定,公营事业移转民营时,只能采取一次或分次出售股权或标售财产两种方式。就出售股权的方式而言,台湾采用的方式包括公开承销、员工认股、直接在流通市场上出售、全民释股、发行海外信托凭证(GDR)以及与外国公司换股等。其中,除后两种方式外,其余方式都会对台湾地区股市形成庞大的卖压。由于"三商银"公股释出,台湾均以公股公开承销方式一次性完成民营化。如此巨大的资本量,使台湾股市承受了巨大压力。同时,由于台湾当局在收足股款后将大笔资金短期内冻结于国库,台湾地区货币市场也遭受了冲击。

第四,关于股权的政治偏好。台湾公营银行民营化因持股分散化而逐渐落入了政商勾结的地方派系和财阀手中,其衍生出来的"黑金政治"的负面影响甚至超过了其正面效应。从基层金融机构来考察,经营或控制信用合作社者,绝大多数有其政治目的,而且属于特定的地方派系。当政治势力发生斗争的时候,不仅基层金融机构,连整个银行体系都会发生剧烈的波动。同时,某些银行家主业是政治,副业才是金融,银行资金常常被大量投入竞选,严重影响了银行的日常经营与运作。

第五,关于民营化的成本。总体来说,台湾的民营化进程是自发性私有化过程被长期拖延和结构调整失败之后,由政府强制推行的。从民营化成本的角度对大陆的启示在于,长期的压制会加重后期变革的负担,变革的成本会制约民营化的可能性与进程。从公营银行民营化的技术层面来看,当制度环境存在缺陷的时候,推行小心谨慎的民营化进程至关重要,但当制度环境逐渐成熟时,民营化进程更不应被人为延滞。公营银行民营化对台湾金融业带来的积极作用还是显而易见的。

5.4.3 中国商业银行国有股权边界的演变

(1) 银行国有股权制度的理论基础

马克思和恩格斯的银行国有化思想。早在一百多年前,马克思和恩格斯在《共产党宣言》中就已经指出:无产阶级取得政权以后,要"通过拥有国家资本和独享垄断权的国家银行,把信贷集中在国家手里"①。1848年,马克思和恩格斯代表共产主义者同盟提出无产阶级在德国革命的17条纲领,其中第8条是:"成立国家银行来代替所有的私人银行"②。因为只有这样,才能对私有制和资产阶级生产关系实行强制性的干涉,才能尽可能快地增加生产力的总量,从而摧毁资本主义的经济基础,建立起社会主义的经济基础。他们把这一措施看成是变革全部生产方式所不可避免的方式。后来,他们在总结世界上第一个建立无产阶级政权的巴黎公社之所以失败的原因时,再次指出,没有夺取资产阶级银行(法兰西银行)而听任它用大量资财支持资产阶级流亡政府是重大的错误。

列宁关于银行国有化的理论。十月革命前后,列宁在许多著

---

① 卡尔·马克思、恩格斯:《马克思恩格斯全集》(中译本)第4卷,北京:人民出版社1979年版,第490页。

② 同上,第5卷,第3页。

述中不仅阐述了马克思和恩格斯银行国有化的理论,而且发展了这方面的理论。

①大银行是实现社会主义所必需。列宁在剖析帝国主义阶段经济特征时,指出帝国主义银行已由普通的中介人变成势力极大的垄断者,变成"现代经济生活的中心,是整个资本主义国民经济体系的神经中枢"①。从这点出发,他反复强调银行在从资本主义向社会主义过渡中有着重大的作用。列宁明确指出:"现代银行同商业(粮食及其他一切商业)和工业如此密不可分地长合在一起,以致不'插手'银行,就绝对不能做出任何重大的、任何'革命民主的事情来'"②,必须"将一切银行收归工农国家所有"③,"把一切工厂、铁路、银行、船队以及其他生产资料和流通手段都归苏维埃共和国所有"④。列宁根据当时俄国的实际情况提出了"没有大银行,社会主义是不能实现的"⑤的著名论断。

②大银行必须实行国有化。列宁明确指出:"银行和铁路的国有化,才使我们有可能着手建设新的社会主义的经济。""只有实行银行国有化,才能使国家知道几百万以至几十亿卢布往来流动的去向,以及这种流动是怎样发生和什么时候发生的。只有监督银行,监督这个资本主义周转过程中的中枢、轴心和基本机构,才能真正地而不是在口头上做好对全部经济生活的监督,做好对重要产品的生产和分配的监督,才能做到'调节经济生活',否则这种事情仍免不了是欺骗老百姓的一句部长式的空话。"⑥所以,无产

---

① 列宁:《列宁全集》(中文第二版)第32卷,北京:人民出版社1985年版,第189页。
② 同上,第32卷,第190页。
③ 同上,第33卷,第224页。
④ 同上,第36卷,第81页。
⑤ 同上,第32卷,第300页。
⑥ 同上,第32卷,第191页。

阶级夺取政权后必须掌握银行并实行国有化。

按照列宁的意思,"大银行"的"大"主要是从组织形式来说,是社会化的意思,而不是像有的人所指出的是就作用来说或就规模来说的。按照列宁的设想要建成由中央统一领导的集中的社会主义经济,必须有一个过渡时期,在这个过渡时期中要发挥大银行的作用,而且必须实行银行国有化。

③可以利用银行为发展社会主义经济服务。列宁认为,对于银行机构"不能打碎,也用不着打碎……我们可以把它当做现成的机构从资本主义那里拿过来,而我们在这方面的任务只是砍掉使这个极好机构资本主义畸形化的东西,使它成为更巨大、更民主、更包罗万象的机构。那时候量就会转化为质。统一的规模巨大无比的国家银行,连同它在各乡、各工厂中的分支机构——这已经是十分之九的社会主义机构了。这是全国性的簿记机关,全国性的产品生产和分配的计算机关,这可以说是社会主义社会的骨骼"①。"应该逐渐地、但是不断地把银行变为全国按社会主义方式组织起来的经济生活的统一的簿记机关和调节机关。"②

④必须对旧银行进行改造,并在这个基础上加以发展。列宁认为,银行政策不限于把银行国有化,而且应该逐渐地、但是不断地把银行变为统一的核算机构和调节机构,调节全国按社会主义方式组织起来的经济生活。为此,列宁提出要对没收过来的银行进行改造。列宁说,单靠没收是无济于事的,因为其中不包含组织要素和计算正确分配的要素。所以,国有化后,必须对旧银行进行改造,并在这个基础上加以发展,使它成为更巨大、更民主、更包罗万象的机关。

---

① 列宁:《列宁全集》(中文第二版)第 32 卷,北京:人民出版社 1985 年版,第 299—300 页。

② 同上,第 34 卷,第 204 页。

对此，列宁不仅阐述了银行国有化的重大意义，而且采取了具体措施，这就是开始实行工人监督，最后进行没收，宣布银行为国有财产，使所有的银行都变成了统一的国营机构。列宁突出强调社会主义银行的统一和规模巨大，强调严格的核算与监督，显然与他当时所设想的社会主义经济是以"社会主义产品交换"为特征并由中央统一计划集中管理的经济模式相关。前苏联后来形成的高度集中的金融体系模式，应该说直接反映了这样的指导思想，但银行的作用却大大低于列宁的估价。

（2）边界变迁的历史实践

大凡实行或实行过社会主义制度的国家，无论其金融体系形成之初的具体特点有何不同，都曾以前苏联为样板，建立或实行过适应于中央集中计划体制的、高度集中的国家银行体系模式。

按照马克思主义的银行制度的理论，中华人民共和国成立以后，我国采取了一系列措施，如合并解放区银行，没收官僚资本银行，改造民族资本银行，取缔帝国主义银行，发展信用合作，建立起了统一的社会主义银行，实现了银行国有化。很长一段时间，全国只有一家银行——中国人民银行，并承揽了全国所有的金融业务，在金融领域建立了高度集中的国家银行体系。

1978年之后，随着经济体制改革和社会主义有计划商品经济体制的确立，我国陆续恢复了中国农业银行、中国银行、中国人民建设银行。1983年，中国工商银行从中国人民银行新立组建。综观我国银行国有股权制度的发展历程，根据国有股在公司所有股份中所占的比例（边界大小）和国有股东对公司控制的强弱，我们可以将其划分为三个历史时期：

1986年至80年代末：变迁初始期。从中国金融史来看，新中国成立后最早的一家全国性股份制商业银行是成立于1908年3月4日的交通银行。1958年交通银行除香港分行继续营业外，国内机构不再存在。1986年7月,国务院在充分调查研究的基础上,发布了《关于重新组建交通银行的通知》。1987年4月1日,交通银行重新组建正式成立,交通银行的重新组建标志着我国新兴股份制商业银行的诞生。

作为我国第一家全国性的股份制商业银行,交通银行的资本金筹集开创了国家控股和公开招股相结合的先河,它当时的股权结构是国家和地方财政占72%,工商企业占28%。

在此之后短短的几年中,一批新兴的股份制商业银行相继成立。期间,先后成立了中信实业银行、招商银行、深圳发展银行、福建兴业银行、广东发展银行、中国光大银行、华夏银行、上海浦东发展银行等股份公司。1996年,还成立了中国民生银行股份有限公司。它们的共同特点是,其股权组成中不再是单一的国有股"一股独天下",或多或少有了工商企业的股权(见表5-5),商业银行国有股权的边界呈缩减端倪。

表5-5　中国商业银行股份有限公司成立时的股权结构

银行名称	设立时间	股权结构
交通银行	1987年4月	国家和地方财政占72%,其他工商企业占28%
中信实业银行	1987年2月	中国国际信托公司全资所属
招商银行	1987年4月	招商局出资,在原深圳蛇口工业区财务公司基础上组建
深圳发展银行	1987年12月	合并深圳原有6家信用合作社资产,并公开募股
福建兴业银行	1988年8月	在原福建省兴业财务公司基础上,公开募股
广东发展银行	1988年9月	不详

资料来源:各银行网站。

1990年至90年代中期:变迁加速期。进入20世纪90年代以后,我国经济金融形势发展了深刻的变化。一方面,中共中央在1993年召开的十四届三中全会上通过了《关于建立社会主义市场经济体制若干问题的决议》,指出了现代企业制度产权明晰、自主经营、自负盈亏的特征。同年12月《中华人民共和国公司法》的正式出台更标志着中国经济体制改革步入了一个新的历史时期。另一方面,中国金融体制改革步伐也大大加快。1995年,《中国人民银行法》、《商业银行法》、《保险法》、《票据法》等金融法律法规相继出台,国家对金融运行从直接干预转向间接调控。这些变革为国有股权逐渐淡出创造了良好的外部环境。根据股份制商业银行控股股东的不同,具体又可以把这个时期分为两个阶段:

第一阶段:大型企业集团组建并控股商业银行。20世纪90年代初,我国一些大型的企业集团开始涉足金融业。1992年8月,中国光大银行在北京成立,作为中国光大集团全资所属的全国性商业银行。1996年获准改制为股份制商业银行,同年年底亚洲开发银行、中国光大控股有限公司入股中国光大银行,1997年1月完成股份制改造,成为国内第一家国有控股并有国际金融组织参股的全国性股份制商业银行。截止到2003年末,有中国光大(集团)总公司、中国光大控股有限公司、亚洲开发银行等中外股东226家。

1992年10月14日,原首钢集团附属财务公司成功改制为华夏银行,由首钢总公司出资注册成立为全国性商业银行。1995年3月3日,华夏银行获准改制。1996年4月10日,中国人民银行批准其采用发起设立的方式改制成股份有限公司并更名,注册资本也从最初的10亿元增加至25亿元。发起设立时,共有首钢总公司、山东省电力公司、玉溪红塔烟草(集团)有限责任公司等33家企业法人单位,全部股本25亿人民币。其中,第一大股东首钢总公司占全部股本的20%,其余32家企业法人占80%。截止到2003年8月首次公开发行股票前,共有股东29家。

与20世纪80年代工商企业参股银行不同的是,这些大型企业集团更加倾向于在银行股权结构中以集团自身绝对控股,即国有法人股占主导地位,而不是国家股,即国家的相关国有资产代表部门,如财政局、资产经营公司、资产管理局等直接控股商业银行。

第二阶段:民营资本开始入股商业银行。20世纪90年代以来,我国民营经济开始飞速发展,民营资本规模逐渐壮大,民营资本及民营企业在一定程度和特定范围内体现出了对民营金融机构的诱致性需求。事实上,中国金融业允许民营资本进入是比较早的,早在20世纪80年代设立的城市信用社,就是以集体经济和个体工商户为主建立的。但是民营资本开始大规模正式进入银行业应该从民生银行的诞生开始。1996年2月7日,我国第一家主要由非公有制企业入股的全国性民营股份制商业银行——民生银行在京诞生。该行由全国工商联发起成立,是《中国商业银行法》正式实施后,经批准设立的第一家新兴股份制商业银行。在民生银行,国有股权不再占控股地位。民生银行的成立为中国民营资本进军银行业开创了一条崭新的道路,拉开了民营资本控股、参股商业银行的序幕,国有股权边界进一步缩小。

1995年至今:变迁深化期。20世纪90年代中期开始,我国的社会主义市场经济体制改革进一步深化。就金融领域来看,商业银行体系已经基本建立,金融市场尤其是资本市场吸引了社会大量的闲置资金,金融监管体系也起到了实质性的作用。这些经济领域的发展使得中国的经济运行从原来的政府主导型向市场主导型转变,这为金融领域的发展开辟了广阔的空间。

然而,1997年亚洲金融危机的爆发对中国的经济产生了很大的触动。许多专家学者发现,和其他亚洲国家相似,中国的银行业也面临着巨大的金融风险。中共中央在1997年11月召开了一次金融工作会议,开始整顿金融。此间,海南发展银行被关闭,这是新中国成立以来第一家被关闭的银行,人们也逐渐产生了银行业的风险意识。2001年11月,中国加入世贸组织。经济全球化带来了金融全球化,这对我国的商业银行来说是一个巨大的机遇和挑战。为了应对这一挑战,我国银行业应该从股权结构这一根本问题入手,进而改革银行的公司治理,提高银行的竞争力。2002年2月,中央又一次召开全国金融工作会议,提出要改革国有商业银行的产权制度,将具备条件的国有独资商业银行改组为国家控股的股份制商业银行,完善银行的法人治理结构。同时,中央也提出了发展中小银行,特别是股份制商业银行的重要性,要继续吸收民间和外国资本改造和发展中小银行,继续引进外资银行。

这段时期的突出特点是,中国银行业在内在利益驱动和外在风险危机意识的加强下不断求变,其中最明显的就是寻求股权多元化。只有解决了股权这一最根本的问题,其他的如治理结构、不良资产等问题才能得到有效解决。具体来讲,这一时期又可以分为五个阶段:

第一阶段:城市商业银行发展期。在股份制商业银行发展的第二个时期,也就是20世纪80年代末到90年代中期,我国的城市信用社就已经发展到了五千多家。但是城市信用社并没有像想象中的那样,在非公经济的控制之下发展得更好;相反,当时的城市信用社蕴藏了很大的风险。于是,20世纪90年代中期,中央决定改组城市信用社,以城市信用社为基础,组建城市商业银行。

全国第一家城市商业银行——深圳市商业银行于1995年6月22日成立。此后,上海银行、杭州市商业银行、南京市商业银行、西安市商业银行等等都如雨后春笋般涌现。截至2005年12月,我国共有城市商业银行113家。各地在组建城市商业银行的时候,当地政府都入股25%到30%的比例,但其余75%到70%的股份是一些企业的,特别是非公有企业和个人的(见表5-6)。①

---

① 参见高剑巍:"城市商业银行的发展与IT战略",《国际金融报》2004年6月1日。

表5-6 城市商业银行股权结构不完全统计表

银行名称	成立时间	注册资本（亿元）	股权结构
深圳市商业银行	1995年6月	18	国家股+法人股
上海银行	1995年12月	26	国家股+法人股+外资股+个人股
杭州市商业银行	1996年9月	10	国家股+法人股
南京市商业银行	1996年2月	12.06	国家股+法人股+外资股
西安市商业银行	1997年5月	4.5	国家股+法人股+外资股
宁波市商业银行	1997年4月	—	国家股+法人股

资料来源：各银行网站。

第二阶段：股份制商业银行上市加速期。虽然深圳发展银行在1992年就已经实现上市，但是在此后的很长时间内，由于我国宏观经济调控、金融秩序的整顿以及亚洲金融危机的发生等原因，其他商业银行的上市一直都没有丝毫进展。一直到1999年11月，上海浦东发展银行作为中国的第二家上市银行成功在上海证券交易所挂牌上市。此后，民生银行（2000）、招商银行（2002）、华夏银行（2003）等先后实现上市（见表5-7）。

表5-7 中国股份制上市银行上市情况一览表

银行名称	成立时间	上市时间	首次发行量（股）	发行类型	发行价格
深发展　（000001）	1987年12月	1992年4月3日	675 000	深圳A股	40.0元
浦发银行（600000）	1993年1月	1999年11月10日	400 000 000	上海A股	10.0元
民生银行（600016）	1996年2月	2000年12月19日	350 000 000	上海A股	11.8元
招商银行（600036）	1987年4月	2002年4月9日	1 500 000 000	上海A股	7.3元
华夏银行（600015）	1992年10月	2003年9月12日	1 000 000 000	上海A股	5.6元
交通银行（3328.HK）	1986年7月	2005年6月23日	—	香港H股	2.5港元

资料来源：中国上市公司资讯网。

第三阶段：两类银行民营资本和外国资本快速入股期。2004年2月9日，中国银监会提出要鼓励民间资本和外国资本入股我国商业银行。实际上在此之前，我国各家股份制商业银行和城市商业银行已经开始纷纷尝试吸收民营资本和外国资本入股。

截至 2005 年底，我国商业银行中只有工、农、中、建四大国有商业银行和中信实业银行还完全没有民营资本参股。在 113 家城市商业银行中绝大部分有民营企业参股，参股比例已经达到城市商业银行总股本的 30% 以上。在股份制商业银行中，民生银行总股本中民营资本已占比 70.03%，是一家由民营资本控股的全国性商业银行（见表 5-8）。据 2002 年末的统计，民营资本控制着当时 11 家股份制商业银行总资产的 14.6%。①

表 5-8 民营资本入股中国商业银行不完全统计表

银行名称	前三大股东中民营资本股东名称	占比(%)
民生银行	新希望投资有限公司	6.98
	中国泛海控股有限公司	6.58
	东方集团股份有限公司	5.50
台州市商业银行	浙江台州金桥集团有限公司	10.0
	吉利集团有限公司	10.0
	台州市汇业投资有限公司	10.0
杭州市商业银行	四通巨光高新技术发展（控股）有限公司	9.95
	聚友实业（集团）有限公司	9.95
	浙江新湖集团股份有限公司①	9.95

注：四通巨光高新技术发展（控股）有限公司、聚友实业（集团）有限公司和浙江新湖集团股份有限公司并列为第二至第四大股东。

资料来源：各家银行披露的信息。

在中国民间资本大举进军银行业的同时，国外金融机构也开始进入中国银行业。1996 年底，中国光大银行和中国投资银行开始进行股份制改造，亚洲开发银行入股光大银行，中国光大银行成

---

① 参见国家信息中心中经网：《CEI 中国银行业发展报告 2003》，北京：中国经济出版社 2004 年版，第 158 页。

为国内首家吸收国外金融机构股份的商业银行。2003年12月1日,银监会将外资金融机构对中资银行持股上限上调到单一外资机构持股比率不超过20%,所有外资机构持股比率不超过25%,试图通过放宽参股比率限制的方法来引进境外战略投资者,以全面提升中国银行业的经营管理水平。据不完全统计,截止到2005年底,除建行、中行、工行外,共有14家外资机构入股中资银行(见表5-9)。

到2005年底,先后有5家外资金融机构以较高的参股比例成为中资银行的战略投资者,它们分别是:香港汇丰银行参股交通银行和福建亚洲银行19.90%和27%;恒生银行参股兴业银行15.98%;新桥投资集团参股深圳发展银行17.89%,并成为第一大股东;荷兰ING集团参股北京银行19.90%;澳洲联邦银行参股杭州市商业银行19.92%。可以预计,随着外资金融机构参股中国银行业的继续发展,中国商业银行国有股权的边界会继续缩减。

表5-9 外资入股中资银行一览表

中资银行名称	外资银行			
	参股比例(%)	外资银行名称	参股时间	参股合作内容
光大银行	3.29	亚洲开发银行	1996年10月	开拓中国市场
	20.10	中国光大集团(香港)	1996年10月	第二大股东
上海银行	7	国际金融公司(IFC)	1999年9月	支持民营经济发展
	8	香港上海汇丰银行	2001年12月	开拓中国市场
	3	香港上海商业银行	2001年12月	开拓中国市场
南京市商业银行	15	国际金融公司①	2002年3月	支持民营经济发展
西安市商业银行	12.50	国际金融公司	2002年9月	支持民营经济发展
	12.40	加拿大丰业银行	2002年9月	开拓中国市场
浦东发展银行	4.62	花旗集团	2003年	战略联盟,合作发展信用卡

---

① 2005年12月,经中国银监会批准,法国巴黎银行受让国际金融公司持有南京市商业银行10%的股权,受让有关中方股东持有9.20%股权,合计持有19.20%的股权。

	15.98	恒生银行	2003年12月	开拓中国市场,
兴业银行	4	国际金融公司	2003年12月	在风险管理、财务管理、
	5	新加坡政府直接投资有限公司	2003年12月	零售业务等领域展开合作
深圳发展银行	17.89	美国新桥投资公司	2004年5月	第一大股东,控股
交通银行	19.90	香港上海汇丰银行	2004年8月	向交通银行提供技术,协助并开展内地信用卡业务合作
民生银行	1.08	国际金融公司	2004年7月	支持民营经济发展
	4.55	亚洲金融控股私人有限公司	2005年1月	开拓中国市场
济南市商业银行	11	澳洲联邦银行	2004年11月	战略合作并提供IT、信用卡风险管理、营销等7项技能
福建亚洲银行①	27	香港上海汇丰银行	2004年3月	开拓中国市场
北京银行②	19.90	荷兰ING集团	2005年	战略合作,第一大股东
	5	国际金融公司	2005年	境外财务投资者
杭州市商业银行	19.92	澳洲联邦银行	2005年10月	战略合作并提供技能转移
	5	国际金融公司	2006年	支持民营经济发展
合 计	11.33	14		

资料来源:各家银行披露的信息及网上有关资料。

第四阶段:国有商业银行股份制改造、上市准备和上市阶段。随着1984年1月1日中国人民银行专门行使中央银行职能,我国

---

① 现改名为平安银行有限责任公司,简称平安银行。平安银行的前身是2003年12月29日汇丰与平安保险集团旗下平安信托联合收购的原福建亚洲银行。当时汇丰动用不超过2 000万美元,收购了福建亚洲银行50%的股权;平安信托则收购了余下的50%。之后,根据交易协议,平安信托再注资2 300万美元,使其实缴资本扩大到5 000万美元,并将汇丰所持的股权摊薄至双方同意的27%,超过了单一外资股东参股银行20%的上限。

② 经中国银行业监督管理委员会批准和北京市工商局核准,2005年1月1日起北京市商业银行正式更名为"北京银行"。

从而彻底结束了"大一统"的国家银行体制，实现了从单一银行体系向二级银行体系的过渡，建立起了由中国工商银行、中国农业银行、中国银行、中国建设银行（原中国人民建设银行）组成的四大专业银行体系。国家专业银行作为金融改革的初期成就，在其十多年的运作中对经济改革与发展给予了巨大的资金支持。但随着发展社会主义市场经济的全面铺开，专业银行体制也暴露出明显的局限性及不适应性。

1993年10月，国务院作出了把专业银行向商业银行改革的决定，加大和加快了专业银行向商业银行转变的进程。为此，1994年，国家先后成立了国家开发银行、中国进出口银行、中国农业发展银行三家政策性银行，承担原来由国家专业银行办理的政策性金融业务，推动专业银行向真正的商业银行转化。1995年5月，《中华人民共和国商业银行法》正式颁布，以法律形式极大地推动了我国国有商业银行的公司制改造。国有独资的公司制性质，在建立银企关系、体现政府意图、独享银行赢利等方面发挥了极大优势。但由于国有独资银行在银行公司治理、经营机制、政府干预、国有银企关系等问题上的先天缺陷，加上其他一些历史原因，国有独资商业银行仍存在不良资产比率高、资本充足率过低等问题，2004年1月6日，国务院决定对我国国有独资商业银行进行股份制改造。

根据国有独资商业银行的具体情况，中国银行和中国建设银行先行试点。2004年8月26日，中行整体改制为中国银行股份有限公司。中国银行股份有限公司注册资本人民币1 863.90亿元，折合1 863.90亿股。中央汇金投资有限责任公司在2003年12月30日对中国银行注资225亿美元后，作为中行股份公司的独家发起人，代表国家持有中行股份公司100％的股权，依法行使出资人的权利和义务。中国银行股份有限公司是我国第一家国有独资商业银行转变为股份制商业银行(见表 5-10)。

表 5-10 中国银行国有股权边界变迁详情表

时间	内　　容	
2004 年 8 月 26 日	中国银行股份有限公司挂牌成立。注册资本 1 863.9 亿元,折 1 863.9 亿股,中央汇金投资有限责任公司代表国家持有中行 100%股权	
2005 年 10 月 17 日	中国银行新闻发言人王兆文宣布,中国银行先后与苏格兰皇家银行集团、新加坡淡马锡控股(私人)有限公司、瑞士银行集团和亚洲开发银行等四家战略投资者签订了战略合作与投资协议,四家机构共投资 67.75 亿美元,合计占 21.85%的股份	
2006 年 1 月	中国银行发行 H 股获国务院批准	
2006 年 3 月	中行向港交所递交上市申请	
国　有　股　权　边　界		
2005 年底前	苏格兰皇家银行牵头的财团以 31 亿美元购买了中行 10%的股份; 瑞银集团以 5 亿美元购买了中行大约 1.6%的股份; 亚洲开发银行以 7 500 万美元购入中行约 0.24%的股份	中行共计发行 1 863.9 亿股:其中汇金公司 88.16%;苏格兰皇家银行 10%;瑞银集团约 1.6%;亚洲开发银行约 0.24%
2005 年底	淡马锡参股中行最终获批,淡马锡出资 15 亿美元购买中行 5%的新股; 3 月 8 日社保基金理事会以 100 亿元投资中行,购买中行 3.9%的新股。 随着新股发行的完成,中行的股权结构发生了相应的变化。总股份增加了约 8.9%,从 1 863.9 亿股增至 2 029.8 亿股	汇金公司持有 1 643.2 亿股,占 80.95%; 社保基金理事会持有 72.7 亿股,占 3.58%。外资股 313.9 亿股,其中:苏格兰皇家银行持有 186.4 亿股,占 9.18%;淡马锡持有 93.2 亿股,占 4.59%;瑞银集团持有 29.8 亿股,占 1.47%;亚洲开发银行持有 4.5 亿股,占 0.22%

资料来源:中国银行网站。

同年 9 月 15 日,中央汇金投资有限责任公司、中国建银投资有限责任公司、国家电网公司、上海宝钢集团公司、中国长江电力股份有限公司在京召开建行股份公司创立大会。同年 9 月 17 日,中国建设银行股份有限公司对外公布成立公告,并于 2004 年 9 月 21 日在北京隆重举行了成立大会。中国建设银行是按照整体改制、主辅分流、合法合规的原则,以分立的方式改制为股份有限公司的,注册资本 1 942.302 5 亿元,折合 1 942.302 5 亿股,由 5 家单位共同发起设立(见表 5 - 11)。中国建设银行由国有独资商业银行成功改制为国家控股的股份制商业银行,是我国商业银行国有股权制度的一次重大变革。

表 5 - 11　中国建设银行股份有限公司股东结构一览表

股东名称	出资数额	股数(万股)	占比(%)	企业性质	注册资本(万元)
中央汇金投资有限责任公司	16 553 800	16 553 800	85.228	国有独资	37 246 500
中国建银投资有限责任公司	2 069 225	2 069 225	10.653	国有独资	2 069 225
国家电网公司	300 000	300 000	1.545	国有企业	20 000 000
上海宝钢集团公司	300 000	300 000	1.545	国控公司	4 580 000
中国长江电力股份有限公司	200 000	200 000	1.030	股份公司	785 600
合计	19 423 025	19 423 025	100		

注:截至 2004 年 12 月 31 日,中国建设银行股份有限公司股东总数为 5 家,均为发起人股东。

2005 年 6 月 17 日,中国建设银行又与美洲银行签署了关于战略投资与合作的最终协议。根据协议,美洲银行将分阶段对建设银行进行投资,首期投资 25 亿美元购买中央汇金投资有限公司持有的建设银行股份,第二阶段将在建设银行计划的海外首次公开发行时认购 5 亿美元的股份,未来数年内美洲银行可增持建设银行股份至 19.9%。作为整个交易的一部分,建设银行与美洲银行还签署了战略合作协议,美洲银行将在众多领域向建设银行提供战略性协助。这些领域包括公司治理、风险管理、信息技术、财务管理、人力资源管理、个人银行业务(包括信用卡)以及全球资金服务等。根据协议,美洲银行将在建设银行董事会中拥有席位,同时还将向建设银行派遣大约50名人员在以上领域提供咨询服务。

2005年7月4日,中国建设银行宣布,中国建设银行股份有限公司和淡马锡控股(私人)有限公司近日就战略合作事宜达成一致并签署最终协议。根据协议,淡马锡将通过旗下的全资子公司亚洲金融控股私人有限公司对建设银行进行股权投资,亚洲金融将在建设银行计划的海外首次公开发行时以公开发行价格认购10亿美元的股份,并将根据政府批准的情况购买中央汇金投资有限公司持有的部分建设银行股份。根据双方的约定,亚洲金融将致力于帮助建设银行完善公司治理结构,包括向建设银行推荐一名合适的董事人选、提供技术援助与合作等。淡马锡是继美洲银行之后成功入主建设银行的第二家战略投资者,标志着建设银行在推进股份制改革、完善公司治理结构方面又迈出了重要的一步,同时也表明建设银行通过引进战略投资者,进一步缩减了国有股权边界。

2005年4月21日,国家正式批准中国工商银行实施股份制改革。随后,中央汇金公司完成了对工行150亿美元(折合人民币1 240亿元)的注资。2005年5月份,工商银行先后完成了2 460亿元损失类资产的剥离工作,并在6月27日,分别与华融、信达、东方、长城四家资产管理公司签订了总额达4 590亿元可疑类贷款的转让协议。2005年10月28日,中国工商银行由国有独资商业银行整体改制为股份有限公司,正式更名为"中国工商银行股份有限公司",注册资本人民币2 480亿元,全部资本划为等额股份,股份总数为2 480亿股，每股面值为人民币1元，财政部和汇金公司各持1 240亿股。2006年1月27日，中国工商银行与高盛集团、安联集团、美国运通公司3家境外战略投资者签署战略投资与合作协议，获得投资37.82亿美元；2006年6月19日，工商银行与全国社会保障基金理事会签署战略投资与合作协议，社保基金会以购买工行新发行股份方式投资180.28亿元人民币。工商银行战略投资者的引进，大大缩减了国有股权的边界。

随着中国建设银行2005年10月27日H股在香港联合交易所上市交易、2007年9月25日A股在上海证券交易所挂牌上市，中国银行H股2006年6月1日在香港联合交易所挂牌上市、2006年7月5日A股在上海证券交易所正式挂牌，以及中国工商银行2006年10月27日A股、H股同时在上海证券交易所和香港联合交易所上市，加之目前已纳入我国国有商业银行之列的交通银行已在境内外资本市场上市，且农行的股改上市也在紧锣密鼓地进行中，不容置疑，我国商业银行的国有股权边界必将进一步缩减。

第五阶段：城市商业银行IPO阶段。2007年7月19日，南京银行和宁波银行分别在沪深两地上市，2007年9月19日北京银行在上海证券交易所上市，在三大国有商业银行、兴业银行、中信银行、交通银行相继上市或获批IPO后，城市商业银行已成为目前我国银行股权变迁的主角。无疑，3家银行的成功上市拉开了我国城市商业银行的上市序幕，也拉开了我国商业银行国有股权更进一步缩减的序幕（见表5-12）。从南京银行、宁波银行IPO前后股权变动及股东情况看，不论是国家股还是国有法人股，IPO以后，国有股权边界都大大缩减。目前杭州银行、天津银行、温州银行、上海银行等多家城市商业银行都已明确提出上市目标，并正在积极准备。

表5-12 3家上市城市商业银行国有股权变迁一览表 （单位:%）

银行名称	项目 国家股 股东名称	持股比例 IPO前	持股比例 IPO后	国有法人股 持股比例 IPO前	持股比例 IPO后
南京银行	南京市国有资产投资管理控股(集团)有限责任公司、南京金陵制药(集团)有限公司等	27.00	17.74	10.98	7.21
宁波银行	宁波市财政局	13.17	10.80	9.81	8.72
北京银行	北京市国有资产经营有限责任公司、北京能源投资(集团)有限公司等		16.50		12.7

资料来源:3家银行2007年年报。

与此同时,城市商业银行外资引进节奏的加快更加剧了国有股权边界的缩减。对城市商业银行而言,2007年,引入外资依然是其发展中的热门话题。青岛市商业银行成功引入意大利联合圣保罗银行,后者持股前者19.99%;重庆银行引入香港大新银行,后者持股前者17%;成都市商业银行引入马来西亚丰隆银行,后者持股前者19.99%;2008年6月12日,香洪富邦银行公告称,将以2.3亿元收购厦门市商业银行9995万股新股,持股比例为19.99%,这一收购有望成为中国台湾地区的银行通过在香港设立的银行来参股内地银行的第一例。此外,徽商银行、包商银行、吉林银行、南昌商行、洛阳商行等多家城市商业银行也已明确提出引资计划并着手实施。未来几年,随着城市商业银行引资、上市节奏的加快,我国商业银行国有股权边界还将进一步缩减。

(3)国有股权边界缩减的客观原因

我国商业银行国有股权边界逐渐缩减,符合当今世界商业银行股本结构的总体发展趋势,有利于按照现代商业银行要求,建立规范的公司治理结构和严明的内部权责制度,减少道德风险,形成良好的财务约束和内在风险防范机制。究其原因:

一是股东结构逐渐多元化。随着我国经济体制改革和金融体制改革的深化,我国银行业,特别是其中的股份制商业银行,作为相对较有活力的一个群体,它们的股东主体逐渐朝多元化方向发展。

如2007年底,深圳发展银行、上海浦东发展银行、招商银行、民生银行等,它们的股权结构都是国家股+国有法人股+境内法人股+境内自然人股+境外法人股+境外自然人股;华夏银行的股权结构是国有法人股+境内非国有法人股+境内自然人股+境外法人股。特别是这几年,商业银行股东主体的多元化是非常显著的。

二是境内股东主体逐渐非国有化。国有商业银行、股份制商业银行、城市商业银行中,境内非国有性质的股东及其持股比例大大提升。

第一,境内非国有性质的法人股东,尤其是上市公司逐渐增多。各家商业银行纷纷通过增资扩股与改制以增强自身竞争实力,客观上又恰好为上市公司投资商业银行提供了宝贵的机会。事实上,上市公司参股商业银行由来已久,其先行者可以追溯到著名的民营企业新希望和东方集团,2005年底它们分别是民生银行的第一和第三大股东。近来,参股城市商业银行已成为上市公司投资的一大方向。如浙江震元(000705)2007年10月20日公告称,以自有资金1500万元增资绍兴市商业银行,占该行总股本的2.1%。苏州高新(600736)2007年10月24日公告,董事会授权公司以每股1.2元的价格认购江苏银行定向发行之股份,认购数量不超过9000万股,出资额达1.08亿元。我们稍加分析便可发现,上市公司早期参股持有的股份比例相对较小,而近年来控制的股份比例比原先大许多。

第二,同一股份制商业银行在增资扩股中,其股东也出现了来自不同属性、不同行业部门和不同地区的多样性。例如华夏银行的股东,从属性上来讲既有来自国有企业的首钢总公司、山东电力、玉溪红塔烟草,又有来自一般企业的上海健特生物科技有限公司和信远产业控股集团公司;从地区上来讲涉及北京、山东、上海、内蒙古等地;从行业来讲也涉及冶炼、电力、生物科技、建筑等多个行业。

三是境外资本参股逐渐增加。自1996年亚洲开发银行入股光大银行,首开国内银行吸收国际资本先河以来,已有多家中资银行通过股权方式引进了境外战略投资者。就外资股东来看,中国经济的持续高速增长和极具潜力的市场是吸引它们的根本原因。对那些已经和即将要在中国开展业务的外资金融机构来说,在中国国有银行还未对外资开放的今天,它们先通过入股股份制银行和城市商业银行的方式,可以弥补其在国内市场的网点、人民币资金清算、本地客户信息等方面的弱势,为以后进一步扩展业务、开拓市场奠定基础。

一般来说,境外投资主体可以包括这些类别:①国外金融集团或商业银行。比如花旗、汇丰等大型的商业银行已经入股上海、浦东发展银行。②专业性的金融公司,包括资产管理公司、信用卡公司、财务公司等,由于它们往往在消费融资方面,比如汽车贷款和住房按揭贷款等专项领域拥有优势,因此也可能成为中资银行合作伙伴,像新桥投资公司就属此类。③国际金融组织,如亚洲开发银行和国际金融公司。这两家机构性质比较特殊,不能视为一般的商业银行和金融机构。亚洲开发银行在1996年就入股光大银行,而国际金融公司目前也已在国内投资了多家中小银行,其投资宗旨在商业赢利之外还有鼓励和促进发展中国家民营金融业发展的目的,因此它们更看重入资后中小银行发生的变化。不过,其在银行中所占股权比例通常较小。④私人股权,或者叫财务投资者。一些长线投资者由于具有此方面的成功经验,因此可以在对银行进行重组时引进好的管理团队、好的资源,从而达到预期的战略目标。这类机构投资的目的在于从被入股银行的发展中获取投资收益,因而不会长期持有入股银行的股份,时机合适的时候会选择退出。

表5-9对我国境内的股份制银行吸收外资的情况作了一个不完全统计。可以看到,近年来外资参股中资银行的比例越来越大,合作内容也日趋广泛。与前几年相比,近期外资参股我国商业银行又呈现出许多新的特点:

首先,境外资本参股比例增高。从表中可以看到,2002年之前,引进外资的仅有光大银行和上海银行,而且比例都不大,这些外资股东在中国股份制银行中并不能取得控股权。然而从2002年开始,外资入股比例明显上升。目前外资银行参股内地股份制银行,除了国际金融公司(IFC)具有明确的投资性外,其他外资银行都有着中国布局上的战略考虑。过去的小比例参股虽然可以在董事会拥有相应的席位,但总体上对外资银行自身的业务没有实质性的帮助。现在参股比例上升的实质是对话语权和控制权的渴望。如2004年5月,美国新桥投资集团受让由深发展四家国有股东持有的348 103 305股国家股和法人股,从而持有深发展17.89%的股权,成为第一大股东;汇丰银行以"香港上海汇丰银行"名义,以144.61亿元人民币现金(约折合17.47亿美元)入股交通银行,成为仅次于财政部的第二大股东,投资入股后,汇丰银行持有77.75亿股,比例为19.9%,接近中国银行业监管部门允许单一外资银行持有国内商业银行股份20%的上限。

其次,参股形式多元化。最初,外资参股中国银行只有购并或持有银行股份这一种形式。而近年来,外资并不仅仅局限于这种形式,而是在此基础上,增加了业务合作,比如浦发银行、兴业银行等等。花旗与浦发银行在信用卡业务方面的合作是一个典型案例。虽然表面放弃了花旗在中国内地独立发卡的地位,但花旗在浦发信用卡中心的控制地位实际上是以最快、最有效的模式直接进入中国的信用卡市场,这是一个目前内地中资银行也刚刚起步的新领域。有着技术、产品优势的外资银行,利用合资中方伙伴的优势完全有可能后来居上。

四是国家控制手段渐趋多样化。我国股份制商业银行股权结构的另一个显著特征是,国家股权仍占相当比例,而且近年来,国家控制的手段趋于多样性。从对华夏银行、上海浦东发展银行第一大股东与银行之间的股权及控制关系的分析中我们发现,国家股的代表往往不止一个。国家可以通过财政局、国资局、资产经营公司和委托某企业集团等多种形式来持有国家股,或通过间接持股方式实现国家控股。即某银行的某个大的法人股股东很可能是由中央或地方政府最终控制的企业或机构。这样,政府就可以通过这个企业法人间接控制该银行(见图5-3与图5-4)。

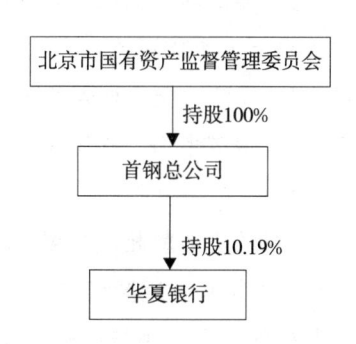

```
北京市国有资产监督管理委员会
        │ 持股100%
        ↓
    首钢总公司
        │ 持股10.19%
        ↓
    华夏银行
```

图 5-3　华夏银行与第一大股东
股权及控制关系图

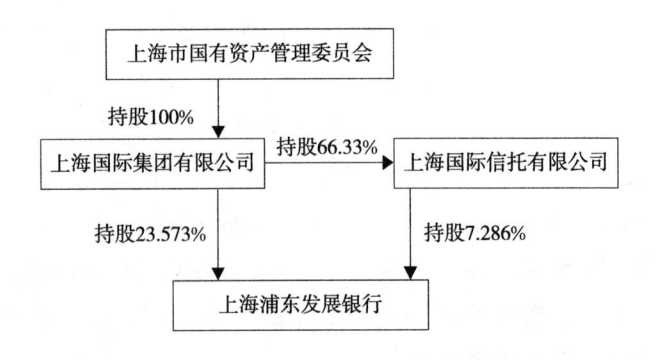

```
        ┌─────────────────────────┐
        │  上海市国有资产管理委员会  │
        └─────────────────────────┘
                    │ 持股100%
                    ▼
        ┌─────────────────┐  持股66.33%  ┌─────────────────┐
        │ 上海国际集团有限公司 │──────────→│ 上海国际信托有限公司 │
        └─────────────────┘             └─────────────────┘
                │ 持股23.573%                    │ 持股7.286%
                ▼                               ▼
              ┌─────────────────────────┐
              │    上海浦东发展银行       │
              └─────────────────────────┘
```

图 5-4　上海浦东发展银行与第一大股东股权及控制关系图

（4）国有股权边界变迁的启示

综观我国商业银行国有股权边界的变迁，我们不难发现：第一，国有股权边界大小与国有股权功能的相关关系。我国商业银行国有股权制度的变革，都是在政府主导下进行的。国有股权的合理边界应该说是商业银行的微观问题，但在现实生活中，国有股权边界大小更多地表现为一个国家的非单纯微观问题，它随市场经济体制的建立与政府职能的转换而缩减，与政府的控股权偏好强弱、国有股权的政治功能大小成正比，此其一。其二，国有股权的边界大小与国有股权的经济功能大小成正比。国有股权的经济功能是股权最大程度的保值与增值。在国民经济恢复时期（战后经济恢复期）和计划经济年代，国有股权要求最大程度的保值与增值，与此相对应，国有股权的边界就相应扩展；在经济转轨和市场经济条件下，国有股权的经济功能逐渐淡出，国有股权的边界就相应缩减。其三，国有股权的边界大小与国有股权的社会功能大小成正比。商业银行国有股权的社会功能，对商业银行的国有股权边界有着重大的影响。国有商业银行对宏观调控和政策传导、对政府行使其经济职能越重要,政府对商业银行国有股权就越关注,国有商业银行在整个金融体系中的地位就越特殊,商业银行国有股权的边界就越大。

第二,国有股权边界大小与国有股权制度成本的相关关系。中行、建行与工行的股份制改造初衷中,都论及了国有独资商业银行的不良资产率高、资本充足率低、经营机制不完善、公司治理结构低下等问题。在我国,部分国有企业的改造也遵循了这一规则,越差的企业越早被拍卖,问题越多的企业越早被改制。我国国有银行由于特殊的委托代理关系,所有者虚位、代理人缺失、内部人控制现象突出,在多级委托代理中,代理人动力机制微弱,这种国有金融制度安排导致经营效率低下,不良债权高筑,银行积累了大量风险,最终诱发国有金融产权制度的变迁。因此,商业银行国有股权边界的变迁,在很大程度上与商业银行国有股权的制度成本密切相关。

第三,国有股权边界大小与法律法规的相关关系。一是《商业银行法》的颁布,确立了商业银行的企业法人地位,商业银行作为企业法人,具有法人财产权利与法人行为责任等,使得所有权和经营权的两权分离不仅有了理论上的支持,而且有了制度上的依据和保证,表现在我国商业银行国有股权上,是国有企业向国有独资公司的关键性转变,股权的概念也只有在公司才有现实的存在依据与条件。二是对中资银行境外投资者和民营资本国有股权持股比例上限的规定与修正。由于法规限制了中资银行单个外资机构(不能超过20%)和全部外资机构(不能超过25%)的持股上限,我国商业银行国有股向外资或境外战略投资者的减持就存在了一个政策边界。否则,合资机构就只能按外资机构对待,享受一定的政策优惠,但是业务范围会受到较大的限制。同时,对民营资本入股商业银行,特别是中小银行的法律鼓励,拓展了民营资本在银行中的股权边界。

第四,国有股权边界大小与银行规模的相关关系。银行规模越大,国有股权边界的变迁就越发谨慎。从理论上来讲,银行规模越大,持股主体越分散,国有股权边界就越小。但由于我国国有商业银行的特殊地位,在中行、建行的股份制改革中,发起人还几乎局限于国有独资公司或国有控股的投资公司,中行的持股主体由财政部换成了汇金公司,由国家股转换成了国有独资公司法人股,二者在持股性质上同属100％国有股权。IPO以后,虽然4家国有银行的国有股权边界因境外战略投资者的引进而大有变化,但还是不及12家股份制商业银行,这充分反映了商业银行国有股权边界变迁的渐进性与复杂性。

改革开放以来,我国国有商业银行改革已有二十多年的历史,从国有商业银行在改革历程中或从目前改革积累的成果来看,国有商业银行在产权制度上已发生了很大的变化。正是这些变化构成了我国国有商业银行的所有改革成本和成果。

第六章 商业银行国有股权的绩效

6.1 商业银行国有股权绩效指标

商业银行国有股权绩效评价,直接关系到国有商业银行的改革与商业银行国有股权边界的变迁。从上个世纪70年代以来,股权结构与公司业绩的关系一直是学术界和政府讨论与关心的热点。纵观中外学者对于股权结构与公司绩效关系的研究,有两种相对立的观点:一种认为两者之间存在显著相关关系;另一种否认两者之间具有相关关系。在国有股权与银行绩效的关系上,同样存在两种不同的观点。为了客观地评价商业银行国有股权与绩效的关系,我们首先需要对商业银行国有股权绩效作合理的界定。

6.1.1 宏观绩效及评价

商业银行国有股权宏观绩效是指从一国商业银行国有股权的视角,评价银行国有股权对一国金融体系稳定与发展、一国经济增长率特别是一国生产率增长等的贡献。这是从商业银行国有股权绝对边界的角度对银行国有股权绩效的宏观评价。

商业银行国有股权宏观绩效评价,一是可以让我们从整体上把握国有股权边界变迁的发展趋势。以不同国家商业银行国有股权为样本,检验、分析一国商业银行国有股权与一国经济金融指标的相关性,有助于我们了解世界范围内商业银行国有股权绩效的普遍状况和一般特征,并从总体上把握国有股权的设置与国有股权边界变迁的发展趋势。二是有助于我们了解国有商业银行改革的方向。国有银行实施股份制改造只是国有银行改革的第一步,设置、行使和管理商业银行国有股权才是一个国家国有商业银行股份制改造中的关键问题。一国商业银行国有股权对一国经济金融的贡献度有助于我们从总体上把握国有商业银行改革的取向与未来方向。

商业银行国有股权宏观绩效评价方法,涉及两大类指标的选取:一是一国商业银行国有股权的界定与计量。它不但要计量一家商业银行国有股权的占比,还要计量一个国家商业银行国有股权的占比。由于一个国家商业银行数目众多,且部分商业银行缺乏必要的资料信息,我们可以按一定的标准选择部分商业银行近似地计量一国商业银行国有股权。如2002年拉·波特等对于样本中的每一个国家,根据资产量确定了10家最大的向企业放款的商业银行和发展银行来分析92个国家政府对大银行的所有权。这样处理的结果也许会有一些偏差,但可以基本反映问题的实质。因为这些银行的资产量占银行体系资产总量的75%以上。二是宏观绩效指标的选择。由于国有银行与一国金融发展、经济增长、GDP、国民储蓄、投资、消费、技术进步等指标之间存在密切的关系(李健等,2004),具体考察一国商业银行国有股权与一国金融发展、金融体系效率、经济增长、国民储蓄等指标间的相关关系,可以得到商业银行国有股权宏观绩效的有益结论。

6.1.2 微观绩效及评价

商业银行国有股权微观绩效是指从一家商业银行国有股权出

发,评价银行国有股权对该商业银行经营业绩的贡献。这是从商业银行国有股权相对边界的角度对一家商业银行国有股权绩效的评价。

商业银行国有股权微观绩效的评价,涉及两大类问题:一是各家商业银行国有股权的计量。如前所述,各家商业银行国有股权的计量可以有不同的计量口径:国家股口径、广义的国有股口径和狭义的国有股口径,运用不同的国有股口径可以反映不同范围的国有股与银行绩效之间的相关关系与政策取舍。但需要注意的,是不能将三者混为一谈。二是商业银行绩效的衡量。衡量银行绩效的指标很多,但常用的指标主要有以下几个:股权收益率(ROE)、资产收益率(ROA)、每股收益(EPS)、净利息收益率、净非利息收益率、净银行营业收益率等。在这些指标中,ROE反映了银行给股东的回报水平,它近似于股东从投资一家银行所收到的净收益,是银行绩效衡量指标中最常用的指标。目前运用股权收益率模型即通常所说的杜邦分析法,可以充分利用指标分解技术,从多种角度对银行的经营业绩进行分析,但ROE指标在股权资本不足的情况下会产生股权收益率很高的错觉。

CAMEL模型。这是美国监管机构通过对商业银行的资本充足程度(capital adequacy)、资产质量(assets quality)、管理水平(management)、赢利水平(earnings)和流动性(liquidity)五项指标评估打分,综合评价金融机构绩效的分析工具。中国银监会2004年2月公布的《股份制商业银行风险评级体系(暂行)》基本沿用了"骆驼评级体系",将股份制商业银行的综合评级分为五级。股份制商业银行根据综合评分,对应取得综合评级等次。CAMEL模型的最大优点是充分考虑了银行经营的特殊性,商业银行所面临的问题不仅仅是收益最大化,而是要在可承受的风险范围内获取最大收益。

EVA 评价法。经济增加值(economic value added,EVA),这是商业银行业绩评价的另一种比较有用的评价方法。EVA 由 Stern Stewart 公司研制开发,以权益资本获得的利润最少应与其在资本市场同等风险下所获得的利润水平相当为理论基础,在剩余收益(residual income)的基础上发展而来。用公式可以表示为:

$$EVA=(r-k)K = rK - kK$$

式中,r 表示资本收益率;k 表示资本成本率;K 表示投入的边际成本。EVA 业绩评价法的最大优点是从股东角度定义银行的利润,增强了银行的业绩水平与银行投资决策的相关性;同时,在进行业绩评价时,既以会计数据为评价基础,又考虑了权益资本的机会成本,有利于银行内部财务管理指标的协调统一,真实反映银行的业绩水平。但会计界对该方法利用资本资产定价模型计算出来的权益资本的成本及调整后的会计数据的可靠性一直存在争议,目前 EVA 在我国仍主要停留在经济理论界。

商业银行国有股权微观绩效的评价,不仅具有政策性含义,更具有技术操作性意义。香港大学郎咸平教授认为,银行资金回报率的高低和银行是国营或民营、由谁控股毫无关联,银行改革与产权无关;引入国外金融机构改革国有银行的思维也无助于解决国有银行问题。但包括易宪容在内的一大批经济金融学专家对国有银行改革与产权无关论提出了质疑与反证。国有银行改革与产权真的无关吗?商业银行国有股权微观绩效评价有助于我们进一步了解国有产权与银行绩效间的关系与发展。

6.2 商业银行国有股权绩效之争

6.2.1 争论的背景

在商业银行发展的数百年的历史中,如前所述,国有银行一直扮演着非常重要的角色。特别是在20世纪60—70年代,非洲、亚洲和拉丁美洲的许多国家都将当时已有的和一些新建的商业银行收归国有,这在很大程度上促进了当时的经济发展。这方面讨论的开拓性文献一般认为是由格申克龙开创的。他在其《历史视角的经济回顾》(Economic Backwardness in Historical Perspective)中认为,在一些经济制度没有得到充分发展、私人银行未能扮演重要的发展角色的国家,如19世纪90年代的俄罗斯,"正是政府在履行产业银行的功能",且其作用是非常有益的。"在俄罗斯,资本严重短缺,以致整个银行体系无法吸收足够的资金为大规模的工业化提供金融支持。商业诚信水平极低,公众信任几乎完全丧失,银行想获取一笔少量的资金也是十分困难的。在四处都存在欺诈性破产的情况下,没有哪家银行能够成功地执行长期信贷政策"(格申克龙,1962)。后来由于政府介入金融体系,通过设立相应的金融制度最终促进了金融和经济的发展。19世纪90年代的俄罗斯,"总体上,是政府在履行银行的功能"(格申克龙,1962)。霍特里(Hawtrey,1926)认为,银行国有化以及基础设施、公用事业、国防、教育等部门的国有化能带来诸多"战略性"好处。W. 阿瑟·刘易斯(W. Arthur Lewis,1950)主张政府控制作为"制高点"(commanding heights)的银行所有权,明确地鼓励政府对银行的所有权,认为政府因此将可以通过直接的所有权和金融控制来发展战略性行业;缪尔达尔(Myrdal,1968)对印度和其他亚洲国家政府控制银行所有权的状况进行了较为详细的分析,也倾向于在印度和其他亚洲国家政府对银行拥有所有权。在1917年十月革命前夕,列宁(1977)发表了自己对银行的独到看法:"没有大银行,社会主义是无法实现的。大银行是我们实现社会主义的'国家机器'……"施莱弗(1998)也同样认为一些战略性经济部门的企业所有权应当由国家控制。上述观点于20世纪60、70年代在世界各地被广泛实践,非洲、亚洲和拉丁美洲的许多政府将现存的商业银行国有化并组建许多新的国有银行。

但从20世纪80年代开始,随着全球金融环境的变迁,各国的理论家和金融当局开始认识到国有化和"大政府"的代价,看到了不是市场的失败而是政府的失败乃至规制的失败带来了金融运行中的一系列不合理、非效率症状。出于对国有银行低效率、不良资产、资本充足率、金融体系潜在系统性风险等问题的重新审视与思考,导致金融领域出现了一个引起全球极度关注的革命性变化——私有化浪潮。在欧洲,各国主张经济理论与经济政策的转向,重视民间的自由竞争市场和纠正规制的失败,实行"小政府化"的所谓新保守主义经济学和民营化政策。在短短的二十年间,英国、法国、德国、意大利、比利时、奥地利、挪威、瑞典、瑞士、俄罗斯、西班牙、葡萄牙、波兰、匈牙利、捷克、保加利亚、罗马尼亚等国先后进行了银行私有化变革。在亚洲,印度、印度尼西亚、韩国、巴基斯坦、菲律宾、泰国、中国台湾地区等,或通过资产出售,或通过股票发行,也相继对国有银行进行了私有化改造。此外,非洲、拉丁美洲的一些国家,如埃及、委内瑞拉、莫桑比克、哥伦比亚等,也有不少银行私有化的案例。国有商业银行的辉煌似乎已成为历史。美国俄克拉荷马州大学经济学教授威廉·L.麦金森在《银行私有化经济学》中阐述了这样一个趋势:"在过去的二十多年中,全世界大部分银行已经从国家手中转移到了私人手中,在不久的将来将有更多的银行被私有化——特别是在有势力集团的印度和中国。"在仔细论证了涉及国有商业银行的诸多变化之后,威廉·L.麦金森对国有商业银行的未来非常悲观。与威廉·L.麦金森一样对国有银行感到悲观的人并不少见。

国内众多经济金融专家学者也似乎同意关于"抛弃国有商业银行"的论断。认为国有商业银行现存的诸多问题,如经营效率低下、资产质量差、不良资产比率居高不下、信贷资源浪费严重、潜在风险积聚明显、利润缺乏增长点、资本金补充机制失灵、治理结构畸形,归根到底是由产权制度造成的。正是这种单一的、政府几乎百分之百拥有所有权和控制权的产权制度,无法避免股东与公司的混同。"这就是当前国有商业银行经营目标不明、效益不佳、机制不活的深层次体制根源"[1]使得国有商业银行必然被"抛弃"[2]。

6.2.2 争论的焦点

国外关于商业银行国有股权的绩效,存在两种不同的看法。

一是基本乐观的"发展型"理论。发展型理论暗示在其他情况相同时,政府对银行的所有权应有利于随后的金融和经济发展、要素积累,而且特别有利于生产率的增长。因为政府通过参与金融部门,能够鼓励向私人部门增加贷款;政府也可以帮助形成标准化合同或专门法庭等借贷制度。同时,发展型理论也暗示政府对银

---

[1] 黄德根:《公司治理与中国国有商业银行》,北京:中国金融出版社 2003 年版,第132页。

[2] 国内主张发展民营银行的经济金融学家们大多有这种想法。

行的所有权,应该在那些更穷的、金融市场更不发达,而且一般地在金融制度运行不良的国家更加盛行。格申克龙(1962)认为,在一些经济制度没有得到充分发展,私人银行未能扮演重要的发展角色的国家,如20世纪90年代的俄罗斯,"正是政府在履行产业银行的功能",且其作用是非常有益的;荷特烈(1926)考虑过银行国有化的诸多战略性好处;W.阿瑟·列文斯(1950)明确地鼓励政府对银行的所有权,认为政府因此将可以通过直接的所有权和金融控制来发展战略性工业部门;缪尔达尔(1968)也倾向于在印度和其他亚洲国家政府对银行拥有所有权。

二是"政治型"理论。政治型理论暗示在其他情况相同时,政府对银行的所有权将替代私人企业的融资。此外,虽然政府通过自己的银行进行融资鼓励了储蓄和资本积累,但政府融资支持的项目可能是无效的,并且对生产率的增长有一个负效应。政治型理论也认为,政府对银行的这种所有权在那些人均收入水平低、金融体制欠发达、政府奉行干预主义且缺乏效率以及产权保护不足的国家具有更高的比例。卡内(Kornai,1979)、施莱弗和威西尼(1994)认为政府获得企业和银行的所有权,目的是对支持者提供就业、补贴和其他利益,支持者则通过投票、政治捐款和贿赂来回赠政府,他们认为政治家通过银行控制投资是出于政治性目的而不是社会目标。政治型理论已被相当多的文献所支持,如拉·波特和罗皮兹·德·西拉内斯(1999),弗里得曼(Frydman)等(1999),罗皮兹·德·西拉内斯、施莱弗和威西尼(1997),巴泊里思(Barberis)等(1996),麦金森、纳什(Nash)和拉登伯格(Randenborgh,1994)等。发展型和政治型理论都认为,政府对银行的所有权有助于促进政府目标。只是在前者看来,这些目标同时也是社会需要的,但后者认为它们并非如此。

巴塔凯日亚、洛弗尔和萨黑(1997)运用数据包络分析法,对印度私有化早期(1986—1991年)的70家国家所有、外资所有和私人所有的商业银行相对效率进行了调查。他们发现,在为顾客提供金融服务方面,研究期内公有银行最具效率,私有银行最没有效率。其研究结果与印度国有、混合所有和私有的非金融企业的效率研究结论完全相反,令人吃惊。印度在1970年以前仅有一家银行是国有的,但此后开始了银行国有化浪潮,到1980年,整个银行系统被国有机构所垄断。

拉·波特、罗皮兹·德·西拉内斯、施莱弗和威西尼(2002)通过收集世界各地政府对银行的所有权的资料,运用回归分析法实证分析了一国政府对商业银行所有权的绩效。(1)政府对银行的所有权是否加速了金融发展?他们的研究表明,政府在1970年对银行拥有更多的所有权是与随后较慢的金融发展、人均收入和生产率的较低的增长率联系在一起的。他们考察1960年到1995年间的金融发展,得出的结论是,"金融发展的初始水平与金融发展指标随后的增长呈负相关关系";"其他情况不变时,政府对银行的所有权延缓了随后的金融发展"。这与发展型理论不符但与政治型理论相符。(2)政府对银行的所有权是否加速了经济增长?相关地,它是如何影响要素积累、储蓄和生产率的增长?它们的增长回归研究结果是,如果政府对银行的所有权上升10个百分点,经济年增长率会下跌0.23个百分点;利用增长回归的标准形式,通过控制平均的教育年限这一变量,其得出的结论也是,政府对银行所有权削弱了随后的经济增长。这与发展型理论不符但与政治型理论相符。同时,他们的研究数据还表明,其一,政府对银行的所有权特别与更低的生产率增长有关。这与发展型理论认为的政府对银行的所有权会对生产率增长产生有利影响的观点完全不符。

其二,所有权对资本积累不存在显著的影响。他们的数据没有支持发展型理论关于政府对银行的所有权有助于资本积累的观点。其三,所有权对储蓄存在正的但不显著的影响,这温和地支持了发展型理论。

威廉·L.麦金森针对过去 15 年里,59 个国家的二百五十余家商业银行或采取公开发行股票或采取资产出售方式全部或部分私有化,从另外一个角度阐释、评价和剖析了商业银行国有股权问题。他在 2004 年《银行私有化经济学》一文中全面考察了有关银行私有化的所有经验文献,通过分析世界范围内国有商业银行的边界(extent),运用国有商业银行理论(theoretical rationale)和国有商业银行绩效(measured performance),解读了商业银行国有股权曾经为何如此盛行以及许多国家的政府为什么最终还是选择了国有银行私有化的原因。麦金森的经验数据充分显示:国有商业银行比私有银行缺乏效率,政府控制型银行违规现象日趋严重。但另一方面,麦金森也认为没有经验数据证实私有化本身单独改进了被出售银行的效率,特别是在部分私有化的情况下。不过,他从总体上还是认为私有化提高了银行整体效率。

波因、汉森和保尔·瓦西特尔(2002)就不同产权结构(国有、私有和外资所有)对银行绩效的影响在保加利亚、克罗地亚、捷克、匈牙利、波兰和罗马尼亚这六个转型经济国家作了调查。他们的样本包括这六个国家 222 个调查对象在 1999 年到 2000 年的财务和股权数据。他们发现,样本中大约三分之二的银行完全私有,其中 40%完全由外资所有;差不多 60%的银行由外资控股,只有不到 15%的银行仍然由国家所有。大量证据表明完全私有银行的赢利能力(由资产回报率和股本回报率来衡量)高于那些拥有国有股权的银行,而外资银行赢利能力最强,也是客户贷款增长最快的。

巴思、卡普里奥和莱文(2003)采用107个国家银行管制和监管的数据来估测特殊的管制和监管行为与银行的发展、效率以及脆弱性之间的关系。他们也调查和分析了国有股权与这些保证银行发展的管制和监管方法之间的关系。他们发现,银行的国有股权与银行绩效负相关,而与腐败正相关。而且,即使管制和监管环境的其他方面正常,国有股权与银行的发展能力、效率和稳定性之间也不能建立起独立的强有力的正相关关系。换言之,即使在最合理的管制和监管制度设置下,也没有确切的证据表明国有银行股权有利于提高产出。

萨皮恩扎(2003)运用1991年到1995年期间意大利银行和客户签订的个人贷款合同价格信息来研究国有股权对银行贷款行为的影响。他采用所有意大利银行都在使用的关于公司贷款人的一般信息资料的数据库,以消除在贷款定价决定中不同信用评价技术差异带来的影响。他还调查了一个由6 968家公司提供的具有110 786个公司和银行之间历年信贷记录的对称信息资料,其中,55 393个观察对象是从国有银行贷款的,而另外55 393个对象则是从私有银行贷款的,来进一步控制样本内差异。萨皮恩扎发现,国有银行的借款人平均要比私有银行的借款人少付44个基点。他同时还指出,借款登记地的投票模式和国有银行首席执行官的政党派别明显影响贷款价格。萨皮恩扎的这些结论强烈显示了国有银行所有权具有的政治意图远胜于竞争性的社会和代理成本意图。

多内、郭、卡萨可萨里特和特拉尼恩(2003)调查了1989年到1998年远东16个国家的国有和私有银行的表现差异。他们发现,国有银行与私有银行相比明显缺乏赢利能力。这主要归因于国有银行的低资本比率、高信用风险、低流动性和较低的管理效率。在1997年和1998年的亚洲经济危机开始的时候,所有银行的经营情况都明显恶化,而国有银行的表现比私有银行更严重。而差异最厉害的则是那些政府对银行系统介入最深的国家。这些国家的经济发展水平也低一些,金融发展也更差。

温特劳布和纳可恩(Weintraub and Nakane,2003)调查了1990年到2001年期间的大约250家巴西银行的私有化情况。所有的巴西银行在1994—1995年由于实行针对通胀的实值计划(real plan)而受到严重冲击。因为它们在此前的通胀特别是高通胀时期,通过金融中介行为能够轻松获利。由于受阻于从通胀中轻松获利而产生了一场银行危机,并导致了20世纪90年代晚期整个行业的全面重组。温特劳布和纳可恩通过调查这些变化对要素生产力的影响并使用一个由3 958个观察对象组成的样本,发现银行规模和所有权是产出的重要决定因素。特别是他们发现国有银行明显比私有银行的产出要低,而私有化则能够显著增加产出。

国内关于政府对商业银行的所有权、政府对商业银行的干预、商业银行的产权制度创新等,主要有以下观点:

一是"摆脱论"。认为目前商业银行的产权主体是政府和国有企业,产权不能方便地转让和流动,产权结构不合理和产权结构僵硬,同时,政府也缺乏足够的财力为商业银行资产规模的扩大补充资本金,且又不愿意放弃控制权。这种封闭式所有权结构使商业银行在产权上依附于政府;管理者由政府任命;资金投向上听命于政府;对政府的行政干预更缺乏拒绝能力,最终导致商业银行缺乏经营动力和经营自主权;造成保守性和僵硬性。我国商业银行的经营困境源于其产权缺陷,因此,商业银行要在激烈的竞争环境中生存、发展,必须摆脱政府的限制和保护,走产权改革之路。政府没有必要非做控股股东,大企业集团、民营企业入股商业银行,互相参股,金融资本与产业资本融合是大势所趋,应鼓励提倡按市场化原则进行商业银行的重组联合。

二是"稳定论"。认为对政府的法人股份近期以保持现状为好,既不扩大,也不减少。从政企分开的角度看,政府股终究要从企业退出,但目前政治体制改革远未到位,政府职能转换也尚未到位,加上商业银行历史包袱沉重,需要政府在政策上倾斜,在工作上加强支持商业银行的力度,因而目前保有政府股份不变为宜。

三是"无奈论"。认为目前我国商业银行的股权结构是非常不合理的,政府依仗对银行的控股权和政治权利所进行的行政干预,严重影响了银行的正常业务经营,但与此同时,要摆脱政府的干预是不可能的,政府干预银行在世界范围内也是普遍的、必然的。

四是"巩固论"。认为政府作为利益主体需要对本国经济发展和社会稳定负责,一国经济社会发展客观上需要政府掌握大量的金融资源;政府参股、控股商业银行可以约束自己的经济行为,对"自己的"银行负责任;可以分担、分散金融风险,化解集中于中央银行与中央政府的系统性金融问题。同时,政府拥有商业银行股权,银行也容易受到政府的保护,对银行业务经营十分有利。

最近对中国国有商业银行改革的反省式文献来自张杰(2004),他提出了国有银行行为的变化与内部结构的制度性调整需要一个长时期的演进过程,而由政府自上而下推动的改革一般都存在外部变化与内部变化不相协调的情形,并从储蓄率、储蓄资产占比、不同预算约束下银行对经济中项目的不同选择等角度提出了国有银行存在的理由。李健等(2004)从宏观视角分析了国有商业银行的功能和组织定位,提出了不能局限于微观层面或银行自身的角度来构建国有银行绩效评价体系和确定改革目标与实现路径的观点。

很显然,国内外关于商业银行国有股权边界的问题,目前还没有形成较为一致的意见,还存在较大的分歧。对政府参与银行、国有股权作用的认识尚存误区,目前"商业银行国有股权有效论"与"商业银行国有股权无效论"针锋相对。政府与商业银行的关系更是如此,这迫切需要我们从理论与实践两方面作进一步的探讨。本研究限于一国商业银行国有股权资料的可得性以及考虑到拉·波特等(2004)对商业银行国有股权宏观绩效已有的实证结论,下面主要就商业银行国有股权的微观绩效作经验分析。

6.3 商业银行国有股权价值的海外实证

6.3.1 样本选取与变量定义

6.3.1.1 样本银行的选取

我们选取的样本银行来源于维伯如格、麦金森、万达·L.欧文斯(Wanda L. Owens,1999)和南杰斯·波巴可里、琼-克洛德·考塞、克劳斯·费希尔和欧姆拉恩(Narjess Boubakri, Jean-Claude Cosset, Klaus Fischer and Omrane,2003),并对其进行了进一步筛选。在南杰斯·波巴可里等(2003)一文中,我们对样本数据的引用主要是从国有股权边界变迁(边界缩小)对银行风险的关系来论证,我们这里主要考察国有股权边界缩小对银行经营绩效的影响。

从样本银行来看,一共有81家来自于22个国家的银行,这些银行都是在1986年至1998年间实施国有股权边界变迁的。我们从国别、实施变迁的年份、国家的国民收入情况这三个角度,对样本银行进行了归类(如表6-1所示)。

表6-1 对样本银行的分类

根据银行所在国家分			根据边界变迁年份分		
国家	数量	比重(%)	时间	数量	比重(%)
肯尼亚	3	3.7	1986	1	1.23
黎巴嫩	1	1.23	1989	2	2.47
马拉维	1	1.23	1991	15	18.52
摩洛哥	1	1.23	1992	14	17.28
尼日利亚	7	8.64	1993	8	9.88
乌干达	2	2.47	1994	6	7.41
非洲和中东	15	18.52	1995	5	6.17
印度	8	9.88	1996	6	7.41
印度尼西亚	1	1.23	1997	15	18.52
韩国	1	1.23	1998	9	11.11
巴基斯坦	2	2.47	合计	81	100
菲律宾	1	1.23	根据银行所在国国民收入情况分		
斯里兰卡	2	2.47	收入情况	数量	比重(%)
亚洲	15	18.52	低收入	33	40.74
阿根廷	5	6.17	中低收入	10	12.35
巴西	5	6.17	中高收入	30	37.04
哥伦比亚	7	8.64	高收入	8	9.88
圭亚那	1	1.23	合计	81	100
牙买加	1	1.23			
墨西哥	16	19.75			
秘鲁	2	2.47			
委内瑞拉	2	2.47			
拉丁美洲	39	48.15			
葡萄牙	8	9.88			
土耳其	4	4.94			
欧洲	12	14.81			
合计	81	100			

注:本表主要是从国别、实施边界变迁的年份、国家的国民收入情况这三个角度对样本银行进行分类。

资料来源:根据全球银行和金融机构数据库、World Bank classification(2000)、南杰斯·波巴可里等(2003)的有关资料计算整理。

从该表中可以看出,在我们考查的这段期间内,拉丁美洲一共有 39 家银行实施了国有股权边界变迁,将近总数的一半;其次是亚洲、非洲和中东各有 15 家。从这些数据中可以看出,在拉丁美洲的大部分国家中普遍有国有股权边界变迁现象,以墨西哥为例,该国的 16 家银行均实施了国有股权边界变迁。在欧洲,波兰一共有 8 家银行实施了国有股权边界变迁。从时间跨度来看,1991 年和 1992 年是一个变迁高峰期,随后步入了低潮期,但是到了我们考查的后期(1997 年和 1998 年),商业银行的国有股权边界变迁又进入了一个新的高峰期。

6.3.1.2 变量定义

(1) 国有股权 GOB

对于 GOB 的定义,我们采用第一章讨论的相关方法,即根据有关统计资料计算出的政府拥有或者通过国有公司间接拥有银行产权占银行总产权的比例。具体计算为:

$$GOB_{ig} = \sum_{k=1}^{K} C_{ik} C_{kg}$$

GOB_{ig} 表示一国政府拥有银行 i 的产权的比例;

C_{ik} 表示股东 k 拥有 i 的产权的比例;

C_{kg} 表示股东 k 中政府产权所占比例(若股东 k 完全私有,则 $C_{kg}=0$;若股东 k 完全国有,则 $C_{kg}=1$);

K 为股东数目。

我们运用同样的方法来进一步定义银行中的外资股权 FB、本国产业部门在银行中的股权 IGB 和本国私人股权 IB。

(2) 银行经营绩效指标及计量

对银行经营绩效指标[①]的衡量及计量,具体如表 6-2 所示:

---

① 对这些指标的说明主要是引用了陆世敏、赵晓菊的《现代商业银行经营与管理》,上海:上海财经大学出版社 1998 年版,第 332—334 页。

表 6-2 有关银行经营绩效的指标定义

指 标	定 义
赢利能力指标	
总资产收益率	净利润/总资产
净资产收益率	净利润/净资产
总资产净利差率	(利息收入－利息支出)/总资产
营运能力指标	
工资支出对总资产的比率	总工资支出/总资产
经营费用对总资产的比率	经营费用/总资产
经营性收支率	经营费用/经营收入
总存款比率	总存款/总资产
资产质量指标	
现金比率	(现金＋有价证券)/总资产
资本充足率	资本/总资产
存款对贷款的比率	总存款余额/总贷款余额
有问题贷款余额对全部贷款余额的比率	有问题贷款余额/全部贷款余额
偿债能力指标	
核心存款比率	核心存款/总资产
净流动资产对总资产的比率	(流动资产－流动负债)/总资产
成长性指标	
总资产增长率	(本期总资产－上期总资产)/本期总资产
存款增长率	(本期存款余额－上期存款余额)/本期存款余额

6.3.2 数据分析

6.3.2.1 样本银行股权结构分析

通过对样本银行在国有股权边界变迁前后股权结构的变化情

况进行分析(见表6-3),我们可以看出,在实施当年,政府股权(GOB)从平均值(中值)的97.2%(100%),急减至34%(34%),并且在实施边界变迁的三年后,其股权比例基本保持一个平稳下降的趋势。一个值得关注的现象是,在实施边界变迁过程中,政府股权大部分被转移到了国内产业部门,它的股权由边界变迁前的7.3%(0%)上升到了边界变迁实施当年的55.7%(63.1%),并在实施边界变迁后的三年内逐步上升到了64.7%(78.1%)。同国内产业部门不同的是,外资股权虽然在实施边界变迁的过程中也出现了一个比较大的增幅,从1.6%(0%)上升到了13.3%(0%),但在边界变迁的后三年并没有出现明显增长,基本保持在16%(0%)的水平,而国内私人股权的变化基本呈现出与外资股权相似的特征。

表6-3 国有股权边界变迁前后股权结构比较

			GOB	FB	IGB	IB
变迁前	1年	平均值	0.972	0.016	0.073	0.028
		中值	1.000	0.000	0.000	0.000
		N	70	54	20	13
变迁年	0年	平均值	0.340	0.133	0.557	0.122
		中值	0.340	0.000	0.631	0.000
		N	70	72	36	25
变迁后	1年	平均值	0.294	0.148	0.678	0.099
		中值	0.324	0.000	0.666	0.000
		N	66	62	38	24
	2年	平均值	0.282	0.159	0.651	0.111
		中值	0.314	0.000	0.700	0.015
		N	65	62	39	28
	3年	平均值	0.273	0.157	0.647	0.106
		中值	0.304	0.000	0.781	0.005
		N	58	54	31	22

资料来源:根据全球银行和金融机构数据库、World Bank classification(2000)、南杰斯·波巴可里等(2003)的有关资料计算整理。

表 6-4 银行国有股权变迁前后的金融绩效

绩效	N	平均值（中值）私有化前	平均值（中值）私有化后	平均值（中值）改变量	平均值增长率(%)	Z-stat.（中值）
赢利能力指标						
总资产收益率	75	0.012 (0.009)	0.023 (0.009)	0.011 (−0.001)	91.67	−0.184
净资产收益率	73	0.099 (0.163)	0.072 (0.136)	−0.028 (−0.030)	−28.28	−1.225
总资产净利差率	50	0.045 (0.046)	0.043 (0.042)	−0.002 (0.003)	−4.44	−0.224
营运能力指标						
工资支出对总资产的比率	50	0.045 (0.031)	0.056 (0.032)	0.011 (0.001)	24.44	0.307
经营费用对总资产的比率	27	0.240 (0.219)	0.164 (0.171)	−0.075 (−0.063)	−31.25	−2.457**
经营性收支率	37	0.842 (0.862)	0.194 (0.835)	−0.648 (−0.037)	−76.96	−0.887
总存款比率	70	0.607 (0.572)	0.869 (0.604)	0.262 (0.010)	43.16	0.294
资产质量指标						
现金比率	73	0.411 (0.330)	0.364 (0.294)	−0.048 (−0.052)	−11.68	−0.975
资本充足率	75	0.098 (0.076)	0.118 (0.083)	0.021 (0.010)	21.43	1.271
存款对贷款的比率	65	1.720 (1.229)	2.031 (1.357)	0.311 (0.036)	18.08	0.866
有问题贷款余额对全部贷款余额的比率	53	0.259 (0.053)	0.271 (0.105)	0.021 (0.039)	8.11	−2.183**
偿债能力指标						
核心存款比率	34	0.183 (0.182)	0.179 (0.161)	−0.004 (−0.006)	−2.19	−0.761
净流动资产对总资产的比率	75	−0.164 (−0.135)	−0.194 (−0.231)	−0.024 (−0.045)	14.63	0.868

成长性指标						
总资产增长率	70	0.189 (0.161)	0.700 (0.153)	0.511 (−0.059)	270.37	0.023
存款增长率	41	0.458 (0.192)	0.356 (0.179)	−0.102 (−0.090)	−22.27	−0.686

注:(1)本表中提供的关于变迁前、后的平均值和中值数据分别是指在变迁前三年和后三年的数据,而不包括变迁发生当年的数据,改变量是指变迁前后平均值和中值改变的绝对量;(2)第五列中提供的平均值增长率的计算方法为:平均值改变量/平均值(变迁前);(3)第六列中提供的 Z 统计量是针对(中值)的"Wilcoxon"显著性检验的 Z 值,其中(＊＊＊)、(＊＊)、(＊)分别代表1％、5％、10％水平的显著性。

资料来源:根据全球银行和金融机构数据库、World Bank classification(2000)、南杰斯·波巴可里等(2003)的有关资料计算整理。

6.3.2.2 样本银行国有股权边界变迁前后金融绩效的分析

商业银行作为经营货币的特殊企业,与一般企业相比,最显著的特点是利用较高的财务杠杆,进行高负债经营。这种特殊的经营方式决定了商业银行具有较高的经营风险,因此,要求其在追求利润的同时,更要注重风险的防范与控制,尽量保持资产赢利性、流动性与安全性三者之间的合理统一,实现高效率经营。所以,我们在进一步总结和评价银行实施国有股权边界变迁后是否影响了其金融绩效时,共引入了五大类 15 项指标(包括赢利能力指标、营运能力指标、资产质量指标、偿债能力指标、成长性指标),我们提取了样本银行中能够观察到各项关于金融绩效指标在变迁前、后各三年的平均值和中值数据,如表 6-4 所示。

(1) 对营利能力指标的分析

①总资产收益率,这里的净利润指的是银行税后利润,它与银行总资产的比率是反映银行综合赢利能力的最重要指标之一,它越高就表示银行的赢利能力越强。从表中可以看出总资产收益率的平均值从 1.2％增长至 2.3％,增幅达到 91.67％;不过其中值

并没有呈现出增长态势,Z 统计值为 -0.184,略有下降。

②净资产收益率,是指银行净利润对银行总资产与负债差的比率,是银行股东最为关心的核心指标,它对银行股票的行市变化具有决定性的影响,也是银行投资效益的集中反映。一家银行的经营是否成功,主要看其净资产收益率的高低。现代商业银行的经营管理,无不是以提高净资产收益率为最大目标。从能够获得有效数据的 73 家银行来看,缩小国有股权边界对该项指标并没有一个明显的促进作用,无论是从平均值还是从中值的角度来看,都呈现出微降的趋势,平均值下降 28.28%,中值的 Z 统计值为 -1.225。我们认为之所以会出现这种情况,可能是因为,缩小商业银行国有股权边界以后,商业银行的净资产得到了比较大幅度的提高。

③总资产净利差率,该指标反映的是银行利用吸收存款、发放贷款这一传统业务对总资产的贡献率,如果该指标过高说明银行的经营业务过多地集中于传统业务而对收益率更高的中间业务投入不够。从我们观察到的 50 家银行的数据来看,商业银行国有股权边界缩小后总资产净利差率平均值(中值)从 4.5%(4.6%)下降到了 4.3%(4.2%),说明这些银行在国有股权边界缩小以后,普遍对银行业务实施了微调,减少了传统业务的比重。

(2) 对营运能力指标的分析

①工资支出对总资产的比率,是指银行对员工的劳务支出对总资产的比率,它反映的是银行对人力费用的控制能力,该指标越低说明银行赢利能力越强。但在国有股权边界缩小的同时,我们并没有看到工资、福利支出得到了很好的控制,该项指标反而出现了一个比较明显的增长,平均值从 4.5% 涨至 5.6%,增幅为 24.44%。

②经营费用对总资产的比率,该指标主要反映银行对经营性支出的控制能力,可衡量成本是否得到了有效的控制,该指标越低说明银行赢利能力越强。从我们得到的27家银行的数据来看,在实施边界变迁前后银行的经营费用支出情况有了明显改善,平均值(中值)从24%(21.9%)下降至16.4%(17.1%),平均值的降幅为31.25%,中值的Z统计值达到-2.457,在10%水平下为显著。可见银行通过缩小国有股权边界,能够以企业的身份进行经营费用的控制,走出了原来的类似政府部门的身份。

③经营性收支率,这是衡量银行日常经营性业务收入对全部经营费用的比率,它反映银行通过日常的主营业务的赢利能力,该比率越高,自然其赢利能力也就越大。由于在该数据平均值分析中出现了明显的异常值,故我们主要对其中值进行分析,中值由86.2%降至83.5%,可以说改变不大。

④总存款比率,吸收存款是银行增加资产的重要途径,是银行经营的先决条件之一。从我们观察到的70家的银行来看,该指标的平均值(中值)由60.7%(57.2%)增长至86.9%(60.4%),平均值涨幅达到了43.16%,中值的Z统计值为0.294。可见,在边界变迁以后,各家银行普遍都提高了揽储能力,为赢利能力的进一步增长创造了条件。

(3)对资产质量指标的分析

①现金比率,这里的现金比率是指现金与有价证券这一现金类资产与总资产的比率。由于银行现金资产具有最高的流动性,因此,这一比率越高,表明银行资产整体的流动性越强。但由于现金资产基本不能为银行带来收益,比率越高意味着银行的赢利基础越差,故在银行经营管理中通常把这一比率控制在必要限度内。从我们观察到的73家银行的数据来看,平均值(中值)从41.1%

(33.3%)下降到36.4%(29.4%),可见,边界变迁以后,银行普遍选择了现金类资产的持有量,从而提高收益性资产的持有量,从数据上来分析,这一指标居然出现了下降的趋势,但还是保持在一个安全的水平上。

②资本充足率即资本对资产的比率,该比率也称为杠杆比率。比率越小,风险越大,安全程度也越差。因为资本占资产的比率愈小,意味着资产一旦遭受损失,给予补偿的能力也越小,《巴塞尔协议》强行规定银行资本不得低于资产总额的8%,就是为了加强银行的安全性,减少风险度。从我们观察到的75家银行的数据来看,在国有股权边界缩小以后,多数银行的资本充足率得到了改善,平均值(中值)从9.8%(7.6%)上升到11.8%(8.3%),平均值的上涨幅度为21.43%,中值的Z统计值为1.271。而且从统计数据来看,各家银行的资本充足率基本都能保持在《巴塞尔协议》规定的8%这一水平线上。

③存款对贷款的比率,该比率越小,风险也越大,安全程度就越低。对一个独立经营的商业银行来说,由于要留足必需的准备金,所以贷款总是要小于存款。而且,由于贷款的平均周期往往要长于存款的平均周期,因此,贷款的比重高表明贷款资金回流偿还存款者的提款的余地小,风险也就比较大。从我们观察到的数据来看,该项指标从平均值(中值)172.0%(122.9%)上升到203.1%(135.7%),平均值上涨幅度为18.08%,体现出一个平稳的增长趋势。

④有问题贷款余额对全部贷款余额的比率,一般有问题贷款指的是将可能逾期,甚至长期呆滞难以清偿的贷款。这一比率越高,说明收回本息的风险也就越大,银行的安全度也就越差。从我们获得的数据来分析,通过缩小国有股权边界虽然银行普遍加大

了对贷款质量的管理,但从我们观察到的53家银行来看,其数据并没有得到明显的改善,平均值的增幅为8.11%,中值的Z统计量更是达到了10%水平下的显著水平。

(4) 对偿债能力指标的分析

①偿债能力是指企业偿还到期债务(包括本息)的能力。在银行存款中,核心存款是指对利率变化不敏感以及不随经济条件和季节周期变化而变化的存款,也可称为存款的稳定余额,而易变性存款则与之恰恰相反。如果一家银行的核心存款率高,其获取可用头寸的能力自然也相应要强于易变性存款比率高的银行,故其偿债能力就会越强。从我们获得的34家银行的数据来看,在国有股权边界变迁前后,银行的核心存款比率略有下降,其平均值的下降幅度为2.19%。

②净流动资产对总资产的比率,是银行快速获得短期头寸能力的重要标志,该指标越高表示银行应对突发能力越强。从该项数据来看,通过缩小国有股权边界,银行的偿债能力得到了一定程度的提升,该指标的平均值的增长幅度为14.63%。

(5) 对成长性指标的分析

①总资产增长率反映了银行在考察期间总资产的实际增长情况,在这里特别能够反映银行在国有股权边界缩小后总资产的增长情况。从我们观察到的70家银行的数据看,该项指标的平均值在边界变迁后得到了大幅度的提升,幅度达到270.37%,在一定程度上反映出通过缩小国有股权边界,银行的总资产增长率得到了大幅度的提高。

②存款增长率,与前一指标相类似,也反映出银行缩小国有股权边界后揽储能力的增长情况。但是从数据上来看,与前一指标不同的是,无论是平均值还是中值,该指标均呈现出一定幅度的下

降,其中平均值下降 22.27%。

值得注意的是,我们以上所进行的分析都是基于财务数据的分析,因此分析结论的准确性必然受制于这些数据本身的可信程度。由于银行的财务数据有时是不透明的,尤其是我们的样本银行分布在几个洲的多个国家,而每个国家对银行财务数据的公布要求是不同的,这也许会在一定程度上影响分析的可信度。

6.3.3 结论和建议

分析银行在国有股权边界变迁前后股权分布情况和金融绩效的变化情况,我们可以得到如下结论:国有股权边界缩小对银行金融绩效的提高有一定的促进作用。从我们考察的 15 项指标来看,商业银行国有股权边界缩小以后,共有 10 项指标得到了较为明显的改善,仅有一项指标没有发生明显改变,只有 4 项指标发生了较为明显的消极变化。

(1)从对赢利能力指标的分析来看,总资产收益率的平均值得到了明显的提高,虽然净资产收益率略呈下降的态势,但我们认为这主要是因为银行在实施私有化后净资产有了大幅提高。

(2)从对营运能力指标的分析来看,居然有一项指标有下降但有两项指标得到了明显改善,所以我们可以认为通过实施私有化,银行的营运能力是有一定程度提高的。

(3)从对资产质量指标的分析来看,4 项指标均出现了明显的积极性质的变化,可见实施私有化对提高银行资产质量的意义是显著的。

(4)从对偿债能力指标的分析来看,在实施私有化后虽然银行的核心存款比率有了下降,但是净流动资产对总资产的比率还是有了一定程度的提高。

(5)从对成长性指标的分析来看,虽然银行的存款增长率有所下降,但总资产增长率的增加是明显的,其平均值的增幅甚至达到了270.37%。

因此,我们可以认为,通过实施国有股权变迁,银行的金融绩效得到了实质性的提高。商业银行国有股权微观绩效评价的政策含义在于:

第一,银行改革不能回避产权问题。国有商业银行公司治理问题,不能不讨论国有商业银行产权改革问题。国有银行改革不从产权上入手,是无法从低效益中走出来的,银行改革产权无关论值得商榷。

第二,缩减国有股权是商业银行提高资本充足率的有效途径。从我们观察到的75家银行的数据来看,国有股权与资本充足率有明显的相关关系。目前我国商业银行资本充足率普遍面临8%的考验,从世界各国的经验看,通过IPO或增资扩股适度降低国有股权边界不失为一项明智的选择。

第三,银行资产质量是国有股权变迁的函数,缩减国有股权边界对提高银行资产质量的意义是显著的。不良贷款比例过高、资产质量低下是我国商业银行特别是国有银行的主要问题,虽然国有银行的不良资产不能完全归咎于产权问题,但至少是其中的一个主要原因。

第四,对"国有股权是否需要退出商业银行"问题的回答,将直接影响到国有商业银行的命运、前途与未来,影响到政府对国有商业银行的战略决策,影响到国有商业银行的经营管理策略,影响到成千上万存款人、借款人、银行职员的切身利益,甚至影响到一国(地区)社会经济的发展和稳定。因此,这是一个需要谨慎对待的难题,是一个需要深入分析研究才能妥善回答的问题。

第七章 商业银行国有股权的管理

7.1 商业银行国有股权管理核心

股份制在社会主义条件下,特别是在国有经济内部的全面实施,将使国有产权管理转变为对国有股权的管理。国有股权管理是国有资产管理中最复杂的领域,也是在国有银行股份制改造过程中和改造后必须认真对待的问题。商业银行国有股权管理的地位与作用、管理范围、管理内容、管理目标与目的、管理原则等是实施商业银行国有股权管理必须首先明确的基本问题。

7.1.1 管理动因

商业银行国有股权管理问题,不仅关系到国有金融资产运行效率、国有股权权益维护,而且关系到国有银行股份制改造目标实现、效率型银行体系建立的深层次问题。

(1) 构建有效股权结构的需要

合理的国有股权边界有赖于国有股权设置的有效管理。股权结构从各股东持股量上可分为:高度集中型、过度分散型和适度分散型。高度集中型股权结构表现为第一大股东持股数很大,基本处于绝对控股地位,其他股东极小。在这种类型的股权结构下,大股东有行使权力的极高兴趣,一般,董事长或总经理是控股股东的直接代表或控股股东本人,而小股东因为份额过小普遍有"搭便车"的动机,必要的时候,一般采用"用脚投票"机制。这样,大股东失去了来自其他股东的有力约束和制衡。过度分散型股权结构表现为相当数量的股东持股数相近,单个股东的作用有限。这种股权结构可以避免高度集中型结构下股东行为特点的两极分化,又可避免个别大股东与代理人之间的合谋,在股东之间寻找一种制衡机制。但在分散型结构下,股东行为也并不理想,股权分散使股东们行使权利的积极性普遍受到抑制,任何股东都不愿意付出比别人更多的努力,致使内部人控制盛行。适度分散型股权结构表现为既有一定的股权集中度,又有若干大股东存在的股权结构。它解决了在股东之间建立起激励和制约机制的问题,避免了前两种结构下股东行为的非理性。各个股东以其持股水平为依据,决定其行使权力的努力程度。在持股差距适当的前提下,有望使各股东达到一种适度参与的境界,形成有效的相互制衡。问题是,要想在国有制约束下谋求相对合理的股权结构,我们认为,其关键完全取决于对国有股权的管理。从我国的实际情况看,国有股权管理的目标是建立起相对有效的股权结构。

(2) 合理行使股权的需要

控股权滥用和控股权弱化是股权无效率行使的两极。在国家控股的商业银行里,国有股东多数有行政化干预偏好。首先,过高的持股比重,内在地激发了国有股东权力行使的积极性并为其过多的干预提供了理由和方便,滥用控股权使得银行不得不服从行政部门的利益目标和行政约束,而难以把所有者和企业利益最大化作为追求目标。其次,由于国有资本投资主体具有不确定性,存在的所有者缺位问题不能得到很好解决,使得国有股权代表既得不到真正的所有者对其的充分激励,又不受所有者的有效监督和约束。第三,国有股权代表虽然在一定程度上拥有银行的实际控制权,但他们并不拥有索取其控制权使用收益的合法权益,从而也不承担其控制权使用的责任,此时,国有股权代表手中的控股权就成为一种"廉价投票权",控股权弱化致使内部人控制加剧。有效的国有股权管理是防止控股权滥用和控股权弱化的客观要求。

(3) 保值、增值国有资产的需要

合理回报是股权投资的基本要求,也是股权投资效益评价的主要内容。国有股权作为国有资产在股份条件下的转化形态,也同样要求资产的保值、增值。同股、同权、同价、同利是股权收益管理的基本原则。加强商业银行国有股权管理,既可以防止侵吞国有股权收益而导致国有资产流失的现象,也可以避免出现大股东损害中小股东利益的行为。

7.1.2 管理的核心内容

按照国有股权运作过程,我们可以把银行国有股权管理的基本内容分为三个方面,即:国有股权的设置管理、国有股权的运作管理和国有股权的收益管理。

(1) 国有股权的设置管理

这主要是指改组或新建股份制银行筹建开业阶段的国有股权管理。在股份银行筹建开业阶段,国有股的出资者(投资者)应行使的管理职能包括:参与审批用国有资产入股组建或以国有银行改组设立股份制商业银行的申报项目;组织对入股国有资产的资产评估和所有权界定,并负责办理资产价值评估结果、所有权界定的确认手续;负责办理入股国有资产产权登记事宜,并指导银行按评估值调整账面价值和国家资金,转为国有股股东权益;对银行实施注资并折为国有股份;持有所出资银行的国有股份;委派或参与委派国有股权代表;协助政府妥善处理股份制改造中遗留的各种财产管理问题。

我国对股份制试点企业于 1994 年 3 月 11 日由国家国有资产管理局印发了《股份制试点企业国有股权管理的实施意见》,就股份公司设立时国有股权管理的内容,在参与股改对象选择和国有企业进入股份制改组的资产范围审定、产权界定、资产评估管理、参与企业股份制改组总体方案审批、股权设置和国有股比例审定、净资产折股方案与预计发行价格审批、国有股权持股单位审定、产权登记办理等方面作了 9 项规定。1994 年 11 月 3 日,国家国有资产管理局、国家体改委发布了《股份有限公司国有股权管理暂行办法》,就股份公司设立时国有股权的界定,区分改组设立和新建设立两种不同情况作了具体规定。1996 年 5 月 15 日,国家国有资产管理局下发了《关于规范股份有限公司国有股权管理有关问题的通知》,对国有股权管理审批程序、国有股权管理审核批复的内容等作了详细的规定。

但是,我国对于新建或改组股份制商业银行筹建开业时国有股权的管理,迄今为止未有明确的法律规范,特别是对于改组设立,由于历史原因和我国经济体制改革中的一些体制和政策方面的因素,使得我国国有金融资产的产权界定既不规范更不严谨科学;清产核资、资产评估缺乏统一标准;国家股持股主体有的是国资委背景的国有资产经营公司,有的是中国人民银行背景的中央汇金投资公司,有的是财政部、财政局,还有的是国家授权投资的机构;在折股定价、溢价系数确定上,国有资产流失严重。

(2) 国有股权的运作管理

这是指含国有股权的股份制银行开业以后,每一会计年度期间的国有股权管理。对于国有股出资者来说,直接涉及的是国家股权的运作管理。至于国有法人股权的运作管理，主要由各持股的国有法人机构承担，政府国有金融资产管理部门主要起政策指导作用。按照国有股权边界变迁的不同情况，国有股权的运作管理包括两个基本内容：

一是在不改变银行股权结构基础上的国有股权运作管理。这一管理主要是通过委派的产权代表来具体实施。由于由国有银行改组为股份制商业银行，国有股一般所占份额比较大，处于绝对或相对控股地位，国有金融资产代表机构所派出的股权代表，一般是银行董事，因而国有股权代表不仅拥有股东的权力，而且拥有董事的权力。国有股权代表通过履行股东和董事的权力和职责实现对国有股权的管理，维护国有股的合法权益。国有股权代表作为股东和董事履行其职责，包括选举公司董事会成员及董事会负责人；参与对总经理的任免；参与有关重大投资、经营方向、方式的决策；参与增资或发行公司债券的决策；参与收益分配决策；参与其他涉及股东权益事项的决策等内容。但是，对于以上重大决策，国有股权代表都要事先向委派单位写出书面请示报告，国有股权代表的委派单位对国有股权代表的请示要及时作出负责的答复，不得因延误造成损失。由此可见，听取、研究和答复国有股权代表的请示，自然也就成为这一阶段国有股权运作管理的重要内容。

由于国有股权运作管理主要是通过委派的产权代表来具体实施的，因此，对于国有资产代表机构来讲，选派合适的人员担任国有股权代表，是一项十分重要的工作，它关系到国有资产所有权管理在发生质的变化后能否得到加强，也关系到股份制改革的最终成效。

二是国有股权资本运作。其目的在于通过改变股份制银行的国有股权结构，以促进提高国有资产产权经营效益。其结果或是提高该银行国有股的比重,或是降低国家股比重直至放弃国家股股权。因此,国有股权此时的运作管理往往不仅与该银行资产经营效益(国有股权相对边界)有关,更主要的是与优化国有股份资产整体经营规模与结构(国有股权绝对边界)有关。在进行国有股资本运作时,应注意以下几个问题:①要根据不同类型商业银行在国民经济中所处的地位不同,确定国有股权的合理边界,明确国有股特别是国家股增购或减持的具体的、清晰的目标。如可明确规定有的要绝对控股,有的只需相对控股,有的不必控股等。②在国家股退出上,要有明确的目标、清晰透明的程序、严格的职责分工、合理的国家股作价方式和转让方式、合适的出售对象和出售范围,并进行必要的立法改革。③端正国有股上市的思维逻辑,明确股票上市的目的。从国有产权管理的角度看,不仅要对国家股上市目标、程序作出严格规定,对国有法人股上市运作也必须建立有效的管理制度,以杜绝国有法人股运作上的投机行为。

国有股权运作管理的具体工作包括:①建立股份公司国家股档案,包括国家股数额及其占总股本的比例、年度国家股股利收缴情况、国家股权变动情况等,对国家股股权及其收益实施动态管理。②行使或委托行使国家股股权。国有金融资产管理部门须正确行使股份制银行的国家股股权,维护国家股东的正当权益;国家股股权由其他部门行使和持有的,应由国有金融资产管理部门办理委托手续,明确双方在行使股权、股利收缴、股权转让等方面的权利和责任;国有金融资产管理部门应从整体出发,加强考核与监督。国家股持股单位行为不当、决策失误造成国家股东权益遭受损失的,应追究其责任。③国家股股权的增购、转让及转让收入的管理。增购、转让国家股股权须遵从国家有关增购、转让国家股的规定和有关股票交易的规定,由国家股持股单位提出申请,报经有关管理部门或政府审批同意。批准后持股单位可通过上市受(转)让、协议受(转)让等方式受(转)让部分国家股股权。④公众银行股东大会审议发行新股、送配股事宜。国家股东代表或代理人应根据国家股东的利益,对公司确需追加股本投资的国家股东:既有必要又有能力购买配股的、国家股东无力购买配股且国家股不宜降低的、国家股东无力阻止配股或国家股比重降低无害于国家利益的,应区别不同情形相机行事,不能未经批准擅自处理或自动放弃。⑤国家股转让收入的管理。经有关部门批准,国家股转让收入可由国有金融资产管理部门或持股单位按国家规定安排使用。必要时,政府可集中转让收入,安排使用,或者授权有关部门使用。

(3) **国有股权的收益管理**

股权管理的核心是股利的占有和支配,所以国有股的收益管理也是国有股权管理的一项重要内容。国有股权收益管理主要是指国有股权收益由谁收取、如何使用、由谁决策其使用等内容。国有法人股的股利收入由直接投资入股的法人单位收取;对于国家股的股利收入,国家股持股单位不得自行放弃国家股的收益权。对国家股现金股利,不得单方面直接留归股份银行由企业无偿占用。对公司采用送红股方式分配的,国家股应与其他股享有同等权利。国有股收益分配必须坚持同股同权、同利的原则,严防国有资产变相流失。

在商业银行国有股权三阶段管理中,第一,国有股权设立管理主要围绕国有股权的界定与计量、国有股权代表的委派或参与委派。国有股权的界定与计量,是国有股权边界大小的研究基础;国有股权代表的权力大小、责任轻重、地位高低又与国有股权边界息息相关。第二,国有股权设立后的运作管理,直接关系或本身就是国有股权边界问题,如增购直接导致国有股权边界扩展,减持直接导致国有股权边界缩减,有效国有股权设计就是合理国有股权边界问题等等。第三,国有股权的收益多少,在一定条件下取决于国有股权边界的大小。因此,国有股权边界管理可以说是商业银行国有股权管理的核心内容。商业银行国有股权的功能与制度成本、合理边界的决定因素和国有股权的绩效状况是我们设计银行股权结构方案的重要依据,合理的股权结构、良好的公司治理和优良的经营绩效是国有股权设立管理、运作管理和收益管理的最终目标。

7.1.3 管理目的

(1) 商业银行国有股权功能与目的

根据商业银行国有股权政治、经济与社会功能,商业银行国有股权管理的目的是双重的:一方面是国有资产本身的保值和增值[1],从而巩固和实现国有股权政治功能;另一方面是整个国民经济运行的宏观调控——社会角度的经济功能[2]。理论界现在流行的提法是:国家作为所有者的职能与作为经济管理者的宏观调控职能要分开,并且把它与"政企分开"和"国家所有者职能与国家行政管理职能分开"并列起来。其实这是值得商榷的。

国家的行政管理职能与对经济运行的宏观调控职能要完全分开,国家不能用行政管理的办法去管理经济,因为二者的管理对象根本不同。政府与企业也应该完全分开,即企业必须拥有完全的经营自主权,而不是政府机构的附属物。但是国家作为所有者代

---

[1] 在本书第三章我们称为经济功能。
[2] 在本书第三章我们称为社会功能。

表的经济功能与作为对经济运行宏观管理的社会功能只能是适当分开,不可能完全分开。这是因为:第一,所有者职能与宏观经济管理职能本来就都属于经济职能,国家作为股东对股权的管理也是一种经济管理行为,而不是行政管理行为。第二,国家作为所有者,不同于一般的私人所有者和社团所有者,不能仅仅为了资产保值和增值,而必须从全社会成员的根本利益和长远利益出发来行使股权的权能,而宏观经济运行的有序对于长远利益和根本利益来说是至关重要的。国家正是通过有计划的保值和增值行为来实现宏观调控。第三,国有股权管理者是政府部门或属于政府部门,其投资管理不可能不体现政府的宏观调控意图。

两者所不同的是:第一,国有股权管理者是以经济手段或经济行为来实现宏观调控的目的,而不是靠行政手段。具体就是依靠国有资产是否入股、股权结构的变动、股票买卖等影响国有资产的流向和流量,从而调控全社会资源配置的宏观格局。第二,这种宏观调控只是目的的一个方面,不是只有宏观调控,不是否定或忽视国有资产的保值和增值。第三,这种宏观调控必须在遵守市场规则的前提下,通过影响市场运行而实现,而不是直接作用于企业或其他具体的经济活动主体,从而与政企不分根本不同。

国有股权管理的双重目的并非只是对立,而是具有内在联系,相互促进的。一方面,只有在良好的宏观经济环境下(实现社会功能),才可能最大限度地实现国有资产保值和增值的目的(实现经济功能)。另一方面,国有资产的保值和增值(经济功能的实现),有助于全民所有制的巩固和发展(政治功能的实现);而全民所有制的巩固和发展(政治功能)本身就是为国民经济运行提供了良好的宏观制度环境(社会功能),从而更有利于国有资产的保值和增值(经济功能)。商业银行国有股权管理的目的就是为了最大限度地保证商业银行国有股权三项功能的充分发挥。

(2) 商业银行国有股权管理目标

国有股权管理的目标与目的有内在联系,但是并不等同。目的具有始终如一的性质,而目标虽然必须服从目的,但是却是多元的,在不同时点、地点上是可变的。一个目的可以分解为无数的不同性质的目标来实现。国有股权管理者任何一个行为可以说都必须有特定的目标,但是不管什么行为,都服务于目的实现。相对于目的最终实现而言,有些目标具有手段的性质。例如,国家有时抛售或购买股票,目标是使股票价格上升、下降或稳定,这些肯定不是目的,但是它却有益于国有资产的保值、增值和股票市场的宏观有序。甚至,有时的目标从短期看或内部看与目的是相矛盾的。例如,国家对危机银行的注资与债务重组,却是为了国有资产的长远增值和产业结构的宏观优化。

商业银行国有股权的管理目标包括:①保持国有股权合理边界。在科学界定国有产权的基础上,根据国家有关法律和产业政策要求,通过股份银行国有股权增购或减持,促进股份公司优化股权结构,增强公司股东间的相互制约和制衡,保证国有股权依国家产业政策在商业银行中的适当地位。②促进国有资产合理配置。通过国有股权合理转让、上市流通或适度减持,调整国有资产投向和投量,优化国有资产投资结构,提高国有资产运营效益。③真正落实国有股权监护人。明确国有股持股单位和股权行使方式,规范国有股股东行使股权行为,明确国有股股东的权利、义务和责任,严格标准、依法选派国有股权代表,加强国有股权代表考核与监督,严格控制内部人控制现象。④维护国有股正当收益。建立国家股股权保值、增值指标考核体系,坚持国有股权与其他股权同股同权、同利,防止国有资产流失。

7.1.4 管理原则

(1) 诚信原则

诚信是在市场经济发展过程中形成的道德规则,并为法律所吸收,成为人们行使权利、履行义务的原则和必须遵循的市场交易准则。在商业银行国有股权管理中,国有股股东往往作为控股股东,应该尽最大的诚信义务也是资本市场的要求。

原则上,诚信是一个道德范畴,需要人们诚实善意,恪守诺言,自觉按照市场伦理道德准则行事,达到市场有序发展的目标。如果说诚信需要的是自律,那么金融市场上控股股东的诚信义务,则更加侧重于外部法律环境的影响以及约束机制的完善。由于资本市场的逐利性,各种有违诚信的行为层出不穷,圈钱行为、关联交易、虚假重组普遍存在,严重侵害了投资人的利益,动摇了他们对证券市场的信心,使公平成为空文。失去法律的约束机制,单单是理念上的诚信空壳,难以有效约束损害市场健康发展的非诚信行为,根本无法达到投资者利益平衡,难以体现公平理念。因此,要保证控股股东诚信义务的充分履行,不仅需要内在约束,还必须依赖于相关配套制度的有力保障。

特别是在国有银行股份制改造中,国有银行产权界定、清产核资、资产评估、注资和财务重组、股权设置、股权结构、国家股持股单位和行使方式、国有股东代表委派制度、国有股权转让与减持、上市与流通、国家股收益支配与使用等,都应该有一定的信息透明度。若控股股东搞暗箱操作,不公开信息,是有违诚信原则、极不可取的。

(2) 市场性原则

银行国有股流动性变革,特别是国有银行股份制改造并上市,客观上需要形成资产价格的市场定价体系和市场化的操作方式，使资本市场真正成为风险转移的阵地。为此，商业银行国有股权管理，特别是股票转让、上市、增购等管理，必须牢固树立市场理念，发挥"看不见的手"的主导作用，而不能把政府作用、政府意志放在首位并强加于人。

资本市场本质上是一个利益角逐的市场，其核心因素是要坚持资本市场的市场原则，遵循价值规律在资本市场作用的特殊性，充分发挥资本市场的询价功能。尤其在我国过去存在着股权分裂的先天性资本市场结构特征的情况下，按股票投资本身的市场规律来确定股票价格尤显重要。我们的定价不能完全以净资产为标准来定价，而应该根据资产的未来预期收益，充分考虑公司的行业差异、公司的赢利能力和公司经营业绩等各个方面的因素，在公司的净资产和市价之间，形成多元化的定价形式。

金融市场的定价和一般商品市场定价有着本质的不同。作为虚拟资产，证券的价值取决于未来的预期收益。在西方经典的投资学理论中的定价模型，包括现金流定价模型、股票股息贴现定价模型以及资本价格模型，无一不以证券的期望收益来计算股票的理论价值。而对于我国的资本市场，因为股权分裂的原因，股票价格并不能反映市场的真实信息，进而预期机制也不能真正形成，这一方面加大了市场定价的难度，另一方面也对市场定价提出了更高要求。

（3）法治原则

银行国有股权涉及庞大的国有资产，银行国有股权管理必须依法行事。法治原则对国有股权管理的要求既包含着作为股权管理者的主体的国家（政府）要依法办事，而且国有股权的各个相关利益主体也要依法办事。法治原则是国有股进入资本市场上市流通或原有股票实行资本市场全流通改革的基本准则。

市场经济本质上是一种法治经济,各行为主体,包括利益主体和非利益主体,管理者和被管理者,都应依法办事。现代社会,规范已经超出了调整私人之间关系和私人行为的功能,而承担了更大的社会组织功能,由于法律本身具有确定性、普遍性、稳定性、可预测性、结构完整性、国家强制性等优点,它在调整市场主体各种利益关系方面具有明显的优点。公正的法制和公正执法是资本市场、上市公司、股票交易稳定发展的制度基础。

我国现行商业银行国有股权管理法律保护意识淡薄,法律滞后,改革措施出台没有与之相互衔接配套的法律规范作保证,有的虽然制定了相应的法律法规,可有章不循、有法不依,或操作难度大,执行不力等,都是目前商业银行国有股权管理不到位的重要原因。为此,应进一步明确国有股权的法律性质、经济属性和权利观念,提高国有股权管理和保护的法律意识;严格执法,依法加强国有股权设置环节、国有股权代表管理环节、国有股权流通环节和国有股权收益管理环节的法律保护和保障。同时,注意国有股权管理效率和透明要求。效率和法治、透明和公正、公平,在市场经济社会是息息相关的。加强国有股权管理还需要在制度上形成对中小投资者利益保护的机制。

7.2 中国商业银行国有股权管理的实践

7.2.1 国有商业银行的实践

2003年12月,中央汇金投资有限责任公司向中国银行、中国建设银行注资450亿美元外汇储备作为两家银行的资本金,正式拉开了我国国有商业银行国有股权管理的序幕。其中,汇金公司向建设银行注资225亿美元。在对建设银行225亿美元注资中,直接注入建行股份的金额为200亿美元,另外25亿美元则注入了建银投资,后者再以此25亿美元向建银股份注资。2004年9月,建行5家发起人共出资1 942.302 5亿元,全部资本由等额股份构成,每股面值为人民币1元,折股比例1:1。在出资额中,汇金公司与建银投资的出资是主体部分。这部分出资的来源是,原建设银行经营的所有商业银行主营业务以及与之相关的资产和负债全部投入新建行,经评估后的净资产作为汇金公司和建银投资的共同出资。其中,折合人民币1 655.38亿元的净资产作为汇金公司向建行的出资,206.922 5亿元的净资产作为建银投资的出资。通过简单的换算可以看出,汇金公司和建银投资的出资总额加起来,正好是2003年12月汇金公司代表国家向建设银行投入的225亿美元外汇,原来的股东权益完全冲销。这样,汇金拥有建行股份86.128%的股权,建银投资拥有10.653%的股权,两者合计所占比例为96.781%。同时,汇金公司以另外225亿美元注资,成为中国银行的唯一股东。

为此,有学者认为,仅仅就国有股权设立管理而言,政府与汇金的管理并没有实质性的成效。一是股权设置与过去并没有什么不同。过去是国家独资,2004年则变成5个国有(控股)机构共同持有。第一大股东汇金公司是国有投资公司,第二大股东建银投资是汇金全资拥有的国有独资公司,而国家电网公司、上海宝钢和长江电力,亦都是国资委下属的国有控股企业,中银股份成立时更是"一股独秀",这与有效公司治理所要求的合理股权结构尚有很大差距。二是国有股权代表的委派。汇金公司到底该不该被赋予人事权?如果汇金公司对董事会成员的任命没有决定权,那就是不完全股东,改制就很难有强有力的所有者约束。假设汇金公司只关心资金的运作,就相当于金融国资委,商业银行仍然是一个附属性的金融机构,改制基本上并没有取得什么进展。如果汇金公司享有人事权,但450亿美元毕竟不是来源于汇金公司而是公众。如果汇金既享有人事权又享有财产收益权,那么便拥有了国有银行体系改革最大的发言权,这样,与银监会的关系又是什么?如果权利平等分配,中组部、银监会、中央银行、财政部和汇金之间的沟通和调整难度必然会影响到对国有股权委派代表的管理、考核与监督。

但不容忽视的是,国有银行国有股权的设置管理为国有股权的运作管理提供了操作空间。2005年,通过与美洲银行达成合作伙伴关系,建设银行率先成为国有独资商业银行中第一家与国外战略投资者达成协议的银行。

此外,中国建设银行股份有限公司还于2005年7月和淡马锡控股(私人)有限公司就战略合作事宜达成一致并签署最终协议。双方还将在技术援助等方面展开广泛的合作。

2006年1月27日,中国工商银行与高盛集团、安联集团、美国运通公司3家境外战略投资者签署战略投资与合作协议,获得投资37.82亿美元,等等。

战略投资者的出现对银行管理的积极影响是,其一,促进中资银行公司治理结构的改善。中资银行公司治理的严重缺陷,主要体现为董事会制度不完善。境外战略投资者为维护自己的权益和声誉,一定会通过派出董事参与董事会的决策和监督,行使股东和董事的权利,形成有效的制约机制。同时,有利于弱化政府的行政干预。其二,促进中资银行风险管理和内部控制的不断完善。境外战略投资者在市场经济环境下多年积累的经营理念、风险识别、评估、监控经验和技术,以及内部控制的成功实践,将会从根本上改进国有银行风险管理与内部控制相对薄弱的缺陷,为中资银行的稳健长远发展奠定基础。其三,促进中资银行业务和产品创新能力的提高。境外战略投资者丰富成熟的金融产品与创新经验、先进的技术与管理系统以及高效的市场营销与服务手段如果能与公司的本地知识和业务网络有机地结合起来,将会产生互利的协同效应,迅速提高公司业务和产品的创新能力。其四,促进中资银行资本充足率的提高。引进境外战略投资者,不仅可以直接引进境外资本,还可以在改善中资银行资产质量、财务状况后,通过境内或境外上市,筹集更多资本。中国人寿和交通银行 IPO 充分说明了这一点。其五,促进中资银行知名度的扩大。引进境外战略投资者将有助于提升中资银行在国内、国际的潜在价值,改善中资银行的信誉状况,扩大社会影响力,推动国际化发展、上市等的战略进程。

然而,境外战略投资者带来的消极影响也不容小觑。第一,影响中国金融安全。大量引进境外战略投资者,让境外金融机构过多持有中资银行股权,参与中资银行的管理,有可能威胁到中国银行业的安全。第二,抢占中国金融市场份额。境外投资者入股国内商业银行,它们瞄准的是可以产生高利润、竞争环境又相对宽松的金融市场,以及通过合作的方式达到弥补自身在营业网点、人民币资金、客户信息等方面的不足,随着银行控股权的转移(如深发展)和国内金融政策的调整,也即意味着外资机构对中国市场的占领。第三,加大金融监管的难度。目前针对被收购商业银行,尤其是被投资银行收购的商业银行进行监管尚属政策空白,同时也需要制定外资金融控股公司参股国内金融企业方面的管理法规。

在战略投资者的引进中需要防范三种不良倾向:其一,盲目迷信。选择境外战略投资者要有严格的标准和条件,不能盲目和随意引进,应努力甄别战略投资者与战略投机者,防止短期行为。一般,战略投资者都是注重长远利益和信誉,并享有良好国际声誉的知名金融机构,而不是那些只追求短期利益和资本回报,尚未建立良好信誉和国际声誉的金融机构,更不是那些只追求短期股票市场价值与投资收益的投机者。2002年7月,中银香港上市时,渣打集团原是一家战略投资者,带头认购了4540万股,2004年1月,渣打趁高抛售这些股票,1年半内净赚2.8亿港元,这就是一个教训。同时,作为战略投资者,应该具有中资银行所不具备的竞争优势和资源,包括管理、技术、业务、产品和服务,从而做到取长补短,形成提高竞争力的倍数效应,而不是"1+1"的简单相加效应。其二,过分依赖。表现为银行董事会和高层经营管理班子中,外方代表有过多的话语权,中方董事特别是股东单位董事通常言听计从。殊不知,与金融市场不同,在信贷市场中,信息是银行和企业私有的,不会在银行间公开传播。而信息问题反映在两个方面,一是对客户基本信息的掌握,二是对信息的理解。前者需要通过长期客户关系来获得,而后者则需要本土化,而且这也是建立客户关系、拓展市场的前提条件,而境外投资者从信息到理念、文化的融合需要有一个过程,不能太过依赖。其三,过度迁就。境外战略投资者对中资银行发展战略和企业文化的认同度是双方合作的文化基础,认同度越高,双方合作成功的概率就越大。但中资银行有时急于引进境外战略投资者,对外资机构提出的合作条件过于迁就,一让再让。

2005年4月,中央汇金投资公司以150亿美元外汇储备(合1 240亿元人民币)对工商银行继续注资。"一行一策"的注资策略,一方面反映了我国国有商业银行国有股权设立管理的灵活性、多样性;另一方面也充分反映了我国国有股权管理的复杂性。

与中行、建行注资相比较,此前的中行和建行注资模式是首先动用改制前的资本金和拨备来冲销损失类贷款,以财政部所有的资本金冲销各类损失坏账,然后由央行掌控的汇金公司注入外汇储备450亿美元。财政部的权益为股改不良资产买单,央行通过汇金公司成为两大银行的真正股东,成为中建股改的主导力量。而工行注资方案并没有动用所有者权益冲销损失类贷款,原有财政资本金1 240亿元①被注入工行,外汇储备注资合人民币1 240亿,另有拨备776亿元。这样,工行整体改制后,中央汇金公司和财政部各占50%的股权。

这一注资方案的隐含意义,一是财政部效用的加强。此前,中、建两行注资时,财政部持有权益归零,财政部会逐渐丧失对国有银行改革的主要发言权。对于工行的财务重组,财政部一直不甘充当被动的角色,希望发挥主导权。从2004年9月份开始,财政部金融司会同其他部门官员进行研究,具体设计财政的注资形式。财政部在工行50%的股份是中、建两行和工行国有股权设置管理上最大的不同。第二层意义则反映了央行与财政部银行改革主导权之争。目前,国资委拥有实体性国有资产监督管理权,金融类资产的管理权则主要在财政部。但是这种常规被早前汇金公司450亿元注资中、建两行所打破,汇金身后的真正主人央行对中、建两行的改制和管理影响力不断加大,而财政部对于金融类资产的管理权似乎被削弱。工行创出各注资50%的模式,很大程度上是央行与财政部博弈的一个妥协结果,也是双方争夺工行股权主导权的结果。

与中、建两行方案比较,工行注资还有一个特点是将2 460亿

---

① 截至2004年底,工行核心资本大约在1 700亿元左右,再加上未分配利润和可用财物额度大约有2 000亿元。资本金中大约500亿元转为拨备,剩余的1 240亿元仍然保留为资本金。参照财政部持股不低于50%的意见,因此最终确定外汇储备的注资规模。

元损失类贷款放入财政部和汇金的"共管账户"中。对于2 460亿元损失类贷款,工行注资前没有把损失类贷款按照中、建两行的做法核销,体现了工行股改市场化约束的特点,将规避以后的道德风险。2 460亿元损失类贷款将靠所得税、股本收益和财政部减持股份套现等途径核销,会形成一种经营压力。

其实,中国政府对国有商业银行国有股权的相关管理,可以追溯到1998年。1997年东南亚金融危机后,中国政府进一步清醒地认识到商业银行资本充足率、不良资产率对一国银行发展、金融稳定的特殊意义。1998年8月18日,财政部正式发布公告,宣布发行2 700亿元特别国债用于补充四大国有商业银行的资本金。此特别国债发行数量之大、发行方式之特别、国债用途之特殊,在中国历史上都是空前的。今天值得一提的,却是这2 700亿数字背后折射出的管理理念与水平。

当时在如何计算四大银行资本充足率的问题上,管理层曾发生过激烈的争论。到1997年6月底,用四大银行账面的资本净额除以风险加权后的总资产,资本充足率为5.86%。但考虑到四大银行账面资产中有将近1 200亿元尚未核销的呆账贷款,这些呆账贷款不可能用当年或此后一两年的呆账准备金去核销(王大用,1998)。长期挂在账上的未核销呆账贷款,事实上已经侵蚀了这些银行的资本金,只是未做缩减资本金的会计处理而已。若仅用账面数据计算,得到的资本充足率数字并不能真实反映这四家银行的最后清偿能力。如在资本净额中扣除这些未核销的呆账贷款,计算出四大银行比较真实的资本充足率只有3.5%。最后管理者在设计方案时依照上述考虑计算了各家银行真实的资本充足率,并以这个真实的资本充足率和1997年底的风险资产余额为根据,计算出了使四大银行资本充足率达到8%所需要补充的资本金数量。但真实情况和实际执行结果却又是：从理论上计算的8%,按当时标准事实上仅达到4.6%,到2003年又下降到4.28%。如按新办法测算，采取审慎的做法，扣除全部贷款损失，则仅为-2.29%。事实说明和理论解释是：

第一，测算数据与实际执行结果相差较大。当时测算资本金缺口时用的加权风险资产额是以四家银行1997年6月末的风险资产数为基础，按四家银行1994、1995、1996各年下半年的资产平均增长率推算的；呆账贷款及资本总额则以1997年6月末的数字代替。但从实际执行来看，1997年末四家银行风险资产及呆账贷款均出现了上升，而资本总额则出现了下降。如按实际执行数据测算，1997年末资本充足率达到8%,需补充资本金3 365亿元；反之，如按2 700亿元补充资本金，1997年末的资本充足率则为6.87%。

第二，1998年资本扣减项和加权风险资产大幅上升。1997年底，进一步规范了对商业银行的非现场监管，要求商业银行从1998年起报送以统一法人为单位的本外币、境内外及附属公司合并的会计报表，为此四家银行1998年末呆账增加323亿元，加权风险资产增加22 116亿元，使资本充足率比1997年末又下降2.23个百分点。

第三，由于没有建立起动态的资本金补充机制和其他政策原因，一方面资产规模不断扩大，风险资产持续上升；另一方面扣减项不断增加，加上向资产管理公司拨付资本金等因素，使后来国有商业银行资本充足率不断下降。采取新的审慎办法后，资本监管更接近于国际通行做法，更为真实，但也出现了更大程度的下降。

从2 700亿元特别国债补充四大银行资本充足率事项，不难看出我国金融管理当局在金融国有资产管理上的随意性和信息披露上的不准确和不完整。与此相类似，1999年相继成立的中国四家AMC在处置万亿元规模不良资产时也遭到了媒体和社会的质疑。继银监会之后,2005年1月初,国家审计署指出,"AMC在不良资产剥离、处置及内部管理存在诸多问题"。

就目前财政部、人行、银监会、证监会、汇金公司、资产管理公司对中国国有商业银行国有股权管理或参与管理而言,有三个问题值得我们深思:一是国有金融资产的出资者代表问题。国有金融资产是不是需要有明确的出资者代表?是集中代表更有效率还是分散代表更有效率?财政部与汇金公司的关系如何协调?二是汇金公司的定位问题。汇金公司虽然名为公司,但有观点认为它仍是政府机构。虽然作为外汇储备的投资机构,汇金应是市场化投资主体,但在现实中汇金却很难摆脱行政部门的影子。仅从汇金董事会构成而言,由于各相关部委都不愿丧失在国有银行改革中的话语权,董事会人员结构最终成为一个"拼盘",在行政级别上,相对于汇金投资的国有大商业银行董事长和行长级别,汇金董事会成员有多大的权威性以及汇金与中国投资有限责任公司的关系问题,都值得我们进一步关注。三是管理规范性问题。不管是谁担当国有金融资产出资人代表,采取何种定位,都需要加强透明度,披露关键信息,并通过制定有关法律、法规确立必要的法律地位。只有这样,才能使国有金融资产管理置于社会的监督之下。

7.2.2 股份制商业银行的实践

到2007年底,我国共有12家股份制商业银行。其中,上市银行有7家:深圳发展银行、浦东发展银行、民生银行、招商银行、华夏银行、兴业银行和中信银行;尚未上市的银行有5家:广东发展银行、光大银行、恒丰银行、浙商银行、渤海银行[①]。应当说,上市

---

① 中国银行业监督委员会将交通银行归为国有商业银行。

股份制商业银行是我国银行体系中国有股权管理最为透明、规范的，股权与企业法人财产权分离的特征也非常明显。

银行上市在国外非常普遍，西方大的商业银行基本上都是上市公司。银行上市的好处，一是能够建立起稳定的资本补充机制，提高资本充足率，增强银行抗风险的能力；二是能够接受全社会的监督，促使银行建立更加完善的公司治理，转换经营机制，规范运作；三是可以很好地扩大银行的社会影响力。由于银行不同于一般的企业，而上市银行又不同于一般的金融机构，管理层对上市银行的治理结构、运作方式、财务制度、信息披露等作了特殊的要求，以保证上市银行的各组织机构独立运作、有效制衡，确保上市银行的信息披露真实、准确、完整，提高上市银行资产质量、风险管理、内部控制和经营效益的透明度，有效保护存款人和股东的合法权益。

我国对上市银行国有股权管理采用了金融类企业国有资产管理和上市公司国有股权管理双项标准。作为金融类企业，尽管在2003年按照国务院机构改革的部署设立了国务院国有资产监督管理委员会，但金融类企业的国有资产管理职能仍由财政部承担。财政部负责拟订并组织实施全国统一的金融类企业国有资产管理的各项规章制度及有关考核办法和指标体系；负责监缴国有资产收益；负责国有资产清产核资，资本金权益的界定和产权登记工作；负责国有资产评估项目的核准或备案及抽查等具体监管工作；负责监管国有资产转让、划转处置及重大产权变动事项、国有资产的保值增值情况；负责全国金融类企业国有资本的统计、汇总分析及综合评价工作等。因此，从一个国家角度上，我国目前仍由财政部负责上市银行国有股权管理事宜。

但作为上市公司，各家商业银行国有股权的转让、减持，又直接受中国证监会的监督与管理。此前，中国证监会要求上市银行再融资与股权分置改革直接挂钩,银行要增发先得上报股权分置解决方案。在游戏规则改变的情况下,国有股权管理不仅要在上市银行再融资与国有股减持先后次序上作出选择,还要在大小股东、流通股与非流通股股东在保持控股权与支付对价后利益协调上作出进一步的抉择。

多数专家认为,2004年之前,游戏规则允许股权分置模式的存在,是中国股市此前一直难以健康发展的主要原因之一。管理者要做到让股市健康发展,融资者和投资者的收益合适、损失合理,制定合理的股市游戏规则极为重要。据资料显示,截至2005年,在中国上市公司的7 149.43亿股总股本中,大约有2/3并不上市流通;非流通股本中的绝大部分为国有股,也存在部分由机构投资者持有的法人股。我国5家商业银行(截至2004年12月31日)股本构成即股权分置情况显示(见表7-1):浦东发展银行,流通股22.99%,非流通股77.01%,其中,国家股9.63%,国有法人股45.73%,境内一般法人股17.04%,境外法人股4.62%。华夏银行,流通股28.57%,非流通股71.43%,其中,国有法人股63.03%,境内一般法人股8.4%。民生银行,流通股30.15%,非流通股69.85%,其中,境内法人股64.21%,境外法人股5.64%。招商银行,流通股26.28%,非流通股73.72%,其中,国家股39.13%,境内法人股34.59%。深圳发展银行,流通股72.43%,非流通股27.57%,其中,国家股0.09%,境内法人股9.59%,境外法人股17.89%。在上述5家上市银行中,前4家银行的非流通股都占了绝大部分。中国股市游戏规则允许同股不同权、不同价、不同利的股票存在,完全违反了游戏规则应遵循的最基本的公平原则。同股不同价,国有股一股独大、一股独霸,公司收益分配忽视公众投资者合法权益,非流通股东与流通股东、大股东与小股东的利益冲突相互交织、利益分置,曾严重地影响了我国上市银行的再融资和进一步发展。2005年招商银行再融资曾引起的风波即是一个明证。

此外,中国银监会和国有资产管理监督委员会也对我国上市银行国有股权管理实施监督与管理。深圳发展银行在2004年9月21日曾发布公告称,公司已接到《中国银行业监督管理委员会关于深圳发展银行引进境外战略投资者的批复》。根据该批文,中国银监会同意深圳市投资管理公司、深圳国际信托投资有限责任公司、深圳市城市建设开发(集团)公司、深圳市劳动和社会保障局等四家股东以转让非流通股方式吸收新桥投资入股深发展。批复同时要求上述股份转让事项应严格遵守《中华人民共和国公司法》、《中华人民共和国商业银行法》、《境外金融机构投资入股中资金融机构管理办法》、《关于向外商转让上市公司国有股和法人股有关问题的通知》、《上市公司收购管理办法》等有关法律、法规和规章的规定。此公告可见我国上市银行国有股权管理上中国银监会的权力与作用。

事实上,由于新桥收购涉及四家企业国有产权转让,在收购正式实施前还必须经国资委批准。上海浦发银行曾在2003年年度报告中披露报告期内公司前十名股东股份变更情况时提到,"……上述转让第(4)(5)(6)项涉及的国有法人股转让已获得国务院国有资产管理监督委员会的批复,截至2004年1月份部分股权已办理过户手续"。国资委对上市银行国有股权转让的管理权限由此可见一斑。

我国商业银行国有股权多头管理,目前也带来了一些问题。主要是,国有股权管理模式未脱离行政体系,政府行政管理职能与国有金融资产所有权管理职能高度统一,一是行政干预多,二是决策环节长,三是相互协调困难。体制要求"人人负责",实际执行中"人人都不负责"。国家对国有金融资产或金融国有股权管理没有一个完整的法律、法规和规章。

需要说明的是,除国家管理机构对上市股份制商业银行国有股权设置、转让、收益等管理履行监管职责外,上市银行和国有股持股单位对银行国有股权也履行着管理职责。一是研究银行国有股权转让行为是否有利于提高银行核心竞争力,促进银行持续发展,维护金融稳定;二是研究审议重大国有股权质押、担保、转让事项;三是向政府或国家有关管理机构报告有关国有股权转让、收益等情况。

同时,国家股和国有法人股持股主体作为银行的股东,既享有权利更承担义务。从义务来讲,最主要的一是出资,只有出资才能成为银行的股东。在银行资本充足率低于法定标准时,国有股东也必须与其他股东一样支持董事会提出的提高资本充足率的措施。二是支持银行业务发展。国有股东也是银行利益的分享者,故有义务关心公司经营管理,促进公司健康发展,维护公司合法利益,不能只是单方面地要求银行高回报、存款高利息、贷款低利率或者将存款存放他行等。公众银行国有股东应承担的义务相比一般股份制商业银行的国有股东,更具有刚性的特征。政府、市场、社会、媒体对上市银行实施监督的同时,国有股东的出资情况、受信记录、关联交易、关联关系、股权行使等同样也受到市场的评价与监督。正是由于更高的透明度要求,使得上市银行国有股权管理更加规范与合理。

从权利来讲,国有股东的权利主要体现在三个方面:一是投票权,即最终决策权。委派股东代表出席股东大会并依照其所持有的股份份额行使表决权。二是知情权,即依照法律、公司章程规定获得有关信息。银行有充分信息披露的义务,对所发生的一系列重大事情,如重大人事安排、银行重组、预期收益等,银行有义务告诉股东,或者说股东有权先于市场知道这些信息。三是监督权。有

表 7-1 上市银行股本结构一览表

	深圳发展银行	浦东发展银行	招商银行	民生银行	华夏银行
股本总额	1 945 822 149	3 915 000 000	6 848 181 636	5 184 447 195	4 200 000 000
未上市流通股(%)	27.57	77.01	73.72	69.85	71.43
国家股(%)	0.09	9.63	39.13	—	—
境内法人股(%)	9.59	62.76	34.59	64.22	71.43
其中:国有法人股	N	45.72	25.90	N	63.03
一般法人股	N	17.04	8.69	N	8.40
境外法人股	17.89	4.62	—	5.63	—
已上市流通股(%)	72.43	22.99	26.28	30.15	28.57
F_1(%)	17.89	7.01	17.95	6.98	14.29
股本性质	外资	国有	国有	民营	国有
F_{2-5}(%)	7.02	19.07	20.03	22.48	34.29
F_{1-10}(%)	26.73	37.06	47.04	48.41	63.01
股东单位代表数(名)	5	12	13	10	10

注:(1)F_1 表示第一大股东,F_{2-5} 表示第二至第五大股东,F_{1-10} 表示第一至第十大股东;
(2)N 表示不详。

资料来源:根据各银行 2004 年年报和有关信息计算整理。

权对银行的经营行为进行监督,查阅公司章程和股东大会会议记录及公司财务会计报告等资料,并可提出建议和质询。四是利益分享权。股东作为投资人,可以以所持有的银行股份分得相应的收益。国有股股东还可以依照法律和公司章程的规定增购、受赠、转让或质押股份。

这几年,我国在管理股份商业银行国有股权方面还是付出了很大的努力,取得了显著的成效(见表7-2)。一是股权结构中,国有股东选择了及时转让或退出,使得内地7家上市银行中6家有了外资控股股东或外资股东,股东种类结构相对比较合理。二是国有股东不再一味强调第一股东地位,7家上市银行中,绝大部分无控股股东和实际控制人。深圳发展银行的第一大股东是外资股东,民生银行的第一大股东是民营资本股东。

表7-2　股份制上市商业银行第一大股东情况一览表

	第一大股东			主要外资股东
	股东名称	股东性质	持股比例(%)	
深圳发展银行	新桥	境外法人	16.70	新桥投资
浦东发展银行	上海国际集团有限公司	国有法人	23.573	花旗海外投资公司
民生银行	新希望投资有限公司	民营	5.90	无
招商银行	招商局轮船股份有限公司	国有法人	12.11	JP摩根
华夏银行	首钢总公司	国有法人	10.19	德意志银行
兴业银行	福建省财政厅	国家	20.40	恒生银行
中信银行	中国中信集团公司	国有法人	62.33	西班牙对外银行

资料来源:各银行2007年年报。

但值得注意的,一是国有股边界问题。7家上市银行对国家股和国有法人股的信息披露既不规范也不全面。2007年6月30日,国务院国有资产监督管理委员会和中国证券监督管理委员会联合下发了《上市公司国有股东标识管理暂行规定》，《规定》充分说明了加强对上市公司国有股东管理、对促进国有资产保值增值的积极含义。但从7家上市银行披露的2007年年报看，国家持股、国有法人持股情况只在"有限售条件股份"中反映相应的数据和比例，"无限售条件股份"中，只笼统地归结为"人民币普通股"。过于简略的信息披露，不利于国有股权边界管理和银行有效公司治理的建设。

二是国有股解禁问题上。股权分置改革前，我国股份制上市银行股权结构的一个显著特征是非流通股比例过大，股权流动性偏低。如前所述，2004年前，我国5家上市银行中，只有深圳发展银行的流通股比重超过了50%，其他4家都是非流通股占绝对比重。5家银行非流通股比重的平均值为64.75%，约占2/3，流通股比重仅为35.25%，约占1/3。在非流通股中，国有股又占绝对比重。股权的流动性分裂客观上使国有股未来流动性处于不透明状态，也使流通股股东利益处在不确定损害状态。

第一，割裂了国有股增值机制。股权分置客观上使国有资产增值机制被人为割裂。一般来讲，国有股增值既可以通过银行每股业绩提升和银行竞争力提高，促使银行股票价格上涨来实现，亦可以通过股票高溢价融资来体现。但我国上市银行2005年前由于股权分置，流通股股东资产增值主要依靠的是前者，非流通股股东资产增值主要依靠的是后者，国有股股东资产增值与市场走势和股票价格涨跌基本无关，这一方面导致两类股东财富函数不一，银行全体股东利益在内部无法统一，公司治理在银行经营管理中作用受限；另一方面，导致国有股市场流动增值机制缺失，资本流动性要求无从实现。

第二，国有股协议转让忽视了小股东利益保护。股权分置改革前,由于我国股份制银行独特的股权结构,协议转让是一种简便、快捷和低成本的重组方式,迄今为止一直是我国银行股权转让的主要方式。但是协议转让和要约收购的最重要的差异在于,协议转让很容易使小股东失去选择和参与的机会。在大股东确定的价格下,即使价格再低,小股东也只有接受权益受侵害的事实,而即使协议价格再高,小股东也没有以同样价格出手股票的机会。当然,在发达国家,也有所谓的协商购买,和我国的协议转让相类似,但是协商购买过程中的协议转让基本上都是由交易双方(出售方通常是按政府意志行事的国有独资公司)确定价格,价格形成方式往往脱离市场,协议价格本身同市场价格差距更大,同股不同价,使小股东的利益难以得到保证。

但目前,由于股市原因,大小非解禁与减持已引起了社会各界的高度重视。截至2007年底,7家股份制上市商业银行中,招商银行国有法人持有的有限售条件股份达6 639 650 699股,占股份总数的45.15%;华夏银行达1 632 497 600股,占股份总数的38.87%(见表7-3)。如此高的国有法人有限售条件股份占比,将是今后几年银行国有股权有效管理的极大挑战。

表7-3 国有法人持有有限售条件股份一览表

银行名称	持股数	持股比例(%)
华夏银行	1 632 497 600	38.87
深圳发展银行	4 626 234	0.20
民生银行	0	0
兴业银行	1 109 814 284	22.20
浦发银行	798 446 120	18.335
招商银行	6 639 650 699	45.15
中信银行	—	—

资料来源:各家银行2007年年报。

三是国家股持股主体问题。商业银行实施股份制改造，意味着由国有单位单独出资转变为多元主体共同出资。在非国有主体十分明确的情况下，也要求国有股的所有者相应明确。虽然，各家上市银行国有法人股都按国家规定由作为投资主体的国有法人单位持有并行使股权，但对国家股持股主体，浦发银行在2004年年报附注中作了特殊说明：代表国家持股的单位是上海国有资产经营有限公司。深圳发展银行2003年也作了特别说明，为深圳市投资管理公司，但2004年年报称，报告期内深圳市投资管理公司将其所持有的深圳发展银行13 170.568 5万股国有股（包括12 539.001 7万股国家股和631.566 8万股国有法人股）转让给美国新桥投资公司，并称过户手续已办理完毕，可在股份变动情况表显示，国家股只转让了123 672 871股，尚余1 717 146股。招商银行年报更是让人看不懂：2004年国家持有股份2 679 696 893股，经计算占39.13%，但在前十名股东持股情况表上，却找不到相应的国家股持股单位，股东性质栏反映的都是国有股东而非国家股东。2003年披露的前十名股东中，国家股股东是持股1.77%的广东省公路管理局。这一方面反映了我国上市公司信息披露存在的不准确、不真实问题；另一方面反映了上市银行国有股持股单位对国有股权管理的严重不到位；第三方面反映了上市银行在国有股权管理上存在的问题；此外还反映了国家对国有股权持股主体规定的模棱两可。2007年年报对国家股持股主体的披露更加模糊不清。

四是国有股权代表问题。国有股权的行使主体是国有股持股单位，但国有股持股单位是一个非人格化的机构，具体执行者是国有股权代表。从上市银行看，国有股权代表——董事或监事基本上都是该国有股东单位的董事长、总经理、副总经理、总裁、副总裁或党委书记，极少部分是总会计师、财务总监。从经历看，这些股权代表大部分既没有金融专业基础也没有金融从业经验,这势必影响国有股权行使效率,使廉价投票权进一步演化为"无效率投票权"。

7.2.3 城市商业银行的实践

我国城市商业银行的组建有其特殊的历史背景,它是在合并原已商业化的城市信用合作社的基础上,由城市企业、居民和地方财政投资入股组成的地方性城市股份制商业银行。在其组建初期,其名称为"城市合作商业银行",为合作制金融组织;1996年更名为"城市合作银行";1997年12月份更名为"城市商业银行",已不再具备合作制性质,后又将其更名为"商业银行股份有限公司",从而明确了其属性为股份制性质。

2007年前后,城市商业银行再一次重组大更名(见表7-4),有的上市,有的实现了跨区域经营与发展。

防范金融风险导致资产重组是城市商业银行诞生的直接背景。20世纪80年代中后期,在国家政策支持和地方政府的全力扶植下,城市信用社迅速发展并呈燎原之势。1986年,全国城市信用社有1605家,存贷规模46.6亿元,到1995年,全国城市信用社总数超过5000家,存贷规模达5286亿元,十年间规模增长110倍。在城市信用社迅速发展,并为地方经济作出重大贡献的同时,其经营风险也日渐凸现。由于监管机制尚未健全,城市信用社在法人代表资格、内外部监管机制、贷款审批程序和规范上存在严重的失管和无序状态,加上法人自身在争取市场份额上的违规竞争,致使相当一批城市信用社产生了经营风险,有的甚至出现了支付风险。为了加强对城市信用社的金融监管和防范金融风险,1995年国务院决定,在对城市信用社清产核资的基础上,吸收地方财政、企业入股,组建城市商业银行。城市商业银行成立时的特殊使命,使它承载了太多的地方产业与金融梦想,一开始主导思想的模糊与地方的投资冲动,让后来的城市商业银行不堪重负。

表7-4 城市商业银行更名一览表

更名后	更名前	更名时间	上市时间
上海银行	上海市城市合作银行	1998年8月13日	
北京银行	北京市商业银行	2005年1月8日	2007年9月19日
徽商银行	合股市商业银行	2005年12月28日	
江苏银行	江苏省10家城市商业银行合并	2006年12月31日	
宁波银行	宁波市商业银行	2007年2月13日	2007年7月19日
盛京银行	沈阳市商业银行	2007年2月17日	
南京银行	南京市商业银行	2007年3月18日	2007年7月19日
大连银行	大连市商业银行	2007年4月3日	
天津银行	天津市商业银行	2007年4月24日	
平安银行	深圳市商业银行合并平安银行	2007年6月16日	
重庆银行	重庆市商业银行	2007年8月7日	
温州银行	温州市商业银行	2007年9月6日	
吉林银行	长春市商业银行	2007年10月10日	
哈尔滨银行	哈尔滨市商业银行	2007年12月28日	
宁夏银行	银川市商业银行	2007年12月28日	
富滇银行	昆明市商业银行	2007年12月30日	
营口银行	营口市商业银行	2008年1月14日	
重庆三峡银行	万州商业银行	2008年2月26日	
东莞银行	东莞市商业银行	2008年3月23日	
锦州银行	锦州市商业银行	2008年4月15日	
青岛银行	青岛市商业银行	2008年4月27日	

资料来源:各银行网站。

2005年前,尽管城市商业银行成立时间都不长,但却普遍积累了相当高比例的不良贷款,其根源跟国有商业银行一样:地方政府的行政干预。在理论上,城市商业银行是由城市企业、居民和地方财政投资入股的地方股份制性质的商业银行。不幸的是,地方财政投资在很多地方占了大头。人行上海分行2002年的一份报告称,在浙江,除了宁波、台州外,地方财政在城市商业银行中普遍地"一股独大",平均占有32%的股份,最高达到60%。财政投资占大头,地方政府当然拥有绝对的话事权。地方政府对于本市商业银行的权力,不仅来自于股权,还来自于目前的政府治理结构。在目前的政治、财经制度框架下,地方政府对于自己治理下的私人和企业的权力过大,私人和企业对于政府的意愿几乎没有拒绝的可能性,因为它们不拥有讨价还价的地位。这样,城市商业银行成为地方政府管辖下封闭运行的一个机构,政府可以相当随意地既凭借股权又凭借政治力量干预银行的经营,尤其是干预其信贷方向。因此,对于城市商业银行国有股权的管理,确定合理的国有股权边界显得尤为重要。有人曾建议,对于未来新成立的城市商业银行,银监会应出台有关法规,规定不允许地方财政投资,通过这个硬性的制度约束,并辅之以外资介入(引入外资一是可以引进资金或银行管理技术,但更重要的,恐怕是以外资的力量来约束地方政府),来削弱地方政府的干预权力。

但对于城市商业银行国有股权的管理,我们认为也不能走极端,要避免由政府的"一股独大",轻易地转变为个别民营资本或境外投资者"一股独大"。昆明市等几家城市商业银行被某一民营企业集团采用关联企业事实性控股以后,大量资金被套取用做资本运作,教训是深刻的。而成都市商业银行也曾被控股民企利用银行票据套取过大量资金。即便是引进似乎非常规范的上市公司股东,也有可能陷入泥潭。在政府的"一股独大"中,尽管存在种种弊端，但作为国有产权的代表和地方行政、社会事务的管理者的双重身份，决定了它主导商业银行经营的基本理念必然是首先保证金融的安全与稳定，其次才是业绩，而这恰恰与现代金融业经营的首要原则相吻合。各城市商业银行成立十年了，很少出现因支付危机诱发的金融风险就是一个明证。民营企业"一股独大"以后，其自由资本的特性是追求利益最大化，其存在方式决定了它没兴趣，也很难将存款人的利益、地方的金融安全纳入其目标体系。以城市商业银行目前的赢利水平和分红水平，是不足以吸引民间资本的。民营资本看中的还是银行上市、国家信用担保和对资金资源的动员能力，不能排除民营资本力图为特殊利益集团服务，为关联企业谋求贷款等动机。这就很有可能在一个放大的范围和危害更高的层次上再现上世纪90年代初、中期放开城市信用社而导致的金融风险。所以，鉴于大部分城市商业银行处理和消化历史遗留问题还有一个过程，现阶段宜在保证政府相对控股的情况下实现股权的分散化，禁止其他主体对商业银行绝对控股。国有股份何时退出，如何退出，取决于主、客观条件的成熟。

对于引进外资，同样有一个度的问题。到目前为止，上海银行、南京银行、北京银行、杭州银行、天津银行、重庆银行等都已经成功引进外资。其中上海银行在1995年12月成立之初就着手此项工作，并与国际金融公司（IFC）接洽，随后经过长达四年的反复磋商、谈判，最终于1999年和2001年在上海银行两次增资扩股时分别入股5％和7％；汇丰银行和香港上海商业银行在2001年分别入股8％和3％。至此，上海银行共拥有3个境外战略投资者，分别为第二、第三、第六大股东，境外投资者合并持股达18％，超过第一大股东上海国资公司（8.29％）近10个百分点（见表7-5）。随后，国际金融公司成功参股南京市商业银行，西安市商业银行也成功吸引到国际金融公司和加拿大丰业银行,济南市商业银行引进澳洲联邦银行,北京市商业银行引进荷兰ING集团和国际金融公司。2005年5月,澳洲联邦银行与杭州市商业银行正式签订战略合作协议,入股杭州市商业银行19.92%,一次性超过杭州市财政局,成为第一大股东。

表7-5 上海银行两次增资扩股股权结构变动表 (单位:万股)

股东类型		增资扩股前		1999年增资扩股后		2001年增资扩股后	
		股本	占比(%)	股本	占比(%)	股本	占比(%)
财政股	市国有股	9 500	5.90	10 700	5.35	21 060	8.29
	区县财政	38 800	24.20	47 800	23.90	51 400	19.77
法人股	国有企业	13 500	8.40	16 868.93	8.43	26 108.93	9.85
	其他	44 850	27.90	51 479.82	25.74	51 479.82	19.80
个人股		53 910	33.60	63 151.25	33.60	63 151.25	24.29
外资股	国际金融公司	—		10 000	5.00	18 200	7.00
	汇丰银行	—		—		20 800	8.00
	上海商行	—		—		7 800	3.00
合计		160 560	100	200 000	100	260 000	100

资料来源:《上海银行发展之路》(傅建华,2005)。

中国城市商业银行国家股持股因引进外资而被稀释或转让,由此产生了外资第一大股东与"一致行动人"第一大股东之间协调与制衡的新问题。如何在形式控股人与实际控股人之间寻求新的相对平衡,如何保证境外投资者股东目标与城市商业银行目标的一致性,如何在外资控股下适当行使政府控制力,是摆在城市商业银行国有股权管理上的又一大新课题。

7.3 中国商业银行国有股权管理的动态优化

如前所述,股权结构是公司治理的基础,公司治理的有效性又决定着公司的经营绩效。只有股权结构合理才可能形成完善的公司治理结构,进而才能保证公司良好的经营绩效。因此,厘定相对合理的国有股权边界、确保国有股权有效行使、保障国有股权收效显著是实现中国商业银行国有股权有效管理的三大途径。

7.3.1 国有股权边界的动态优化

在我国商业银行国有股权边界动态优化的整体设计中,我们认为,有三个关键问题最为突出,即:国家股东权和国有法人股东权边界设置模式的选择、国有股权边界优化路径的选择以及对国有股权边界动态变化的理解与把握。这三个关键问题能否解决好,直接关系到我国商业银行股份制改革的成功与失败。

7.3.1.1 国有股权边界的现实选择

如何安排国家的控股权是国有商业银行股份制改造中的一个关键问题。一般来讲,商业银行国有股权边界安排可以有四种选择:独股(完全接受股权)、绝对控股、相对控股和参股。主流观点有主张绝对控股的,也有主张相对控股的,我们主张中国股份制商业银行国有股权边界的选择,应根据股份制商业银行的不同性质而有所区别。

(1) 独股

无论在理论上,还是实践上,国有资本的独资经营都是国有资本控制相关企业的最可靠的方式,但却未必是最经济、最有效率的方式。第一,银行由国家全资所有,由中央政府代表国家对银行行使出资人所有权,而政府为了其自身利益可能凭借权力给予国有独资银行特殊照顾,这不仅影响市场竞争的公平性,也会淡化银行经营者的竞争意识,弱化经营管理。从制度经济学的角度分析,单一的产权主体,必然造成经营的垄断,从而影响资源的合理配置。第二,银行国有独资的性质,使各级政府对银行的直接干预成为可能,银行经营的政府化、组织机制的行政化等老问题仍难以解决。第三,国有金融产权管理部门只是国有资产的代表,而不是真正意义上的所有者,既不拥有剩余索取权,对银行的经营风险也不承担责任,国有银行责、权、利的矛盾依然没有解决。因此,国有独资银行的产权形式不能使国有商业银行真正做到产权明晰、权责分明和政企分开,不是一种理想的产权模式。

多元股份制比国有独资制的优越之处在于:第一,通过新股东的加入可注入新的资本金,从而使不良资产比重有所降低,从存量上使不良资产问题得到一定缓解,资本充足率得以提高。而且在国家财力不能连续向银行注资的情况下,通过股权多元化可以保持国有商业银行资本补充的持续性。第二,通过新股东的加入,使国家由唯一所有者变为控股股东或最大股东而非唯一股东,国家对银行的支配力、控制力有所下降,政策性不良资产会从增量上有所限制。第三,可以使产权结构发生变化,缩短初始委托人与最终代理人的距离,提高所有者的监督和银行职员努力工作的积极性,为效率提高奠定内部基础。

主张实行国有独资制的人认为,要比较国有独资和股份制哪一个在形成合理的治理结构方面更具优势,必须将这两种制度安排纳入成本收益的分析框架内。在现实背景下比较两者的制度成本(制度建立成本、制度运行成本、激励机制中的信息成本和金融安全成本)和制度收益(产权界定清晰和治理结构优化),得出的结论是:就完善银行治理结构的目标而言,维持国有独资模式不变是一种合理的选择,在国有独资条件下,四大国有商业银行完善治理结构的改革具有很大的制度空间(张伟,2002)。然而,中国商业银行国有股权独股的现有实践,充分说明了这种产权制度运行存在的弊端:政府过多干预;所有者不能有效行使和转让剩余索取权;银行内部不能形成有效的治理结构;国有商业银行的风险载体不明;经营效率、效益低下等等。因此,为建立现代金融企业制度,商业银行选择独股模式并非明智之举。

(2) 绝对控股

按照中国长期以来形成的惯例和理论界的思维定式,目前的主流观点是:中国商业银行股份制改革,其股权结构必须保证国家的绝对控股。从管理层的倾向性意见来看,也认为国家应对一部分大型商业银行保持绝对控制权,例如可保持75%的股权。实际上,我国商业银行(包括国有商业银行)股份化后是否都必须保证国家的绝对控股,还值得进一步分析研究。

股权多元化主要包括国有股、法人股和个人股。就其权重,一般意见认为国有股应不少于51%。我们认为,国有股并不一定要求一个绝对的比重。从近几年国有企业改革的实践看,进行股份制改造的企业在产权结构安排上存在明显的不足,这就是国家股在企业总股权中占有绝对份额。据调查统计,目前国有股权在企业总股本中占有份额一般都在50%以上,有的竟高达70%—80%。这样,国有股东一方面凭借国有股在总股本中的绝对份额,往往把自己凌驾于企业董事会之上,致使董事会形同虚设,股东大会有名无实,也就谈不上构建有效的法人治理结构。另一方面,在资本超强控制的同时,对国有股权代表缺乏有效约束,导致股本收益管理又超弱运行,内部人控制盛行。

从国际经验来看,商业银行并不属于国家必须垄断的部门,其资本运营完全是一种市场行为或商业性活动,因此在商业银行的股权结构中,国家没有必要一定处于垄断性控股地位。中国商业银行国有股权制度变迁,如果过分强调国家对商业银行的控股权而且是绝对控股,这与原有体制下的国有独资银行不会有很大的区别,而且很有可能再次导致旧体制的复归,政企不分、行政干预银行经营活动的状况死灰复燃。如果从银行自有资本实力扩张的角度来看,绝对控股的弊端就更加明显,国家绝对控股的股权管理模式必然对银行资本其他来源渠道的资本集中功能产生限制作用,使银行资本的扩张很大程度上仍然受制于国家财力的制约,难以满足银行资本运营规模不断扩大对自有资本扩张的要求。

当然,基于能够在经济体制转轨和对外开放中保证国家有充分的控制力、增强对外部意外冲击的防御能力等方面的考虑,要求国家保持对商业银行的绝对控股权有一定的合理性。毫无疑问,绝对控股思路的核心是为了保证国家宏观经济调控的能力和防范风险。但是值得注意的是:

首先,绝对控股的思路与中国经济体制改革的发展已不相适应。在原有体制下,国家宏观经济调控主要依靠行政手段,国家绝对控股最有利于加强对国有独资商业银行的直接控制,例如对国有商业银行的贷款直接进行限额控制。随着中国经济体制改革的不断深化,中央银行金融宏观调控体系逐渐由过去的直接控制转向间接调控,即主要通过使用经济手段和法律手段,调节经济变量对商业银行产生影响,最终实现调节社会信用关系的目的。对国有商业银行贷款限额的控制也早已在1998年1月被取消。对国有商业银行是否绝对控股,在间接宏观调控体系中意义已并不是很大。从西方发达市场经济国家的情况来看,并非通过对商业银行绝对控股来保持国家宏观经济调控的能力,而主要是利用经济手段进行宏观调控。

其次,绝对控股能否防范风险也值得探讨。在绝对控股情况下,政府必然是商业银行的最主要的出资者,因而也就成为金融风险最主要的承担者;反之,如果是相对控股,政府将承担有限责任,承担的风险也随之减少。从商业银行的角度来看,银行作为特殊企业可以大大超过自有资本来负债,其负债的安全性则在更大程度上取决于它创造资产的能力和质量。因此,对商业银行来说,资本金的性质并不是最重要的,而行业的规制和自律则是最重要的。显然,能否防范和化解金融风险,关键不在于是否国家绝对控股,对此我国国有独资银行的经验教训已有充分的佐证。根据国际惯例,确保控制投票权所要求的最小持股比例股份为50%,也并非是绝对的,问题的症结在于能否有效地设置股权结构,完善公司治理,改善商业银行的经营管理,提高资本充足率和降低不良资产率。

有鉴于此,对于我国商业银行国有股权制度的变迁,应吸取这方面的教训,较为合理地安排商业银行的国有股权边界。目前主流观点是:对于四家商业银行股份制改造,其国有股权边界宜选择绝对控股。一是因为我国四家银行在国民经济中举足轻重,改革的成败关系国民经济的全局。在目前我国经济转轨的过程中,国家仍然需要通过银行对经济运行进行适当干预达到一定的宏观调控目标,实现政府宏观调控意图。二是四家银行资本金存量巨大,在短期内使国有股份减到50%以下而形成股权分散的、以个人持股为主的股权结构也是脱离实际的。三是在当前我国市场经济体制还不很健全的情况下,股票市场也还处于起步阶段,市场运作及相应的法律还很不规范,仅仅依靠股票市场对银行经营进行约束是不现实的,效果不可能马上体现出来,必定要经过一个过渡阶段。四是在我国经济转轨过程中,市场发育还不充分,尤其是经理人市场在我国还是一个空白,市场约束不可能成为我国四家银行治理结构的有效构成内容。因此,保持绝对控股这一思路符合我国渐进式改革的总体特征。在国家绝对控股的前提下,按一定比例吸收境内外战略投资者、企业法人、金融机构等参股,同时也可以组建若干基金,吸收自然人资金组成基金法人参股,建立起以战略投资者、企业法人持股为主体,以分散的个人和机构投资者、专业投资基金持股为补充的多元化股权结构及相应的法人治理结构,是比较现实的选择。这种模式不仅有利于金融市场的稳定,也有利于国家和社会公众的利益。

不可否认,我国目前正处于经济体制的转轨期,经济仍带有强烈的国有经济色彩;市场机制尚不完善;利率还未能市场化;资金还属于相对稀缺的资源;国家资本数额巨大,投资者承接力有限;国际环境变数尚多,金融安全与稳定尚存隐患;金融机构市场准入还必须设置较高的门槛,制度环境(包括股票市场的发育程度、经营透明度、法制的完善程度、特定的社会传统文化和银行经理人市场的发育程度)也不完善,等等,在四家国有商业银行股份制改革的初期,其国有股权设置比例还是以国家绝对控股为妥。但必须强调的是,这种边界安排只能是在目前我国经济发展阶段四家国有商业银行股份制改革的制度选择,但这种制度选择应随着我国市场经济体制的逐步完善,国有企业真正转化为现代企业,金融竞争度的加强,在一定阶段后通过国有股减持等方式逐步向国家相对控股甚至不控股的股权安排转化。但对于其他股份制商业银行和城市商业银行,大可不必拘泥于国有股绝对控股。

(3) 相对控股

从提高效率、实现相对的权力制衡等方面看,国有相对控股应是我国商业银行国有股权边界安排较为理想的选择。从海外商业银行国有股权边界变迁和价值实证来看,中国商业银行国有股权可保持在30%—50%之间为宜。

第一,相对控股可以避免国有股东对银行运作的控制。股权制衡是现代企业良性运作的基础与基本保障,国有股相对控股可以较好地避免股权过于集中所导致的国有大股东损害其他小股东利益的行为,避免国有股东"一言堂",为完善公司治理奠定良好的基础。

第二,相对控股可以激励股东实现价值驱动。国有股权过度集中是我国商业银行经营低效率的制度性根源,在国有股占主导的情况下,国有股持股主体的行政化因素致使公司的委托代理关系不是一种财产所有者与法人所有者之间的关系,而演化成为政治功利与经济目标的混同体。经理人员与政府博弈的结果是一部分经理人利用政府产权利益上的超弱控制形成对企业的内部人控制,同时又利用行政上的超强控制转嫁经营风险,将公司经营性亏损推诿为体制性因素。相对控股可以激励一部分股东,价值驱动是股东尽力尽责于公司的基本动力与源泉。

第三,相对控股有利于股东之间的合作与协调。股东行为往往具有两面性特点:一方面,极高的持股比重使得大股东行使权力的积极性很高,一般董事长或总经理是控股股东的直接代表或控股股东本人,因而这些经营者的利益与股东的利益高度一致。而另一方面,小股东因为份额过小而忽视了其权力的行使,必要的时候,一般采用"用脚投票"机制。这样,大股东失去了来自其他股东的有力约束和制衡,小股东也失去了对公司应有的关心,相对控股模式可以保证股东价值取向保持一致。

第四,相对控股可以筹集大量资本,弥补国有资本的不足。资本充足率不高或不足,是我国商业银行的共有特征。2003—2004年,上市银行接二连三抛出增发、可转债、次级债券、次级债务等再融资方案,这是高速成长期商业银行的必然选择。但如果国有股权边界固守绝对控股模式,国有股东会囿于现金流的限制,对股权再融资设置障碍,则次级定期债只能解燃眉之急。

第五,相对控股有利于加强银行的抗风险能力。我国各家商业银行公司章程一般都有如下规定,本行出现支付缺口或流动性困难时,在本行有借款的股东必须立即归还到期借款,未到期的借款应提前偿还。在绝对控股情况下,政府必然是商业银行最主要的出资者,因而也就成为金融风险最主要的承担者。相对控股和多元化投资可以使更多的投资者分担风险,加强银行的抗风险能力。

从中国的情况来看,相对控股应是目前我国股份制商业银行和过渡阶段后国有银行国有股权边界安排的首选。再往后,如果国家要逐渐淡出银行业,可参考英国的金股制度,保持对国有商业银行控制上的特权。

金股(golden share)起源于20世纪80年代初英国政府进行的国有企业私有化(称为非国有化)改革,是一种特殊的股份。金股的持有者是政府而不是非政府机构、企业或个人,它的权益主要体现为否决权而不是受益权(分红权)和其他表决权(任名和批准经理等),往往也没有实际的经济价值。所以,它实际上是一种政府持有的在特定情况下对一些特定事项行使否决权的股份。金股作为一种金融创新,在微观层次上为国家创造了一种有效的宏观调控和管理工具,在促进国有企业发展的同时使得国家能够实施有效控制。在我国国有银行的改革中应用金股,可为政府提供一种相机选择的机制,做到"有所为,有所不为",处于主动地位。

(4) 参股

法律意义上,持有一公司股份在50%以下的情况为参股,参股的股东一般为少数股东,即持有少数股份的股东。我们这里所指的参股,按我国《股份有限公司国有股权管理暂行办法》规定,是指持股在30%以下的情形。海外商业银行中政府对银行的所有权大多采取了这种模式,我国未来城市商业银行和部分股份制商业银行国有股权边界的设计可以参考这一模式。中国民生银行、深圳发展银行和部分城市商业银行是这一模式的先行实践者。

参股模式的最大优点是在产权制度上大大削弱了政府的行政干预,政府不再将该等银行视作自己的"附属机构",但随之而来的主要问题是没有了政府的属地保护。在地方政府股权逐渐被稀释后,多家城市商业银行表示出了对银行经营压力增大的担忧。也许这正是参股模式的魅力所在。对于城市商业银行,需要在政府干预与政府保护之间作出选择;但对于地方政府和金融管理当局,则更应该在宏观层面上把握股权模式的趋向,该减持则减持,该转让则转让。

7.3.1.2 国有股权减持与转让

一个成熟的、符合市场化要求的、能为投资各方和监管机构接受的银行国有股减持方案,必须在坚持一定原则的前提下,按适当的方式、合理的价格、合适的时机能够渐进有序地运作,并必须能够保证实现三个目的:切实改善银行股权结构,使之能够按照市场化运作的客观要求建立起真正的现代公司治理架构;改变上市银行股权分置,促进资本市场稳步发展;加快银行经营机制转换,改善银行经营绩效。

(1) 与国有股减持相关的几个基本概念

在我国,"国有股减持"这一提法,最初在1999年具有特定的含义,即作为上市公司大股东的国家,以不放弃其控股地位为前提,适当减少自身持有的股份。国有股减持的主体是国有股股东;减持的对象是国有股权;减持的范围限于那些信誉好、发展潜力大的国有控股上市公司;减持的程度以国家不失去控股地位为限;减持的方式是有偿转让;减持的受让方是非国有单位或个人;减持资金的用途是由国家用于国有企业的改革和发展。

国有股减持既是一个微观概念,又是一个宏观概念,即列入减持范围的每个国有控股上市公司中,国有股的绝对数量必须减少,国有股比重必须降低;国有控股上市公司作为一个整体,其国有股总量也必须减少,占全社会总股本的比重也必须降低。

与国有股减持相关的概念,还有国有股转让、国有股上市流通、国有股变现和国有股退出等。国有股转让是国有股持股者将其股权让渡给其他自然人或法人的行为。这种让渡可以是有偿的,也可以是无偿的(如无偿划拨);可以采取上市流通方式,也可以采取场外协议转让方式;可以在两个国有股持股者之间进行,也可以在国有股持股者与非国有的民事主体之间进行。上市公司国有股的转让活动早就存在,如国家股的协议转让,曾活跃过的两个法人股交易系统内的国有法人股转让等,国家国有资产管理局曾出台专门办法予以规范。它与国有股减持的关系是,转让不一定导致宏观上的减持(如国有股东之间的股权转让),而减持必然伴随着一部分国有股的转让。当国有股持股者将股权转让给非国有的民事主体时,就减持了国有股。国有股上市流通是指国有股像其他社会公众股一样在证券市场上自由流动。国有股上市流通可能导致国有股减持,也可能不发生国有股减持。国有股变现是指国家以有偿转让的方式将国有资产由股权形态转化为货币形态。这必然导致以股权形态存在的国有资产减少,亦即国有股减持。但这也只是国有股减持的方式之一。如国有股减持还可以采取将股权形态的国有资产转化为实物形态或债权形态国有资产的方式进行。国有股退出是指国家将国有股权让渡给非国有单位或个人从而退出上市公司和证券市场。它与国有股减持的关系是,减持是部分国有股的有条件退出,即这种退出是有偿的,限于特定的范围,并且是以保持国家控股权为前提。我们这里所讨论的国有股减持,仅限于对股份制商业银行的谈论,但包括非上市情形。

(2) 减持的基本原则

为了增强国有股权减持的有效性和成功率,商业银行国有股权边界变迁的制度安排,必须在总体上把握一些基本的原则:

一是公平、公开、公正原则。所谓公平,是指国有股减持方案对于所有的市场参与者、所有股东而言应当都是公平的。所谓公开,是指减持的过程应该是透明的,关于具体方案的设计和操作,投资者以及各位股东都应该有知情权,避免暗箱操作。所谓公正,是指各位股东、市场参与者都应该得到平等对待,不应受到歧视或优待。特别是上市银行国有股减持,由于历史原因,国家股、法人股、社会公众股和外资股同股不同权、不同价、不同利已是既成事实,在设计国有股减持方案时,更应力求公平、公正,充分考虑、照顾到各方面的利益。

二是效率原则。所谓效率,是指在考虑公平的同时,应重点关注金融资源的配置效率,在选择受让对象、减持数量与比例、减持方式时,必须考虑不同受让对象的行为方式、经营理念、价值取向、管理经验和运作优势等,始终把股权结构优化、治理机制完善、经营绩效提高放在国有股减持目标的第一位。国家不应以卖个最高价、"圈点钱"为出发点。必要的时候,为了改革和发展的大局,国家应让利于民。否则,国家可能为了眼前的一点利益而错失减持的良机,甚至于损害证券市场的长期健康发展,从长远看损失更大。这方面国际上有不少经验教训值得我们汲取。但同时也必须注意,国有股减持不能以效率为借口造成国有资产流失。

三是稳定原则。鉴于国有股权的社会性、政治性目的,在进行国有股权减持和转让时,必须进行相关研究,尤其是要防止把不需要或不具备转让条件的国有股权硬性转让,特别是把过多的国有股权转让给恶意持有人。因为不论是哪一个国家,银行国有股权的特定转让均有其相应的范围,即只能是将一部分国有股权通过特别转让而转给非国有股东,而宜于国家继续持股的部分则可以根据具体情况决定是否在国有单位之间流动。国家在选择国有股大宗减持受让对象时,一定要事先确定必要的标准与条件,审慎从事,力保股东目标与银行目标的相融与一致。对于采取股票公开发行、上市转让、股权分置改革的,应综合考虑资本市场的承受能力与投资者的心理承受力,尽量减少二级市场的震荡与冲击,不给证券市场过多的压力。

(3) 受让对象的选择

国有股减持的受让对象自然是非国有股东,但不同性质的非国有股东,因为其行为方式的不同特征,对商业银行的稳定与发展的影响也大不相同。对中国商业银行国有股减持而言,适度引进民营资本,积极引进境内外战略投资者是当前的首要任务。

其一,积极引进境内外战略投资者。关键是按一定的标准去选择战略投资者。在选择战略投资者时应考虑其投资的稳定性、独立性以及其实力和信誉,这样做的目的在于保持商业银行法人治理结构的稳定,使战略性股东在商业银行的经营及重大决策方面具有独立的决策权。在战略投资者的选择上,我们的看法是:境外法人优于境内法人。境外法人完善的法人治理结构、对投资回报的要求会对银行管理者形成硬约束,使其按照国际规则经营管理,同时,境外法人先进的管理经验和理念也会被引入银行的管理,促使中国商业银行和国际银行业接轨。

具体来讲,选择境外战略投资者,应考虑:①战略投资者的品牌。引进的战略投资者必须是在国际上有影响、实力雄厚、经营历史悠久、管理先进、内控机制和风险防范体系健全、经营水平一流的金融机构,中资银行可以借用其品牌效应或名人效应来提升自己的形象。目前中资银行引进的大都是花旗集团、汇丰银行等大型的国际知名金融机构。此外,重视品牌还包含了对资本实力和业务专长的考虑。②战略投资者的先进技术和管理经验。中资银行寻求境外战略投资者的最普遍动因是借此提升自己的经营管理水平,因此十分看重外资机构的先进技术和管理。近年来,西方商业银行通过并购扩大规模,综合经营各类业务,金融产品创新特别是网络银行业务飞速发展,组织管理上也因为网络技术发展而产生一些新的理念,这些都值得中资银行学习与借鉴。③战略投资者的文化背景。一般而言,有共同的文化背景才容易沟通。杭州市商业银行选择澳洲联邦银行就有此原因。但也有中资银行有意识地选择文化背景有差异的外资机构来合作,以彻底变革治理结构和管理机制。如深发展在选择战略投资者时,特别注意不选择同源文化的亚洲的金融机构来合作,避免同源文化的影响,因为他们认为东方文化重视人情关系,西方重视规则和契约,应该吸收西方文化的有益成分。④战略投资者的境外分销网络。具有全球分销网络的战略投资者有助于中资银行开展国际业务,尽早融入国际金融市场环境。中资机构通过信息、网络资源共享的战略伙伴合作机制来实现其海外扩张的战略,对于想在海外融资或上市的中资银行,尤其注重境外战略投资者的分销网络。⑤战略投资者的市场定位。选择的境外战略投资者应该在国内一定区域范围内没有其他的合资伙伴,不会造成同业间的无序竞争。

上海银行引进战略投资者的标准主要是:①价值驱动。在投资人选择上,上海银行重视吸收价值驱动型战略投资者,先后引进了国际金融公司、汇丰银行、上海商业银行投资入股,并进入董事会或监事会。这些价值驱动力量较强的股东为上海银行带来了境外商业银行的先进管理经验和技术支持,逐步推动了银行的观念创新,进一步提升了经营管理水平,在现代金融企业建设中发挥了重要作用。②价值取向。上海银行非常注意战略投资者的价值取向,尽量吸收那些价值取向与银行相对一致的投资人入股,保证不同股东之间良好的沟通、协调与合作。③股东资格。在战略投资者选择上,上海银行强调股东资格的认定,保证股东目标与银行目标的一致性。

杭州市商业银行引进战略投资者的标准是:①资质与实力。澳洲联邦银行是集银行、保险、基金于一体的综合性金融服务集团,全球排名约第31位,具有先进的管理经验、较高水平的专业技能和庞大的专业管理团队,并具有中央银行的历史背景和该国国有企业成功转制的经验,在帮助经济转轨国家银行业提高管理水平、转换经营机制、技能援助方面积累了一定的经验。②理念与战略融合性。澳洲联邦银行在中国的发展战略主要是通过战略伙伴的发展来实现,这一特有的投资策略符合杭州市商业银行发展战略的要求,同时双方在经营策略、市场定位等关键问题上有共识。

此外，澳洲联邦银行承诺在国内不设立分支机构，排他期内不在长三角五省一市（浙江、江苏、安徽、福建、江西、上海）与战略合作伙伴外的任何国内商业银行进行股权合作，不持有除三家中国城市商业银行外的中国商业银行的股权。这种排他性安排将避免与战略合作伙伴发生同业竞争关系。杭州市商业银行作为其在长三角地区的唯一投资对象，澳洲联邦银行有通过支持杭州市商业银行发展来实现其在这一重要区域内商业利益的动力。③合作前景。澳洲联邦银行提出的合作范围包括零售业务（信用卡、住房按揭等）、财富管理、基金管理、人寿保险、项目融资、跨境业务等高附加值金融业务，合作领域广泛。④文化的认同性。澳洲联邦银行十分尊重和遵守中国法律和公司章程，主张遵循"同股同权、同股同利"的原则，承诺不谋求超股东权益，承诺不直接干预杭州市商业银行的经营与管理。同时，应杭州市商业银行的要求以及在公司章程允许的前提下，澳洲联邦银行愿意向董事会各专业委员会、监事会审计委员会以及经营管理的关键领域委派专家，提供技术援助，以积极务实的态度推进公司治理建设。

总之，中国商业银行国有股减持受让对象的关键性选择标准包括：境外战略投资者具备的良好的资质与实力；品牌；拥有的先进的经营理念、成熟适用的金融产品和技术、较强的金融创新能力，特别是在业务经营、风险管理等方面具有的核心竞争力；与中资银行在发展战略、市场定位等关键问题上的共识；境外商业银行在中国的投资策略等。

其二，适度引进民营资本。民营资本的利益驱动机制明显要强于国有法人，因而对银行管理者的监督动机较强，民营资本入股可以在一定程度上影响商业银行的公司治理和市场定位。但吸收民营资本受让国有股权应注意把握以下两个问题：①要选择优质民营企业。民营企业在目前我国各种经济形式中最具活力,但也存在着两极分化的趋势,良莠不齐,优质民营企业入股商业银行,其贴近市场的营销理念、灵活激励的分配机制、迅速灵敏的创新意识都会对商业银行的经营管理产生影响。但经营不善、管理混乱,尤其是财务制度执行不严格的民营企业,也必将拖累商业银行。②要防范少数民营企业入股商业银行套取资金。目前,民营企业融资比较难,不排除少数民营企业入股商业银行是为了套取资金。民营资本入股,甚至控股,并不意味着商业银行就成为民营企业的"取款机"。《商业银行法》及人民银行颁布的《股份制商业银行公司治理指引》对股东在商业银行的贷款有明确规定。商业银行与民营企业以股份为纽带,发展业务关系,是一种正常现象,但其融资额度应严格限制在股权范围内。

其三,适当发展机构投资者。机构投资者作为特定个人投资者的自组织,具有专业的理财队伍、理性的投资行为、充分的信息优势、有效的制度设计,并兼具规模经济所带来的成本优势,其发展壮大可以改善商业银行的投资者结构,特别是弥补非金融机构投资者因不懂或不甚了解商业银行经营管理、风险防范、内部控制等专业性问题而监控不力的缺陷,强化商业银行董事会约束,起到促进商业银行改善治理结构的作用。

(4)减持方式的设计

商业银行国有股减持可以有多种方式:IPO、协议转让、职工内部持股、增发、配售、回购等等。由于我国商业银行在已上市、未上市,全国性、区域性、地方性,多元股份制、单一股份制等方面的差别,其减持方式的侧重点也应呈现一定的差异性。

IPO及增发方式。 商业银行国有股减持IPO方式是指商业银行通过首次公开招股(initial public offering)募集资本降低国有股持股比例的方式,也就是一般意义上所说的银行上市、股票流通方式;增发是首发后的进一步降低。2005年6月23日交通银行公开招股58.55亿股并成功上市,成为内地首家在香港上市的商业银行。根据最终的分配方案,亚洲市场,包括日本、中国香港和新加坡获得了65%的股份;欧洲市场居第二,获得23%;北美市场,主要是美国,获得了12%。按照投资者的性质,由于针对散户公开发售部分受到了市场的追捧,超额认购倍数达到205倍,交行启动了IPO回拨机制,从5%增加至20%,散户最终获得了其中的20%;汇丰也获得了19.97%;剩下的60%由参与国际配售的投资者获得,其中机构投资者,包括对冲基金等,获得60%中的56%,占全部发行额度的33.6%;大型企业获得60%中的28%,占全部发行额度的16.8%;大富豪们分得60%中的13%,占全部发行额度的7.8%;;POWL获得60%中的3%,占全部发行额度的1.8%。

  交通银行IPO计划的成功实施,为我国国有银行国有股权边界变迁提供了可供借鉴的经验。交通银行在全球发售之后,财政部、汇丰银行、全国社会保障基金理事会和中央汇金投资有限责任公司直接和间接持有交行共约61.15%已发行股份,其中财政部持有22.20%的比例,汇丰银行持有19.90%,全国社会保障基金理事会为12.37%,中央汇金投资有限责任公司为6.68%,成为交通银行前四大股东。除财政部所持股份为内资股外,其余三大股东所持股均将转为H股。此外,全国社会保障基金理事会和中央汇金投资有限责任公司同意在交通银行上市后一年内,汇丰银行同意于2008年8月18日前,不会出售其各自转换后的H股。

  2007年4月,经中国证监会和上交所批准,交行以每股人民币7.90元的发行价在中国境内首次公开发行A股,并于2007年

5月15日在上海证券交易所挂牌上市。

作为中国第一家全国性的股份制商业银行,交通银行是最早完成财务重组和引入国际战略投资者的内地银行。2004年8月,交通银行完成财务重组,同时汇丰银行以现金144.61亿元人民币持有交通银行19.90%的股份。2005年交通银行IPO的招股价比汇丰银行入股价高出10%,汇丰银行认购了约20%交行H股,以维持持股比例不变。而交通银行和汇丰银行的牵手合作一向引起了社会的关注,交通银行的招股书中提及,作为战略投资者,汇丰银行有权在满足:中国有关法律法规的放宽;汇丰银行所持股份不得超过40%;超过第一大股东财政部的股比时须获得同意和批准等若干条件的情况下,于2008年8月18日至2012年8月18日期间提高在交行的股权比例。

IPO发行方式简单、明晰、易于操作。IPO使银行通过新股发行直接得到一笔可观资金并使国有股份调整到期望的比例,一步到位。但是IPO及增发,在严格意义上只属于国有股的间接减持。IPO发行首先是要银行有发新股的要求(这在我国商业银行普遍存在融资要求的情况下不成问题),但最关键的是要有合格的投资者。

支付对价方式。这是2001年6月12日国务院正式发布《减持国有股筹集社会保障资金管理暂行办法》和2001年10月22日证监会紧急暂停后于2005年4月29日推出的国有股减持全流通试点方案。支付对价的核心思想是:股权分置是在特定的政策背景下,由于非流通股股东、流通股股东及公司间的约定或承诺而形成的,流通股股东认购企业股票时,招股说明书中均有原发起人或法人认购的股票暂不流通的条款;流通股股东在二级市场购入股票时,也是基于非流通股股份暂不流通作出的投资决策,要改变该种约定或承诺,非流通股股东需向流通股股东支付对价,以获得持有的非流通股股份的流通权;非流通股股东支付的对价不具备任何弥补流通股股东损失的作用。从2005年上市公司试点的情况看,支付对价方式得到了当时市场各方的普遍认可。

但从2005年5家境内上市银行来讲,对于支付对价方式,不同的市场主体因利益关系当时表现出了迥然不同的态度。①证监会。证监会总体希望银行股在内的蓝筹大盘股能率先推出股改以稳定市场。②各家银行。2005年由于银行股权结构特殊,在5家境内上市银行中,第一大股东的持股比例均不超过20%,各家银行除浦发行有实质性进展外,招行董事会表示和大股东已经开始讨论和研究与股改有关的问题,华夏银行表示正在与大股东协商,其他的银行股主要是等待和观望,它们要参考浦发行的股改方案以及其后的具体实施情况。③控股股东。"即使给我流通权我也不会卖掉股份,如果我没打算流通,为什么要支付对价?"大股东明显表示出了对控制权被削弱的担忧。中国银行业前景广阔,控股股东看好银行业的前景,因此担心支付对价后将进一步稀释控制权,因而对股权分置改革并不热心。若以当时市场普遍流行的非流通股股东向流通股股东支付10送2或10送3的对价来看,银行股大股东的控股地位确实被进一步削弱。以深发展为例,如果新桥投资支付10送1的对价,则意味着新桥的持股比例从目前的17.89%下降到13%,对于浦发、招行等上市银行来说同样如此。因此,控股股东认为股权分置改革只是加大他们的成本,对控股股东并没有现实的好处。④非流通股小股东。至于非流通股小股东,非流通小股东有套现冲动而外资股东则要考虑如何支付对价。非流通小股东与控股股东的利益并不一致,非流通小股东可能并不谋求控股地位,在完成全流通后,银行有可能遭到恶意收购的风险。⑤外资股东。银行的外资股东在股改中也显得尴尬。在2005年5家上市银行中,浦发、民生都引入了外资股东作为战略投资者,深发展则引进新桥投资作为第一大股东。以花旗等为例,花旗作为浦发银行的外资股东,在2002年12月31日按照1.45倍于每股净资产的溢价购买了5%的浦发银行法人股股权,花旗购买时就有溢价(有人测算截止到2005年3月31日的实际价格为3.31元),要求它们对流通股股东的对价进行补偿,是个颇为棘手的问题。因为外资股东基本上是以比净资产高的溢价取得股权,因此,外资股东支付对价的意愿也不高;但另一方面,比起流通股东所取得的高成本,外资股东的支付算是便宜多了,所以,流通股东仍坚持外资股东也应支付一定的对价。民生银行的外资股东则是新加坡的淡马锡控股,淡马锡控股在2004年11月购买了民生银行4.55%股权。当时市场估计淡马锡出价为1.1亿美元,每股价格在4.5元人民币左右,也是溢价购买。民生银行股改,也同样存在外资股东如何支付对价的问题。此类问题也存在于深发展。新桥投资在2004年10月以12.35亿元的代价收购深发展的17.89%股权,每股价格大约为3.55元,每股净资产为2.49元。深发展资产质量和核心资本充足率状况急需再融资来支持业务发展,但当时证监会把再融资和股权分置改革捆绑在一起的政策,也让深发展左右为难。

由于上市银行股权分散、非流通股东构成复杂,因此2005年股权分置改革难度很大,要设计出一个各方都满意的方案着实不易。银行除股权分散外还有一个特点就是非流通股东也比较多,在非流通股东和流通股东讨价还价之前,还要在非流通股东之间达成一致,这给股改带来了难度。最重要的是,大股东还担心失去控股权。

配售方式。配售是国有股减持最通用的方式之一,是指国有股持股主体将其部分国有股以特定价格向投资者出售。出售对象应该是原上市银行的个人投资者和民营资本等流通股股东,老股东有优先受让股份的权利。配售的优点:①配售后非国有股比重提高,有利于实现国有资本进退原则,改善上市银行的治理结构与运营效率,强化对经营者的约束作用;②国有股配售只是改善上市银行的股权结构,并未扩大公司的总股本,也未稀释股票的"含金量",与增发新股和配股相比,其对二级市场的冲击相对较小;③通过配售,国家可以及时套现,同时,由于配售价格一般高于净产值,国有资产得到增值。配售的缺点在于:①国有股通过配售直接上市流通,使流通盘急速扩容,极易超过市场的承受能力,造成股票供需失衡;②它使被配售股票的市盈率下降,因此在市场行情低迷时不易采用;③如果配售价格过高,可能会挫伤投资者的积极性,造成配售失败;④由于上市银行的质地不同,公式也不能通用。

协议转让方式。协议转让属于场外交易。国有股东在进行股权的协议转让时可能出于多种考虑,转让的主要目的并不都是为了减持国有股,但结果却客观上使得国有股的减持成为现实。协议转让的优点是:可在较短时间筹集大量资金,比较适合国有股本较大的上市公司国有股的减持,转让条款的弹性大,单笔交易量大;买卖双方直接谈判,价格双方商定;不损害其他股东的利益。但是协议转让也有不足的一面:一是决策不透明,程序不规范;二是部分国有股东对跨区域、跨所有制转让设置壁垒,使得信息与交易不对称;三是不能上市流通,股权的流动性低,降低了对投资者的吸引力。协议转让减持国有股虽然影响面小,效果好,但无法全面解决国有股比例过高问题。我国商业银行通过协议转让减持国有股权,是指股份制非上市银行转让国有股权和上市银行转让国家股和国有法人股等非上市流通股。协议转让是2005年之前最常用的方法。

职工持股方式。职工持股方式的好处:一是使职工创造的价值真正体现在职工身上,还原职工的主人地位;二是增加了管理层的主人翁意识,减少了银行的短期行为;三是加强了企业的凝聚力,有利于银行长远发展。目前我国城市商业银行的股份制改革,大多采用了这一方式,但由于职工持股易造成国有资产流失,此减持方式遭到了来自理论界的质疑与批评。

(5) 减持价格的确定

股权转让价格是决定股权减持谈判能否成功的关键。我国多数银行都有较高比例的不良资产,而且由于会计制度的原因,我国银行都没有对不良资产提取充足的坏账准备,这就使得国内银行账面上的股东权益和赢利能力大多高估。确定合理的减持价格,不仅关系到新股东如何分担或分享已经存在的坏账损失或经营收益,而且也关系到老股东的转让意愿及获得相关部门审批的速度。从市场普遍认可的减持价格确定方法看,这里涉及两个方面的问题:

一是每股净资产的确定。净资产值的确定与会计准则有关。外国投资者通常不信任国内银行的财务报表,一般要聘请国际著名会计师事务所按照国际会计准则进行审计,以确定每股的净资产和赢利能力,并作为进一步谈判的基础。如果二者认可的会计准则存在差异,我们可以采用国内会计准则审计确定的每股净资产值与国际会计准则审计确定的每股净资产值折中处理的办法。当年国际金融公司参股南京市商业银行的价格是这样确定的:首先是外资要求南京市商业银行按照国际会计准则进行审计,由此确定的每股净资产值为 1.07 元。然后南京市商业银行又聘请国内会计师事务所进行了资产评估,评估结果为每股 1.60 元。按照国际会计准则计,每股计提了 0.23 元坏账准备,每股净资产为 1.37

元。两种结果的主要差别在于如何对待商誉、固定资产评估增值或减值以及债券投资的重新评估上。最后，双方把两种结果进行了平均，就产生了最后的参股价格，每股1.21元。

二是溢价比例或溢价系数的确定。溢价系数的确定涉及的因素非常复杂，它是对净资产值这个财务基础的修正。首先要考虑无形资产的真实价值，会计师事务所的资产评估有时候未必能考虑得很全面，例如就深发展而言，仅是其在深交所的上市代号为000001就具有很好的广告效应，又如不同的银行牌照也会影响溢价幅度大小。其次是商业银行的区域分布、银行性质(是全国性银行还是城市商业银行)、银行类别(是否为上市银行以及上市前景)等，都是转让受让双方根据审计结果调整溢价比例的重要参考因素。还有，商业银行所处的地理位置、金融行业环境和前景、国家宏观经济的稳定增长等都是确定溢价系数的影响因素。

事实上，无论是净资产值还是溢价系数的确定，都是双方艰苦谈判的结果。也就是说，股权价格的确定固然应该以会计准则、财务状况、经营管理状况这些实际因素为基础，但是谈判本身在很大程度上也直接影响到交易价格。以新桥投资集团参股深发展第一次谈判为例，新桥提出的方案是深圳市政府将其有权支配的15%的深发展股权按调整后净资产的5倍卖给新桥。在这个方案中，5倍的溢价确实诱人，但新桥是想在净资产上做文章，希望尽量压低净资产值，它曾派普华永道会计师事务所对深发展资产进行调查，这样的结果可能是最后确定的净资产只值几毛钱。中方代表提出股权收购价应该是以现有每股净资产2.05元为基础，再乘上5倍的溢价系数。中方为此提出以下几方面的证据，从而让对方充分了解深发展的价值：①深发展共有17个分行，大都分布在沿海地区，拥有相当的经济规模和占有相当的市场份额；②截至2002年

10月31日,深发展行拥有存款1 064亿元,资产1 350亿元,其中高端客户占8%,为1 200万户,如转让成功,新桥可获得一大笔低成本资源;③深发展的股权结构很特殊,流通股72%,法人股、国家股28%,这样可以使新桥花很低的成本就能获得控股权;④深发展拥有较高的无形资产和商誉,深发展已经营15年,是第一批上市公司,在二级市场上的编号颇为特殊;⑤四年前控股权便要卖给中信集团,对方出价26亿元,而这4年总共提取了38.97亿准备金,深发展的含金量得以提升;⑥将在2003年配股,10配3,如按5—8.5元计算,每股净资产值可以增加1.13至1.8元,意味着老股东的权利向新股东的转移;⑦出售深发展的股权,其背景与韩国的韩一银行不同,后者是为了摆脱金融危机,寻求援助,是不得已而为之,而深发展是为了改善治理结构和管理机制,深发展并不是"跳楼货"。

后来的变故又十分出人意料。新侨投资管委会进驻后,所认定的不良资产数额与目前报表所反映的数额相去甚远。而且,深发展现已计提的贷款损失准备仅27.9亿元,对于现有的账面不良资产覆盖面不足。从深发展2001年年报看,按五级分类的关注类、次级类、可疑类贷款,均未按相应规定比例提取足额贷款呆账准备,三类合计共少提了13亿多元。倘若按新桥提出的不良资产数额计算提取足额贷款呆账准备金,则会使现有每股净资产大幅降低。按原先所推测的每股5元作价,深圳市政府可通过出让其所持有的占总数18%的公司国有及法人股,变现17亿多元。现在看来,如果按对方要求和国际规则提足准备金,甚至使净资产被冲至负数,则意味着出让方不仅不能从交易中获利,理论上还得按协议条款所规定的比值关系相应赔本支付给受让方以完成交易。显然,这又是新侨投资在股权收购谈判中为掌握主动权而采取的策略。新桥的起诉、撤诉、深发展的应诉与最后双方在2004年5月的握手言和,充分说明了国有股减持价格确定的复杂性与不确定性。

上海银行的参股价格为2.12元,是以1999年1月1日净资产1.50元为基准,乘以1.5的溢价系数,1.5的溢价幅度是参照东南亚银行的股权收购情况确定的。杭州市商业银行2005年增发价格的确定,重点考虑了以下两个方面的因素:一是净资产。经审计后杭州市商业银行2004年度的每股净资产为1.51元,初步考虑2004年度的每股分红为0.10元,则经分配后的每股净资产为1.41元。但该净资产是按国内会计标准进行的审计,与中国银监会的监管标准以及国际会计标准尚有一定的差距(如贷款损失准备尚未提足,差额为1.5亿元,同时未计提投资损失准备),如按国际会计标准审计,该净资产将会减少。此外,杭州市商业银行委托浙江中汇评估师事务所对2004年末的净资产按重置成本法进行了内部评估,最终评估的结果为每股净资产1.3588元。二是溢价倍数。根据国内其他商业银行引进外资的情况来看,入股价格通常是按审计后每股净资产的一定倍数来确定,该倍数一般在1.5—1.8之间,但有的商业银行入股价格低于其账面净资产(由于会计标准差异引起),如北京银行。澳洲联邦银行在济南市商业银行的入股价格为按重置成本法评估价的1.4倍。综合考虑上述因素以及对杭州市商业银行未来发展前景的估价,最后通过与澳洲联邦银行的艰苦谈判,增发价格以2004年12月31日为基准日确定为2.50元人民币/股,为审计后净资产(扣除2004年度0.10元/股的假设分红)的1.77倍,为按重置成本法评估价的1.84倍,并大大高于浙江中汇评估事务所按收益现值法的评估价2.064元/股。同时约定澳洲联邦银行入股后的股份权益自认购资金到账当月起享有。

比较建行、中行与交行在引进战略投资者中的价格谈判，我们可以知道，在谈判过程中，商业银行股东之间互动的制衡机制对价格的形成至关重要。交行当时每股1.86元、市净率1.49倍的引资价格，明显优于建行引资美国银行时1.15的市净率和中行引资时1.17倍的市净率，与此前因交行的股权结构需要平衡内部大小股东的利益，谈判价格有来自股东层面的制衡压力密切相关。建行引资时，除少数发起股东外，汇金是唯一绝对控股大股东，股东之间几乎没有利益平衡难度系数，由于缺乏争辩引资方案的自由观点市场以及相应主体，加之谈判技巧等原因，是导致2008年6月建设银行"贱卖"与否争论的一个重要因素。

此外，对于股权的让渡幅度也是左右价格的要素。以交通银行为例，2004年汇丰入股后，持有交行19.9%的股权，接近当时单一外方股东持股20%的上限，并允诺在政策放开的情况下，汇丰可增持至40%。而在建行引资案例中，美洲银行首期以25亿美元从中央汇金投资有限公司受让建行9.1%股权，再于建行IPO时购入5亿美元的股权，同时拥有未来数年将股权增持到19.9%的选择权。很明显，建行引资首期让渡的股权幅度不大，这也影响了股权转让的价格。

同时，减持方式也会影响到减持价格。交行引资汇丰，系通过新增股份形式进行，而建行引资是由大股东汇金转让形成，由于扩股本身需要通过股东大会，而大股东"一对一"的转让，仅取决于交易双方，因此，协议转让往往缺少竞价和约束机制。

目前，我国商业银行国有股权减持价格的确定，都是根据国家有关规定执行的，有人曾对这一净资产定价原则的合理性提出了质疑（如徐爱农，2003），更是对美国银行以每股约2.42港元的行权价格增持60亿股建行H股提出了"贱卖"的观点。由于在经济利益此消彼长的竞局中,国有股权的转让价格直接关系到出让方国有资产的保值、增值,以及受让方投资成本的高低,价格问题确实值得进一步的深入研究。

7.3.1.3 国有股权的增购

流动性是股权最重要的特征之一。国有股权的转让与增购是国有股权运作与管理的重要内容,国有股权除转让、减持外,国有股持股单位还可依国家产业政策、经营策略及有关法规增购股份。国有股持股单位增购商业银行股份,具体应考虑以下要素:增购的目的、增购资金的来源、增购数额、增购价格与定价、转让对象、增购方式与条件、增购时机及选择、增购的审批以及其他具体安排。就一般企业而言,国有股股东增购股份通常重点关注:是否符合国家产业政策、被增持公司发展前景、预期公司投资收益、对本地区经济发展的重要性以及其他特别因素。但就商业银行股份而言,国有股持股单位增购的目的大多是出于战略性考虑或在银行出现危机时的被动增加。2005年6月,中国证监会下发了《关于实施股权分置改革的上市公司的控股股东增持社会公众股份有关问题的通知》,为我国上市银行国有股权增购提供了制度保障,但银行国有股权增购是一个崭新的课题,许多问题还有待于深入研究。

7.3.2 国有股权监管体系的动态优化

如第三章所述,由于国有股权中的初始委托人天生并不具有谈判、订立契约的行为能力和监督动机,商业银行国有股权委托代理成本中的制度建立成本最终能否降低,在现有国有经济制度框架内,关键取决于商业银行国有股权监管体系和国有股权委托代理链的构建与运行。

7.3.2.1 监管模式的设置理念

商业银行国有股权的监管模式实质上是由全体人民到国家再到银行行长、总经理之间的委托代理模式,从上到下的代理模式要经过国有股权专职管理机构、国有股持有单位、国有股权代表这三大必要环节。构建高效率的代理模式,关键在于委托人必须具备充分的监控积极性和有效的监控手段。从充分的监控积极性方面看,只有真正的所有者才能对自己财产的运营状况充分关注,所有者代表的监控积极性总是低于所有者本身。

但现实矛盾是:一方面,中华人民共和国全民财产权具有不可分性,量化为个人所有是对全民财产权的侵犯,也不符合社会化大生产的方向;另一方面,在全民所有制及其实现形式国家所有制的条件下,全体人民作为初始委托人的监控能力极弱。原因在于:一是初始委托人身份具有不确定性,并没有规定谁来监控政府的代理行为,也没有明确初始委托人拥有什么权利及承担什么义务。二是初始委托人不是剩余的索取者,从而不能等比例地直接从他们的监督活动中获益,缺乏充分的监督动机。三是即使初始委托人具有充分的监督动机,但由于法律限制其转让剩余索取权,因此他们也没有可能解除与代理人的合约,惩罚代理人的机会主义行为。于是在产权不可分、初始委托人缺乏有效的监控能力和动机的矛盾状态中,初始委托人不可能直接监督最终代理人的行为,注定两者之间存在连接中介。

传统的国家股权委托代理制是依赖于行政体系构筑的连接初始委托人与最终代理人之间的中介,而这种代理模式链条长、环节多,决策非常缓慢,行政干预过多,信息不对称,监控不力,造成代理成本高,国有资本运作效率低。因此,应脱离行政体系,重构代理模式,由行政代理转向经济代理。

其思路是：实现政府双重职能分离，即社会经济的行政管理职能与国有资产所有权管理职能分离，构建国有金融资产专职管理体系，实现国有金融资产所有者代表专职机构化。国有股权管理部门以国有金融资产产权所有者的代表身份，制定国有金融资产使用和运营的方针政策，决定国有金融股本的投向和股权变动规则，对公司制企业占用的国有金融股本实施监督管理，并以合同的形式委托代理人对金融机构的资产进行营运；对国有股本运营状况进行考察、评价、指导，对所选派的国有股权代表和授权经营的代理人的行为、业绩进行监督和评价。

7.3.2.2 监管模式的重构

对于我国商业银行国有资产管理体系的设置和归属，目前有三种不同的意见：

第一种意见认为应该隶属于最高权力机构——全国人民代表大会或全国人民代表大会常务委员会。全国人大应该成为执行国有资本所有者职能的机构，他们把全国人大的职能归结为国家股东代表大会，由全国人大来行使国有资本的重大决策权。认为隶属于人大的最大好处是可以从体制上彻底消除行政部门对国有金融资产和银行经营管理活动的干预。认为隶属于政府的模式存在四大缺点：(1)当政府宏观政策与商业银行利益发生矛盾时，政府难以处理；(2)政府有可能通过补贴、管制等方式人为地形成有利于银行国有股权运转的环境，妨碍公平竞争；(3)国有银行或国有控股银行有可能通过施加压力迫使政府采取有利于国有银行但不一定有利于宏观经济的政策；(4)政府的双重角色很可能使国有股权管理机构行政色彩浓厚，或使银行经营者借口宏观政策变动推诿责任。

我们认为,从理论上说,全国人大是全体公民的意志体现者,完全可以也能够履行所有者职能,代表全体公民对国有资产负责,并能彻底实现政企和政资分开。但在各国的政体设计中,议会或人大的职能是立法和监督,执行的职能在政府。只有立法机构与执法机构相对独立,才能建立起制衡关系,否则变成自己立法、自己执行。议会或全国人大可以是"国家所有"的象征,即国有资产国家所有,由国家统一制定法律法规,但由议会或人大来行使国有资本的重大决策权,具体行使类似于股东代表大会的权能,有悖于议会或全国人大的立法权,在制度上没有可行性。

第二种意见认为国有金融资产专司机构应该是非政府法定机构,由法律赋予它专门管理国有金融资产的权力,代表全体人民管理国有资产,这样做有利于减少政府的行政干预。但我们认为,在政府职能还未完全转变、行政干预还很大的条件下,非政府法定机构难以承担管理国有金融资产的重任。

第三种意见,也是大多数人的观点,主张应该隶属于政府。认为将国有金融资产管理专司机构放在政府体系中,有利于专司机构行使国有资产的管理职能。主张在政府(国务院)之下设立国有金融资产管理机构,国有金融资产管理机构作为国有金融资产所有权的总代表对国有股权持股主体授权经营,委托持股主体(政府授权机构或政府授权部门、国有法人股持股单位)行使所有权,对授权范围内的商业银行国有资产进行管理;国有股权持股主体以出资者的身份对授权范围内的金融国有资本投入银行,使之成为自己的全资、控股或参股银行,形成以股权为纽带的母子公司关系,建立国有金融资产管理机构、国有股权持股主体、商业银行的国有金融资产的三级授权经营体制。

但这个体制,我们认为有一个重大缺陷,就是对国有金融资产管理机构、国有金融控股公司或国有投资公司、国有商业银行缺乏一个能代表全体公民的监督机制,如果在全国人大之下设立一个产权监督机构正好可以弥补这一不足(见图7-1)。

这一框架的特点在于把国有金融产权的监督、管理与经营实行了分立:一是把国家对国有金融产权的监督职能与政府的行政管理职能分开,由设立在全国人民代表大会下属的专门国有金融产权监督机构行使。二是把政府的一般行政管理职能(如宏观经济调控职能等)与政府的国有金融产权管理职能分开。三是把政府的国有金融产权管理职能与国有金融产权的经营职能分开。

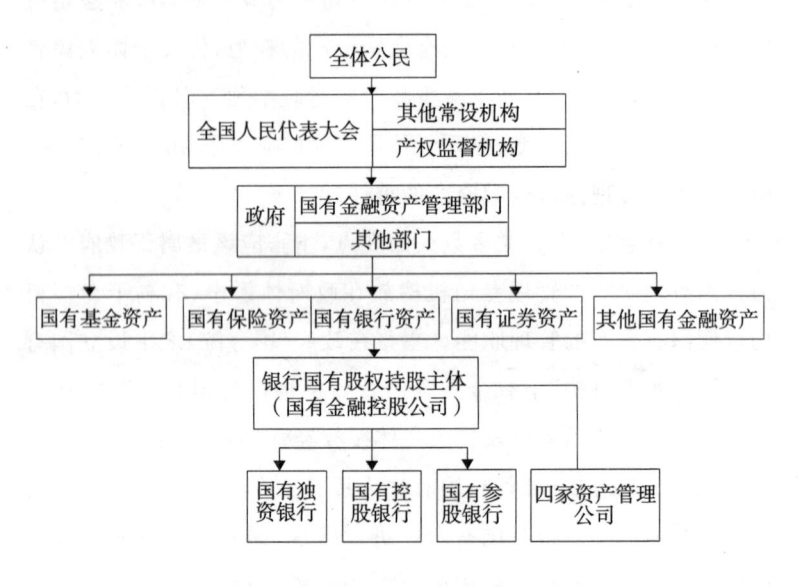

图7-1 国有金融资产监管体系

7.3.2.3 监管机构的职责

在图7-1中,全国人民代表大会及常务委员会的"产权监督机构"对国有金融资产管理部门实施监督,是国有金融资产监督部门的主要职责。显然,这次工行注资的方案吸收了中、建两行注资程序争议的教训,在注资方案程序合法性上做足了文章。股改方案先由工行提出,中国人民银行和财政部对提出的方案加以完善,报国务院常务委员会讨论通过,提交全国人大常务委员会讨论。但对于数额庞大的全国国有金融资产,随着金融改革的逐步推进与深化,国有金融资产监督部门的职责也需要进一步明确、强化与落实。

国有金融资产管理部门经国务院授权代表出资人行使在金融企业中的国有资产所有者职能,行使国有股权持股主体中国有金融资产所有权就是其中一项重要的职责。目前我国财政部在国有金融资产管理中的角色该如何定位,值得进一步探讨。根据财政部(金融司)现行的主要相关职能:负责金融机构国有资产的基础管理工作,组织实施金融机构国有资产的清产核资、资本金权属界定和登记、统计、分析、评估;负责金融机构国有资产转让、划转、处置管理,监交国有资产收益;拟订银行、保险、证券、信托及其他非银行金融机构的资产与财务管理制度并监督其执行;指导地方金融机构资产和财务监管工作等等,财政部是否能够胜任国有金融资产管理工作?我们主张在行政体系外重构国有金融资产管理部门,以实现政企分开。

国有股权持股主体是国有金融资产管理体系中最为关键的一环。特别是国有法人股,持股主体数量多、范围广,又相对比较分散,管理难度确实很大。但目前最受人关注的还是四大国有商业银行和国有特点较为明显的全国性股份制商业银行国有股权的持股主体——汇金公司。目前中国的国有资产管理体系大致可以分为三个层次:第一层次是代表国家行使所有者职能的各级国有资产管理委员会。第二层次是直接持有国有企业股份并能对公司治理结构有重大影响的投资实体,这些实体包括国有资产授权经营公司、四大资产管理公司等。第三层次是进行具体经营的大量的国有企业。按照这一分法,汇金公司当处于第二层次。汇金公司是否可以被界定为具有政府背景的、纯粹的控股公司:只负责控股、派出股东,不从事商业经营,类似新加坡淡马锡金融控股公司?目前的汇金公司不论采取何种定位,我们认为,都需加强透明度,披露公司章程和资产负债表等关键信息,并确立必要的法律地位,以此督促商业银行对国有金融资产保值、增值负真正的责任。

7.3.3 国有股权绩效管理的动态优化

股权收益管理,也就是对股份投资效益或结果的管理。商业银行国有股权绩效管理,关键要有量的考核。当年中、建两行改革参照了国际大银行的先进经验,确立了国内外能普遍认同的改革考核指标,即两家试点银行经过股份制改革,要在经营绩效、资产质量、审慎经营等主要方面,达到并保持国际排名前100家大银行中等以上的水平。具体指标共三大类七项:(1)经营绩效。总资产净回报率:2005年度应达到0.6%;2007年度应达到国际良好水准;股本净回报率:2005年度应达到11%,2007年度应进一步提高到13%以上;成本收入比:从2005年度起,两家试点银行应控制在35%—45%之内。(2)资产质量。两家试点银行今后应将不良资产比率持续控制在3%—5%。(3)审慎经营水平。资本充足率:从2004年起,两家试点银行要根据该办法进行资本金管理,资本充足率要保持在8%以上;大额风险集中度:从2005年起对同一借款人的贷款余额与商业银行资本余额的比例不得超过10%;不良贷款拨备覆盖率:到2005年底两家试点银行要分别达到60%和80%,到2007年底应继续有所增长。

2004年改革基于国家注资付出了很大成本,在国有股权收益管理的角度上,为确保注资的效果和获得良好回报,第一次明确提出了股本绩效考核指标,对两家试点银行的股本净回报率参照国际标准进行考核。从国际水平看,全球排名前100家大银行近10年股本净回报率的平均水准在12%—14%之间,两家试点银行11%—13%以上的标准,契合"达到并保持国际排名前100家大银行中等以上水平"的目标。

2006年4月,随着工行、交行股改及上市,中国银监会发布了《国有商业银行公司治理及相关监管指引》,对国有商业银行股份制改革按照三大类(经营绩效类、资产质量类和审慎经营类)七项指标(总资产净回报率、股本净回报率、成本收入比;不良贷款比例;资本充足率、大额风险集中度和不良贷款拨备覆盖率)进行评估。其中,要求国有商业银行总资产净回报率在财务重组完成次年度应达到0.6%,三年内达到国际良好水准;股本净回报率在财务重组完成次年度应达到11%,之后逐年提高到13%以上。

但问题是,从西方的一般监管内容看,银行监管部门主要是就银行的资产质量、审慎经营水平等作出明确规定,但不对银行的经营绩效有具体的指标要求,我国目前由银监会制定中、建两行股本净回报率、总资产净回报率、成本收入比等具体指标,是否行使了银行董事会、股东大会的部分职责,在国有股权收益管理上有越权或行政干预之嫌疑?此其一。其二,由谁对这些指标负最终责任?在中国银行业监督管理委员会发布《国有商业银行公司治理及相关监管指引》后,未见有其他相关规定涉及相应的奖惩与责任。其三,汇金公司是否有强烈的所有者管理动力?我们注意到,当时中国银行新闻发言人王兆文在发布注资消息时说,"从收到这笔钱的第一个小时起,我们就必须为其支付利息。"这样就让人很不理解。

如果汇金公司给中行、建行注入的是股本金,股本金只能是在一个会计年度结算之后,计算出利润提留,然后决定每一股应该分多少钱。现在从注资的第一个小时之内就开始计息,就是说注入股本金的收益水平与商业银行的经营收益是没有关系的,或者说汇金公司给中、建两家不是普通股本而是非积累永久优先股,是一种有债务的约束?这样的话岂不是有悖股本收益的分配原理?

目前看来,有效的中国商业银行国有股权绩效管理,一是要有真正合格的股东。只有符合市场经济要求、符合现代公司治理要求的股东,才会对国有股权收益有足够的敏感度。二是要有真正合格的股东代表。只有严格国有股权代表的条件,做好国有股股权代表的委派,并完善对国有股股权代表的考核和强化对国有股股权代表的奖罚,才能使国有股权收益管理落到实处。三是要有相应的制度保障。合格的股东是否有足够的约束和激励来监督银行的运营,是否有足够的决策机制来保证股东行使出资人挑选经营者等的权力,如何考核国有股东的监管效率,关系到国有股权绩效管理的到位程度。四是要有明确的价值管理理念。是选择股东财富最大化还是选择银行价值最大化,不同的财务管理理念对商业银行国有股权的收益管理会有不同的考核要求。从股东财富最大化观点只重视股东的利益而忽视银行其他利益相关者的利益以及银行相关利益者的特殊性来看,银行价值最大化应是我国商业银行国有股权收益管理的价值基础。

7.4 商业银行国有股权管理障碍及逾越

商业银行国有股权的管理不仅涉及技术问题,还涉及观念的转变和法律法规的进一步完善,中国商业银行特别是四大国有商业银行庞大的坏账构成的资产组合,是政府对金融企业国有资产的产权管理方式转变为国有股权管理方式的最大障碍。

7.4.1 不良资产及处置

由于受社会融资结构、国家政策性因素、宏观经济体制、社会信用环境、国家会计制度以及银行自身体制、内部管理、外部监管和银行经营管理方式等多种因素的影响,特别是国有商业银行股改前所承担的"资金供应者"和"第二财政"的角色(李健等,2004)。虽然国家于1999年在亚洲金融危机的背景下,通过组建四家资产管理公司实际剥离了四家银行不良贷款约1万亿元[1],但随后因贷款质量真实性检查、农发行划转业务以及不良贷款分类调整等原因,截至2007年底仍然积累了1.2万亿元的不良贷款。如此庞大的不良贷款将成为商业银行,特别是农业银行加强国有股权设置管理的最大障碍,财务重组是农行实施股份制改革的前提和基础。

2003—2004年,我国采取注资、核销和剥离的方式对中行、建行实施财务重组,将中行、建行两家试点银行原有的所有者权益、准备金和2003年利润全部转为风险准备,专门用于核销资产损失,即2003年年终决算之前,尽量处置已经明确的损失类贷款、部分可疑类贷款和财政部、人民银行、银监会确认的非信贷类损失;未核销部分即中、建两行1 498亿元和1 289亿元可疑类贷款按市场方式在2004年6月出售(剥离)给了资产管理公司;与此同时,通过国务院批准设立的中央汇金投资公司分别向中行和建行注资225亿美元(折合人民币各1 862亿元),注资的性质是国家

---

[1] 当时剥离的13 939亿元资产本身不完全是四家银行的不良贷款,其中包括了开发银行1 000亿元,表内利息1 000多亿元,为债转股剥离正常贷款1 000多亿元,四家银行实际剥离不良贷款约为10 000亿元。

以外汇资产补充两家试点银行资本金的股权投资行为,相应增加了国家股权,目的是提高资本充足率。2004—2005年,交行和工行的不良资产也作了相应的处置。

从中东欧国家来看,各国解决坏账的方式不尽相同,程序也不一样,但是都涉及三个主要方面:政府、银行与企业。任何单方面的行动是无济于事的。在战略选择上各国有重点地综合了"集中制"与"分散制",并根据各国的实际情况作出了努力。一些国家的坏账有所缓解,大多数国家还需进一步努力。宏观经济条件影响并决定着坏账的状况和坏账解决的方式。如金融体系较为健全的波兰、捷克和匈牙利比较倾向于依靠银行的分散制,而金融体系较为落后的保加利亚和罗马尼亚则较多凭借政府的力量。但是,首先有一点可以肯定,转轨经济中,国家的作用不可或缺。即使在私有化程度最高的捷克和斯洛伐克,政府在支持欠债免除和调整银行资本及出台金融法规等方面仍有不可替代的作用。转轨经济中,新旧体制并存,银行的负担十分沉重,很难独自面对市场,需要国家的宏观调节和配合。其次是银行的转型和企业的改革。银行转型十分重要,银行需要引进激励约束机制,改变传统的贷款分配行为,运用新的公司法人管理方式,才能防止新的坏账的重新出现;而企业改革是坏账成功解决的保证,一大批有活力、有前途的企业的出现和发展是消除坏账的必要保证。

转轨经济国家成功经验给我们的启示是,不管采取何种方式,解决坏账不容迟缓,任何拖延都会最终增加金融改革的成本,但同时必须防止商业银行的道德风险。

7.4.2 认识偏差及矫正

从目前的情况看,商业银行国有股权管理主要有两大理论认识障碍:一是对51%持股比例的机械理解;二是对国有股减持的片面认识。

(1) 51%与25%

对银行控股权的认识,决策部门、金融学界均有较大的分歧。一种观点认为控股权的意义十分重大,即认为每个银行中国有股的控股比例必须占50%以上,不能降低。究其原因,有人认为是公有制为主体的社会性质、经济制度所使然。为保证国家所有制性质不变,必须保证国家在商业银行持有51%以上的股份。如果允许国有股权不控股会改变银行的所有制性质,不利于坚持以公有制为主体的社会主义方向。还有人认为是国家金融安全的需要。特别是在外资入股的情况下,由于涉及主权问题和政治问题,出于金融安全的考虑,中方绝对不能放弃51%控股权。因为只有掌握金融主权才能保证金融安全,而外资控股后,将掌握金融资源的调配权,必然按照有利自身利益的方式引导资金流动,可能损害本国金融利益,例如资金外流、转移不良资产等,对本土金融安全构成威胁。

但另一种观点并不认为51%控股权具有实质性实践价值。一是金融机构控股权并不等同于一个国家的金融主权,参股比例应该是企业自己决定的事,考虑的应该是如何改善治理结构和管理机制等问题。控股权意味着业务决策权、人事安排权、收益分配权等经营管理权。因此,有人说51%的控股权并不重要,关键在于实际的运作权,实际运作权取决于谁能获得低成本的资金来源,谁有开拓市场的能力,谁能进行业务和管理创新,作用于整个过程和把握全局,谁就应该拥有控股权。二是持股50%以下也可以保证公有制为主体。若从资本方面看,如果是两方出资,那么国家必须持有50%以上的股份才可以保证公有制占主体的性质。但是,如果出资足够分散，就会出现即使国家持股比例低于50%，但其支配地位仍然保持不变的情况。这时，从出资比例来看，非国有成分比例占了大多数，而从实际支配情况看，与国家单独出资相比并没有什么变化。由于股东权的本质是支配权，分散的多数由于没有支配意义，因此也不能代表权利性质。在现代比较大的股份公司中，只要拥有5%—20%的股权，[①]就可处于控股地位。

显然，这种认为国家必须持股50%以上的判断方法遇到了新的挑战。事实上，一国及一家商业银行国有股权边界的确定，关键要看具体的制度环境和制度成本，包括商业银行国有股权的功能定位、商业银行国有股权的制度成本、特定的社会传统文化、市场发育程度和法制的完善程度等。从国际经验看，商业银行并不属于国家必须垄断的部门，其资本运营完全是一种市场行为或商业行为，即便绝对控股在现实情况下考虑四大国有银行的特殊性仍有一定的合理性，但从发展的角度看，商业银行国有股权边界设置并不一定非绝对控股不可。实际上，同为外资金融机构，并不是所有外资机构都同等程度追求控股权。我们发现，小银行没有大银行重视控股权，银行机构没有风险投资机构重视控股权，民营金融机构没有国有金融机构重视控股权，这里应有所区分。

（2）国有股减持与国有资产流失

俄罗斯国资改革的结果是巨额国有资产被极少数投机分子廉价瓜分。俄罗斯国家杜马、私有化结果分析委员弗·利西奇金说："从经济角度说，私有化不啻于一场前所未有的浩劫。"其原因在于俄罗斯国有资产退出的决策模式选择了分散的市场化决策模式，由于国有资产的所有者缺位，最终导致国有资产的代理人群起瓜

---

① 我国相对控股的标准前已有述。

分了俄罗斯人民几十年积累的国有资产。

基于对转轨经济国家银行私有化的认识,国内有人提出了国有股减持与国有资产流失的因果关系问题。就政府来讲,政府最为关注的也是国资流失问题,国资是否流失是敏感的政治问题,交易的公平与否仅仅是局部的经济问题,如果仅仅因为屈服于市场的压力而造成了国有资产的巨额流失,导致俄罗斯国有资产改革的悲剧在中国重演,其后果的严重性足以使决策者的政治生命就此终结,这是任何一位政府官员都不能接受的结果。

应该认识到,减持变现部分国有股本,只是改变了国有资本的存在形态,并不必然造成国有资产流失,虽然由于交易环节缺陷,在国有资本减持变现中有流失的可能性,但如果产权界定准确,清产核资到位,股权转让价格合理,收入清缴透明,这种可能性就无法变成现实。反过来说,不减持变现也不能保证国有资本不流失。

(3) 国有股市值变动与国有资产流失

国有资产形成国有股形式后,国有股就不仅有其内在的价值,而且会有由证券市场中股价所决定的国有股市值。国有股市值每日随股价波动,国有股市值的降低往往会被人们认为是国有资产流失。

虽然国有资产和国有股市值有其内在的联系,但国有资产和国有股市值并不是同一概念,国有资产是能为国家带来收益的资源,国家作为出资人将其配置在各个企业中,并取得相应的股权。这些资产进入企业的生产经济过程,并在这一过程的运转中保值和增值。而国有股市值在完善的证券市场中,是对国有股所代表资产的市场评价,它随宏观经济环境变动、企业经营状况变化而引起的股价的涨跌而变动。随市场环境不同,对通过股份反映的对资产的评估会有高估、平估、低估等几种情况。只有国有股按低估股价转让时,才会有国有资产流失。否则,仅有国有股市值的降低,不能认为是国有资产流失。

7.4.3 制度缺陷及修正

商业银行国有股权管理涉及股权设置、股权行使、股权收益管理及股权增购与转让等各个方面,要使国有股权管理取得预期效果,就必须有外部环境和相应制度的配套。

(1) 立法先行

立法先行是各国商业银行国有股权管理的基本经验。这几年,由于我国相应金融立法没有跟上,在金融机构国有股权管理上经常处于被动状态,必须加以改进。具体地,一是要有统一的强有力的管理机构和管理制度;二是要有完备而规范的国有股运作的操作机构制度;三是要有健全的监督机构和监督制度。这三者职责明确、分工合作,才能构成一个完整的制度体系。目前,除了《公司法》和《证券法》中的原则性规定外,未见有金融机构国有股权管理的系列规范。目前亟须结合我国商业银行的特殊性,借鉴国外发达国家已经成熟的法规,配套完善有关商业银行的法律法规,作好法律准备。一是修改《商业银行法》,使其对商业银行市场的进入和退出作出明确具体的规定,以利于在开放商业银行市场的同时严格市场秩序,保证市场的稳定。二是制定并颁布有关国有金融控股公司(如金融机构国有股权持股主体)和金融机构国有股权代表的相关立法,明确国有金融控股公司的设立、功能定位、董事会构成及其权利义务与职责、法律责任;国有股权代表的任职条件、委派程序、考核指标、激励约束等,规范国有金融控股公司和股权代表的行为。三是修改其他相关法规,为商业银行的高效率运行创造良好的制度环境。

(2) 环境条件

现代市场经济,就其运行状况或调节方式而言,是一种"市场＋政府"的混合经济,政府与市场是现代经济生活协调发展不可或缺的混合体,商业银行国有股权管理自然离不开政府与市场的二维约束与限制。

第一,宽松有度的政府规制。这是商业银行国有股权管理的基础环境条件。政府规制即政府管制,它涉及政府代替市场的范围,如果政府规制范围过大,规制背离市场,反映为政府失效。国有股权的公有制属性和社会性特点决定了国有股权的管理特别是国有股权的转让必须受到政府的严格控制,必须体现国家意志,遵从规范的决策和运作程序。但这里的问题是,政府作为所有者代表的职能与作为行政管理者的职能应该完全分开。在行政管理权与所有权的关系上,两者的规范依据、权力性质、权利主体、行权目的、行权范围和行权方式都不同,政府不能凭借行政控制力凌驾于其他股东之上用行政管理的办法去管理国有股权。政府只有在遵守市场规则的前提下行使国有股权,才有可能谈得上建立起较为完善的银行公司治理与相对平衡的银行股权结构。

第二,健全、成熟的市场条件。这是商业银行国有股权转让管理的基本环境条件。股权转让的各种形式需要不同的金融工具和融资渠道,这尤其需要有完善的金融市场、一定的股票市场承受力。我国证券市场自上海、深圳两地先后设立证券交易所以来,已初具规模,主要表现在:各类证券的发行有了相当的发展;证券上市流通开始进入规范化的轨道;已经初步建立起了证券市场的管理体系。但是,还不能说我国目前的证券市场已经是成熟的市场。一是股民不成熟,投机猖獗,投资意识淡漠;二是法制不健全,以权谋私、扰乱股市的现象时有发生;三是股市信息披露透明度过低,证券交易不够规范；四是股市容量有限，要承受较大规模的证券交易还有一定的困难。这就给我们提出了进一步规范证券市场的要求。我们认为，对于我国的证券市场，当前迫切需要进行的工作不仅仅是解决股权分置问题，更重要的还在于重塑股市信心。

解决上述问题，有的需要设计稳妥的操作技术，有的需要加快体制改革，属于认识问题的需要通过试验和探索来形成共识。但是，不具备条件并不妨碍创造条件，市场和政府必须为商业银行国有股权的管理营造足够的条件以实现国有股权的设置目的。

参考文献

[1]卡尔·马克思、恩格斯:《马克思恩格斯全集》(中译本)第4卷,第5卷,北京:人民出版社1979年版。

[2]卡尔·马克思、恩格斯:《马克思恩格斯全集》(中译本)第1卷,第4卷,第25卷,北京:人民出版社1995年版。

[3]列宁:《列宁全集》(中文第二版)第32卷,第33卷,第34卷,第36卷,北京:人民出版社1985年版。

[4]亚当·斯密著,杨敬年译:《国富论》,西安:陕西人民出版社2001年版。

[5]萨缪尔森著,高鸿业译:《经济学》(上册),北京:商务印书馆1979年版。

[6]萨缪尔森著,高鸿业译:《经济学》(上册),北京:商务印书馆1981年版。

[7]R. 科斯、A. 阿尔钦、D. 诺斯等著,刘守英等译:《财产权利与制度变迁——产权学派与新制度学派译文集》,上海:上海三联书店、上海人民出版社1994年新1版。

[8]道格拉斯·C. 诺思著,陈郁、罗华平等译:《经济史中的结构与变迁》,上海:上海三联书店、上海人民出版社1994年版。

[9]约瑟夫·斯蒂格利茨著,梁小民、黄险峰译,吴敬琏校:《经济学》(第二版),北京:中国人民大学出版社2000年版。

[10]R. 科斯著,盛洪译:《论生产的制度结构》,上海:上海三联书店、上海人民出版社1994年版。

[11]J. 伊特韦尔等:《新帕尔格雷夫经济学大辞典》第3卷,上海:经济科学出版社1992年版。

[12]丹尼尔·W. 布罗姆利著,陈郁、郭宇锋、汪春译:《经济利益与经济制度》,上海:上海三联书店、上海人民出版社1996年版。

[13]张五常:《经济解释——张五常经济论文集》,北京:商务印书馆2000年版。

[14] R. 科斯著,盛洪、陈郁译:《企业、市场与法律》,上海:上海三联书店、上海人民出版社1990年版。

[15]约瑟夫·斯蒂格利茨著,曾强等译:《政府经济学》,北京:春秋出版社1988年版。

[16]阿尔文·汉森:《财政政策与经济周期》,北京:商务印书馆1990年版。

[17]罗伯特·考特、托马斯·尤伦著,张军等译:《法和经济学》,上海:上海三联书店、上海人民出版社1994年版。

[18]J. K. 加尔布雷斯著,蔡受百译:《经济学和公共目标》,北京:商务印书馆1980年版。

[19]Y. 巴泽尔著,费方域、段毅才译:《产权的经济分析》,上海:上海三联书店、上海人民出版社1997年新1版。

[20]查尔斯·沃尔夫著,谢旭译:《市场或政府》,北京:中国发展出版社1994年版。

[21]郎咸平著,易宪容等译校:《公司治理》,北京:社会科学文献出版社2004年版。

[22]星野英一著,工闯译:"私法中的人——以民法财产法为中心",载梁慧星主编:《民商法论丛》第8卷,北京:法律出版社1997年版。

[23]戴维·M. 沃克著,北京社会与科技发展研究所组织翻译:《牛津法律大辞典》,北京:光明日报出版社1988年版。

[24]迈克尔·詹森、威廉·梅克林:"企业理论:管理行为、代理成本与所有权结构",原载[美]《金融经济学杂志》1976年10月号,中译本载《所有权、控制权与激励——代理经济学文选》,上海:上海三联书店、上海人民出版社1998年版。

[25]赫伯特·西蒙:《管理行为——管理组织决策过程的研究》,北京:北京经济学院出版社1988年版。

[26]赫伯特·西蒙:《现代决策理论的基础》(论文选集),北京:北京经济学院出版社1989年版。

[27]马克·J. 洛:《强管理者、弱所有者——美国公司财务的政治根源》,上海:上海远东出版社1999年版。

[28]伊格瓦尔·丁格拉:《印度经济》,新德里1991年版。

[29]P. N. 瓦斯雷:《银行法和实践》,新德里1982年版。

[30]彼得·S. 罗斯著,刘园等译:《商业银行管理》(第四版),北京:机械工业出版社2001年版。

[31]美国联邦存款保险公司,刘士余等译:《危机管理》,北京:中国金融出版社2004年版。

[32]彼得·S. 罗斯著,唐旭、王丹等译:《商业银行管理》(第三版),北京:经济科学出版社1999年版。

[33]哈维尔·弗雷克斯、让·夏尔·罗歇著,刘锡良主译:《微观银行学》,成都:西南财经大学出版社2000年版。

[34]张宇燕:《经济发展与制度选择——对制度的经济分析》,北京:中国人民大学出版社1993年版。

[35]陶永谊:《旷日持久的论战——经济学的方法论之争》,西安:陕西人民出版社1992年版。

[36]张维迎:《企业理论与中国企业改革》,北京:北京大学出版社1999年版。

[37]张维迎:《企业的企业家——契约理论》,上海:上海三联书店、上海人民出版社1995年新1版。

[38]张维迎:《博弈论与信息经济学》,上海:上海三联书店、上海人民出版社1996年版。

[39]黄明:《公司制度分析——从产权结构和代理关系两方面的考察》,北京:中国财政经济出版社1997年版。

[40]史正富:《现代企业的结构与管理》,上海:上海人民出版社1993年版。

[41]孙永祥:《公司治理结构:理论与实证研究》,上海:上海三联书店、上海人民出版社2002年版。

[42]张克难:《产权、治理结构与企业效率——国有企业低效率探源》,上海:复旦大学出版社2002年版。

[43]许新:《转轨经济的产权改革——俄罗斯东欧中亚国家的私有化》,北京:社会科学文献出版社2003年版。

[44]罗建钢:《委托代理国有资产管理体制创新》,北京:中国财政经济出版社2004年版。

[45]严武:《公司股权结构与治理机制》,北京:经济管理出版社2004年版。

[46]青木昌彦、钱颖一:《转轨经济中的公司治理结构》(第一版),北京:

中国经济出版社 1995 年版。

[47]郑德呈、沈华珊、张晓顺:《股权结构的理论、实践与创新》,北京:经济科学出版社 2003 年版。

[48]程合红、刘智慧、王洪亮:《国有股权研究》,北京:中国政法大学出版社 2002 年版。

[49]王斌:《股权结构论》,北京:中国财政经济出版社 2001 年版。

[50]江平:《民法学》,北京:中国政法大学出版社 2000 年版。

[51]曾康霖:《经济金融分析导论》,北京:中国金融出版社 2000 年版。

[52]曾康霖:《商业银行经营管理研究》,成都:西南财经大学出版社 2000 年版。

[53]曾康霖、谢太峰、王敬:《银行论》,成都:西南财经大学出版社 1997 年版。

[54]李健:《国有商业银行改革:宏观视角分析》,北京:经济科学出版社 2004 年版。

[55]张杰:《中国金融制度的结构与变迁》,太原:山西经济出版社 1998 年版。

[56]张杰:《经济变迁中的金融中介与国有银行》,北京:中国人民大学出版社 2003 年版。

[57]何自云:《商业银行的边界:经济功能与制度成本》,北京:中国金融出版社 2003 年版。

[58]黄德根:《公司治理与中国国有商业银行》,北京:中国金融出版社 2003 年版。

[59]杨胜刚:《台湾金融发展论》,长沙:湖南人民出版社 2004 年版。

[60]石茂胜:《不良资产处置论》,北京:经济科学出版社 2005 年版。

[61]杨凯生:《金融资产管理公司不良资产处置实务》,北京:中国金融出版社 2004 年版。

[62]何仕彬:《银行不良资产重组的国际比较》,北京:中国金融出版社 1998 年版。

[63]傅建华:《上海银行发展之路》,北京:中国金融出版社 2005 年版。

[64]焦瑾璞:《中国银行业竞争力比较》,北京:中国金融出版社 2002 年版。

[65]黄铁军:《中国国有商业银行运行机制研究》,北京:中国金融出版社 1998 年版。

[66]陆世敏、赵晓菊:《现代商业银行经营与管理》,上海:上海财经大学出版社1998年版。

[67]国家信息中心中经网:《CEI中国银行业发展报告2003》,北京:中国经济出版社2004年版。

[68]江平、孔祥俊:"论股权",《中国法学》1994年第1期。

[69]江平:"法人本质及其基本构造研究",《中国法学》1998年第3期。

[70]石少侠:"股权问题研析",《吉林大学社会科学学报》1994年第4期。

[71]马长山:"论股权的性质",《求是学刊》1995年第4期。

[72]雷兴虎、冯果:"论股东的股权与公司的法人财产权",《法学评论》1997年第2期。

[73]王扬:"股权基本理论与国有企业国有股东缺位问题研究",《中国对外贸易商务月刊》2002年第6期。

[74]胡吕银:"股权客体研究及其意义",《法学论坛》2003年第4期。

[75]康德琯:"股权性质论辩",《政法论坛》1994年第1期。

[76]张雪梅、连璞:"国有股权的效能及其实现",《经济问题》1998年第3期。

[77]崔欣:"对公司的社会责任理论的探讨",《当代法学》2003年第2期。

[78]王妍:"国有股权的职能及其法律调整",《法学》2002年第3期。

[79]肖海军、朱建云:"国有股权的法律属性与法律关系",《邵阳高等专科学报》2002年第1期。

[80]黄少安:"论国有股权管理的范围、内容和目的",《中国工业经济》1994年第3期。

[81]臧乃康:"政府利益论",《理论探讨》1999年第1期。

[82]朱慈蕴:"公司法人格否认法理与公司的社会责任",《法学研究》1998年第5期。

[83]吴易风:"西方国家的国有化与非国有化",《福建论坛》(经济社会版)2001年第9期。

[84]陈琎:"国有制的三重功能及其实现",《学术月刊》1997年第4期。

[85]王雨本、李杰利:"政府的国有股权代表地位与政企分开",《北方经贸》2001年第1期。

[86]雷虹:"论国有股权的主体",《西北工业大学学报》2002年第4期。

[87]汪志明:"加强国有股权管理的法律对策",《岭南学刊》1999年第4期。

[88]田素华:"国有股权出售的国际比较",《经济理论与经济管理》2001年第1期。

[89]林贵:"国外国有股权出售及启示",《温州大学学报》2002年第2期。

[90]萧延高、唐小我:"国有股权转让的制度障碍与对策",《四川师范大学学报》(社会科学版)2000年第3期。

[91]杨瑞龙、周业安:"一个关于企业所有权安排的规范性分析框架及其理论含义",《经济研究》1997年第1期。

[92]郑红亮:"公司治理理论与中国国有企业改革",《经济研究》1998年第10期。

[93]刘芍佳、孙霈、刘乃全:"终级产权论、股权结构及公司绩效",《经济研究》2003年第4期。

[94]何浚:"上市公司治理结构的实证分析",《经济研究》1998年第5期。

[95]周业安:"金融抑制对中国企业融资能力影响的实证研究",《经济研究》1999年第2期。

[96]施东晖:"股权结构、公司治理与绩效表现",《世界经济》2000年12期。

[97]宋敏、张俊喜、李春涛:"股权结构的陷阱",《南开管理评论》2004年第7期。

[98]孙永祥、黄祖辉:"上市公司的股权结构与绩效",《经济研究》1999年第12期。

[99]郭春丽:"上市公司股权结构与公司治理结构关系的实证研究",《东北财经大学学报》2002年第5期。

[100]陈小悦、徐晓东:"股权结构、企业绩效与投资者利益保护",《经济研究》2001年第11期。

[101]孙永祥:"所有权、融资结构与公司治理机制",《经济研究》2001年第1期。

[102]张玲、陈收、廖峰:"不同竞争态势下的公司股权结构与价值的实证研究",《财经理论与实践》2003年第2期。

[103]刘汉民、刘锦:"资本结构、公司治理与国企改革",《经济研究》2001年第10期。

[104]李善民、王彩萍:"股权结构对我国上市公司治理影响研究述评",《经济理论与经济管理》2002年第6期。

[105]刘芍佳、丛树海:"创值论及其对企业绩效的评估",《经济研究》2002年第8期。

[106]赵增耀:"资本结构在企业治理中的作用",《金融研究》1999年第2期。

[107]易行健、杨碧云、聂子龙:"多元化经营战略、核心竞争力框架与股权结构",《南开管理评论》2003年第3期。

[108]韩朝华:"产权改革无可回避",《经济研究》1999年第10期。

[109]孙丽:"经营者主权与股权结构",《日本研究》2002年第4期。

[110]潘新兴:"上市公司股权结构问题研究综述",《当代经济科学》2003年第2期。

[111]姚伟、黄卓、郭磊:"公司治理理论前沿综述",《经济研究》2003年第5期。

[112]宫玉松:"论股权结构与控股权",《经济学家》1998年第2期。

[113]佘志宏、段红涛:"资本结构、契约理论与上市公司治理",《经济评论》2003年第3期。

[114]刘小玄:"中国转轨经济中的产权结构和市场结构",《经济研究》2003年第1期。

[115]董麓、肖红叶:"上市公司股权结构与公司业绩关系的实证分析",《统计研究》2001年第11期。

[116]杨华:"OECD《公司治理结构原则》的实践和经验",《证券市场导报》2003年第4期。

[117]郎咸平:"银行改革:产权无关论",《新财富》2003年第1期。

[118]刘伟、黄桂田:"中国银行业改革的侧重点:产权结构还是市场结构",《经济研究》2002年第8期。

[119]陈正虎:"国有商业银行改造的股权结构选择",《经济学家》2001年第4期。

[120]张杰:"民营经济的金融困境与融资次序",《经济研究》2000年第4期。

[121]刘荣:"股份制商业银行竞争力分析",《金融研究》2002年第8期。

[122]虞群娥:"政府参与地方商业银行的经济学分析",《金融研究》2004年第7期。

[123]虞群娥:"商业银行国有股权的海外实践与借鉴",《财经论丛》2005年第1期。

[124]冯军:"关于我国国有商业银行治理结构若干问题的思考",《北方经贸》2001年第3期。

[125]倪遥遥、刘翔:"国有股份制商业银行的股权结构研究",《当代经济》2002年第6期。

[126]黄金老:"国有银行公司治理机制建设研究",《金融与经济》2003年第6期。

[127]高波、于良春:"中国银行业规模经济效应分析",《经济评论》2003年第1期。

[128]陈彩虹:"中国国有商业银行治理结构变革论",《战略与管理》2003年第1期。

[129]宋玮:"国有商业银行公司治理的理论分析及政策含义",《金融论坛》2003年第3期。

[130]唐俊:"我国国有商业银行股份制改造的问题研究",《广西农村金融研究》2002年第2期。

[131]薛俊波、滕园:"试论股份制银行的异化及其矫正",《财经研究》2002年第10期。

[132]陆磊、李世宏:"中央-地方-国有银行-公众博弈:国有独资商业银行改革的基本逻辑",《经济研究》2004年第10期。

[133]王铮、张朋:"民营银行的忐忑时刻",《经济》2003年第1期。

[134]李涛:"混合所有制公司中的国有股权——论国有股减持的理论基础",《经济研究》2002年第8期。

[135]吴晓求:"国有股减持修正案的设计原则、定价机制和资金运作模式研究",《金融研究》2001年第2期。

[136]汪异明:"国有股减持的理性思考",《中国工业经济》2001年第4期。

[137]王开国、汪异明:"国外国有股减持的比较与借鉴",《证券市场导报》2001年第7期。

[138]易宪容:"金融:中国的瓶颈与突围方略",《银行家》2002年第6期。

[139]刘荣:"股份制商业银行竞争力分析",《金融研究》2002年第8期。

[140]叶立新:"股份制商业银行产权制度完善探析",《现代管理科学》

2003 年第 10 期。

[141]张伟:"国有独资条件下银行治理结构优化的空间",《中共中央党校学报》2002 年第 1 期。

[142]王元龙:"中国金融:股份制改造重构国银股权结构",《大公报》2001 年 3 月 2 日。

[143]易宪容:"国银改革与产权无关吗?",《大公报》2003 年 2 月 11 日。

[144]张宗新:"国有股减持对上市公司治理改进的效应分析",《中国证券报》2001 年 7 月 2 日。

[145]黄运成:"合理股权结构应由市场判断",《中国证券报》2003 年 3 月 27 日。

[146]高剑巍:"城市商业银行的发展与 IT 战略",《国际金融报》2004 年 6 月 1 日。

[147]陈淮:"政企分开不能保证政府行为合理化",《中国经济时报》1998 年第 11 期。

[148]中国人民银行:《股份制商业银行公司治理指引》2002 年 6 月 4 日。

[149]何佳等:"深圳股票市场有效性研究",深圳证券交易所综合研究所网站 2003 年 1 月 10 日。

[150]Abarbanell, Jeffrey S. and John P. Bonln. 1997. "Bank Privatization in Poland: The Case of Bank SlaSki," *Journal of Comparative Economics* 25, 31—61.

[151]Abarbanen, Jeffrey S. and Anna Meyendorff. 1997. "Bank Privatization in Post-Communist Russia: The Case of Zhilsotsbank," *Journal of Comparative Economics* 25, 62—96.

[152] Altunbas, Yener, Lynne Evans, and Philip Molyneux. 2001. "Bank Ownership and Efficiency," *Journal of Money, Credit and Banking* 33, 926—954.

[153]Barberis, Nicholas, Maxim Boycko, Andrei Shleifer, and Natalia Tsukanova. 1996. "How Does Privatization Work? Evidence from the Russian Shops," *Journal of Political Economy* 104, 764—790.

[154]Barro, Robert. 1991. "Economic Growth in a Cross Section of Countries," *Quarterly Journal of Economics* 56, 407—433.

[155]Barro, Robert and Jong-Wha Lee. 1996. "International Measures

of Schooling Years and Schooling Quality," *American Economic Review Papers and Proceedings* 86, 218—223.

[156] Barth, James, Gerard Caprio, Jr., and Ross Levine. 1999. "Banking Systems around the Globe: Do Regulation and Ownership Affect Performance and Stability?" Mimeo, World Bank.

[157]Barth, James R., G. Caprio and Ross Levine. 2001. "The Regulation and Supervision of Banks around the World," in Robert E. Litan and Richard Herring(eds.), *Integrating Emerging Market Countries into the Global Financial System*, Brookings-Wharton Papers on Financial Services (Brookings Institution Press, 2001), 183—240.

[158]Barth, James R., G. Caprio and Ross Levine. 2003. "Bank Regulation and Supervision: What Works Best?" *Journal of Financial Intermediation* (forthcoming).

[159]Beck, Thorsten, Ross Levine, and Norman Loayza. 2000. "Finance and the Sources of Growth," *Journal of Financial Economics* 58, 261—300.

[160] Berle and Means. 1932. "The Modern Corporation and Private Property," *Macmillan*, New York.

[161]Bernanke, B., and A. Blinder. 1988. "Credit, Money and Aggregate Demand," *American Review*78, 435—439.

[162]Bernanke, B. S., and M. Gertler. 1995. "Inside the Black Box: The Credit Channel of Monetary Policy Transmission," *Journal of Economic Perspectives* 9, 27—48.

[163]Bhattacharya, A., C. A. K. Lovell and P. Sahay. 1997. "The Impact of Liberalization on the Productive Efficiency of Indian Commercial Banks," *European Journal of Operations Research*.

[164] Boehmer, Ekkehart, Robert C. Nash, and Jeffry M. Netter. 2003. "Bank Privatization in Developing and Developed Countries: Cross-Sectional Evidence on the Impact of Economic and Political Factors," working paper, Wake Forest University.

[165]Bonin, John, Iftekhar Hasan and Paul Wachel. 2002. "Ownership Structure and Bank Performance in the Transition Economics of Central and Eastern Europe: A Preliminary Report," working paper, New York University.

[166]Bortolotti, R., M. Fantini, and D. Siniscalco. 2004. "Privatiza-

tion around the World: Evidence from Panel Data," *Journal of Public Economics* 88, 305—332.

[167]Buchanan, James. 1972. *The Theory of Public Choice*, Ann Arbor, The University of Michigan Press, 19.

[168]Demsetz H., Lehn K. 1985. "The Structure of Corporate Ownership: Cause and Consequences," *Journal of Political Economy* 93, 1155—1177.

[169]Cebenoyan, A. Sinan, Elizabeth S. Cooperman and Charles A. Register. 1993. "Firm Efficiency and the Regulatory Closure of S & Ls: An Empirical Investigation," *Journal Review of Economics & Statistics* 75, 540—545.

[170]Cetorelli, Nicola, and Michele Gambera. 2001. "Banking Market Structure, Financial Dependence and Growth: International Evidence from Industry Data," *Journal of Finance* 56, 617—648.

[171]Charles S. Morris, Gordon H. Sellon. 1995. "Bank Lending and Monetary Policy: Evidence on a Credit Channel," *FRBKC Economic Review*, 2nd Quarter, 43—52.

[172]Claessens S., and S. Djankov. 1998. "Politicians and Firms in Seven Central and Eastern European Countries," working paper, World Bank.

[173]Cornett, Marcia Millon, Lin Guo, Shahriar Khaksari and Hassan Tehranian. 2003. "The Impact of Corporate Governance on Performance Differences in Privately-Owned versus State-Owned Banks: An International Comparison," working paper, Boston College.

[174]Djankov, Simeon, Rafaet La Porta, Florencio Lopez-de-Silanes, and Andrei Shleifer. 2002. "The Regulation of Entry," *Quarterly Journal of Economics* February, forthcoming.

[175]Fama, E. 1980. "Agency Problems and the Theory of Firm," *Journal of Political Economy* 88, 288—307.

[176]Frydman, Roman, Cheryl Gray, Mark Hessel, and Andrzej Rapaczynski. 1999. "Private Ownership and Corporate Performance: Evidence from the Transition Economies," *Quarterly Journal of Economics* 114, 1153—1192.

[177]Garvy, George, 1977, *Money, Financial Flows, and Credit in the Soviet Union*, Ballinger Publishing Company for the National Bureau of

Economic Research, Cambridge, MA.

[178] Gerschenkron, Alexander. 1962. *Economics Backwardness in Historical Perspective*, Harvard University Press, Cambridge, MA.

[179] Gerschenkron, Alexander. *Economic Backwardness in Historical Perspective*.

[180] Griffith, John M. , Lawrence Fogelberg and H. Shelton Weeks. 2002. "CEO Ownership, Corporate Control and Bank Performance," *Journal of Economics and Finance* 26, 54—59.

[181] Grossman, S. , and O. Hart. 1988. "One Share-One Vote and the Market for Corporate Control," *Journal of Financial Economics* 20, 175—202.

[182] Hansmann H. 1988. "Ownership of the Firm," *Journal of Law, Economics and Organization* 4, 267—304.

[183] Hansmann H. 1996. *The Ownership of Enterprise*, Cambridge (MA), Harvard University Press.

[184] Harris & Rayiv. 1988. "Corporate Control Contests and Capital Structure," *Journal of Financial Economics* 46,297—350.

[185] Hawtrey, Ralph G. , 1926, *The Economic Problem* (Longmans, Green and Co. , London).

[186] Hyun E. Kim. 1999. "Was the Credit Channel a Key Monetary Transmission Mechanism Following the Recent Financial Crisis in the Republic of Korea?" World Bank policy research working paper.

[187] Jensen & Meckling. 1976. "Theory of the Firm: Managerial Behavior, Agency Costs and Ownership Structure," *Journal of Financial Economics* 3, 305—360.

[188] Kormendi, Roger C. and Edward A. Snyder, 1996, "Bank Privatization in Transition Economics," The William Davidson Institute, working paper Number 1.

[189] Kornai, Janos. 1979. "Resource-Constrained versus Demand-Constrained Systems," *Econometrica* 47, 801—819.

[190] King, Robert, and Ross Levine. 1993. "Finance and Growth: Sehumpeter Might Be Right," *Quarterly Journal of Economics* 108, 717—738.

[191] Lang, Larry H. P. and Raymond W. So. 2002. "Bank Ownership

Structure and Economic Performance," Chinese University of Hong Kong mimeo.

[192] La Porta, Rafael, Florencio Lopez-de-Silanes, Andrei Shleifer, and Robert W. Vishny. 1997. "Legal Determinants of External Finance," *Journal of Finance* 52, 1131—1150.

[193] La Porta, Rafael, Florencio Lopez-de-Silanes, Andrei Shieifer, and Robert W. Vishny. 1998. "Law and Finance," *Journal of Political Economy* 106, 1113—1155.

[194] La Porta, Rafael, Florencio Lopez-de-Silanes, Andrei Shleifer. 1999. "Corporate Ownership around the World," *Journal of Finance* 54, 471—517.

[195] La Porta, Rafael, and Florencio Lopez-de-Silanes. 1999. "The Benefits of Privatization: Evidence from Mexico," *Quarterly Journal of Economics* 114, 1193—1242.

[196] La Porta, Rafael, Florencio Lopez-de-Silanes, Andrei Shleifer, and Robert W. Vishny. 1999. "The Quality of Government," *Journal of Law, Economics and Organization* 15, 222—279.

[197] La Porta, Rafael, Florencio Lopez-de-Silanes, and Andrei Shleifer. 2002. "Government Ownership of Banks," *Journal of Finance* 57, 265—301.

[198] La Porta, Rafael, Florencio Lopez-de-Silanes, Andrei Shleifer, and Robert W. Vishny. 2000. "Investor Protection and Corporate Governance," *Journal of Financial Economics* 58, 3—28.

[199] La Porta, Rafael, Florencio Lopez-de-Silanes, Andrei Shleifer, and Robert W. Vishny. 2002. "Investor Protection and Corporate Valuation," *Journal of Finance* 57, 1147—1170.

[200] Levine, Ross. 1999. "Law, Finance, and Economic Growth," *Journal of Financial Intermediation* 8, 113—136.

[201]Lewis, W. Arthur. 1950. *The Principles of Economic Planning*, London: G. Allen & Unwin.

[202]Lopez-de-Silanes, Florencio, Andrei Shteifer, and Robert Vishny. 1997. "Privatization in the United States," *RAND Journal of Economics* 28, 447—471.

[203]Megginson, William L. 2004. *The Financial Economics of Priva-*

tization, Oxford University Press, New York, NY.

[204]Megginson, William L. , Robert C. Nash, and Matthias van Randenborgh. 1994. "The Financial and Operating Performance of Newly Privatized Firms: An International Empirical Analysis," *Journal of Finance* 49, 403—452.

[205]Megginson, William L. and Jeffry M. Netter. 2001. "From State to Market: A Survey of Empirical Studies on Privatization," *Journal of Economic Literature* 39, 321—389.

[206]Mester, Loretta J. 1989. "Testing for Expense Preference Behavior: Mutual versus Stock Savings and Loans," *RAND Journal of Economics*, The RAND Corporation20, 483—498.

[207]Mester, Loretta J. 1993. "Why Are Credit Card Rates Sticky?" working papers 93—16, Federal Reserve Bank of Philadelphia.

[208]Myrdal, Gunnar. 1968. *Asian Drama*, New York: Pantheon.

[209] Narjess Boubakri, Jean-Claude Cosset, Klaus Fischer and Omrane. 2003. "Ownership Structure, Privatization, Bank Performance and Risk Taking," working paper, Universite Laval (Qubec P. Q. , Canada).

[210] Niskanen, William A. 1971. *Bureaucracy and Representative Government.* Chicago, Aldine, Atherton.

[211]Roger C. Kormendi and Edward A. Snyder. 1996. "Bank Privatization in Transition Economics, "The William Davidson Institute, working paper Number 1.

[212]Ronald Coase. 1937. "The Nature of the Firm," *Economica* 4, 386—405.

[213]Sapienza, Paolo. 2003. "The Effects of Government Ownership on Bank Lending," *Journal of Financial Economics* (forthcoming).

[214] Shleifer, Andrei, and Robert Vishny. 1994. "Politicians and Firms," *Quarterly Journal of Economics* 109, 995—1025.

[215]Shleifer, Andrei. 1998. "State versus Private Ownership," *Journal of Economic Perspectives* 12, 133—150.

[216]Steen Thommsen &. Torben Pedersen. 2000. "Ownership Structure and Economic Performance in the Largest European Companies," *Strategic Management Journal* 21, 689—705.

[217] Stephen G. Cecchetti. 1999. "Legal Structure, Financial Structure, and the Monetary Policy Transmission Mechanism," *Economic Policy Review* 5, 9—28.

[218] Valerie Ann Ramey. 1993. "How Important Is the Credit Channel in the Transmission of Monetary Policy?" Carnegie-Rochester Conference Series on Public Policy, Elsevier39, 1—45.

[219] Verbrugge, James A. , William L. Meggison and Wanda L. Owens. 1999. "State Ownership and the Financial Performance of Privatized Banks: An Empirical Analysis," paper presented at World Bank / Federal Reserve Bank of Dallas Conference on Bank Privatization, Washington, D. C.

[220] Weintraub, Daniela Baumohl and Marcio I. Nakane. 2003. "Bank Privatization and Productivity: Evidence for Brazil," working paper, University of Sao Paula (Brazil).

后　　记

　　本书是在笔者的博士学位论文的基础上进行了大量的补充和修改后而成的。原想2005年论文完成后稍作修改即付印成书，但是，一直想用时间来检验研究结论正确性的内心渴望，改变了原本的念想和打算。值得欣慰的是，六七年时间过去了，当时提出、发现或形成的主要观点和认识，经受住了时间的检验与淬炼。

　　在研究成果即将成书之际，我衷心地感谢我的母校——西南财经大学和一直以来给我关心和帮助的人们。在这里，我要特别感谢我的导师——曾康霖教授。导师严谨的治学态度、渊博宽厚的学术造诣、敏锐思辨的分析洞察力，让弟子终生受益；导师无私的学术提携品德使弟子倍感学术研究和学术交流的喜悦；导师关注实践、注重调研的求学风格，让弟子有更多的机会深入中国金融改革的第一线。还记得，导师亲自带领我们从商业银行到证券公司，从金融监管机构到政府管理部门，从拟定调研提纲、组织座谈交流到撰写调研报告、形成学术论文，谆谆教诲，孜孜不倦。今天，唯有不断进步，才能不负导师教诲。

　　学海无涯，学术无边，本书的完成也仅仅意味着另一个起点的开始，有关商业银行国有股权的课题，随着我国金融体制改革的逐步推进、商业银行股份制改造的进一步深化，将会引申出更多值得研究的新情况、新问题,期望本书的出版能起到抛砖引玉的作用,引起更多学者和读者的兴趣,在此基础上与大家一起做更深、更系统的研究。

虞 群 娥
2012 年春于杭州